나폴레온 힐
더 마인드

NAPOLEON HILL

나폴레온 힐
더 마인드

창조적 비전으로 마음의 주인이 되는 법

나폴레온 힐 지음 | 이현 옮김

How to Own Your OWN MIND

다산북스

일러두기

• 규범 표기는 '멘털'이나 사용 빈도와 어감을 고려하여 이 책에서는 '멘탈'로 표기하였다.

✣

성공한 사람들의 비결,
'멘탈 다이너마이트'를 소개하며

1941년 나폴레온 힐Napoleon Hill은 막대한 부를 일군 사람들의 비결을 20년 동안 연구하며 얻은 성공 원칙을 모두 열일곱 편의 소책자로 정리해 발표했다. 당시 젊은 기자였던 힐은 미국의 '철강왕' 앤드루 카네기Andrew Carnegie를 인터뷰할 천금 같은 기회를 얻었는데, 카네기는 그에게 역사상 뛰어난 성취를 이룬 모든 사람을 심층 취재하여 성공 원칙이 그들의 성공에 어떻게 기여했는지 집대성해 보라고 제안했다. 힐은 곧장 이 위대한 여정을 시작하기로 결심했고 훗날 이 소책자 시리즈에 '멘탈 다이너마이트'라는 제목을 붙였다. 이는 카네기가 "성공한 이들이 생각할 때 사용하는 힘이 바로 멘탈 다이너마이트다"라고 열일곱 가지 성공 원칙을 설명하기 위해 사용한 표현에서 따왔다.

'멘탈 다이너마이트'가 출판된 직후 일본이 진주만을 공습했고, 그에 따라 미국도 제2차 세계대전에 참전하게 되었다. 온 나라가 전쟁 준비에 여념이 없었기에 '멘탈 다이너마이트'를 포함해 인생에 꼭 필요한 의미와 가치가 무엇인지 일깨우던 것들은 전쟁에 필요하지 않다는 이유만으로 대중의 마음에서 멀어졌다. 최근에 와서야 나폴레온 힐 재단이 힐의 금고 속에 묻혀 있던 '멘탈 다이너마이트'를 발견해 책으로 출판했다.

이 책은 멘탈 다이너마이트 중에서도 자신의 마음을 최대로 활용해 성공을 거두는 법과 관련된 원칙 세 가지를 한 권으로 체계화한 것이다. 각 장은 행동하기 전 생각하는 법을 통해 기회를 인식하고, 명확한 핵심 목표를 정의하고, 행동으로 옮길 때까지 목표를 다듬는 법을 소개한다. 그러므로 이 책을 모두 읽을 때쯤이면 당신은 자기 마음의 진정한 주인이 되어 있을 것이다.

1장은 창조적 비전의 원칙이 무엇인지 설명한다. 1908년 카네기는 힐과의 인터뷰에서 상상력이 창조적 비전의 원칙을 구성하는 주요 요소라고 말하면서 발명과 영업 등 다양한 활동에서 상상력을 어떻게 펼칠 수 있는지 사례를 제시했다. 무엇보다 상상력은 '적용되어야' 한다. 카네기는 '스쳐 지나가는 생각'과 '단순한 소망'만으로는 새로운 아이디어를 발견하고 매출을 늘리기에 충분하지 않다고 했다. 반드시 기회를 인식하고 그에 따라 행동해야 하는데, 이것이 창조적 비전의 핵심이다. 아울러 카네기는 창조적 비전을 성공적으로 실현한 사람들의 열 가지 성공 원칙도 상세히 설명한다.

힐은 카네기와의 인터뷰에서 많은 부분을 발췌해 정리하며 33년 후 바로 이 책에 그가 직접 작성한 논평을 더했다. 이 장에서 그는 창조적 비전을 활용해 사회와 산업의 발전에 관한 많은 아이디어를 제시하는데, 대부분 놀라울 정도로 시대를 앞서가는 내용이었다. 몇몇 아이디어는 현 상황에 적용해도 손색이 없을 정도다. 또한 힐은 창조적 비전을 실현하는 데 성공한 당대 인물들을 사례로 함께 제시했다. 카네기와 힐의 통찰을 한데 모으면 누구나 창조적 비전을 세워 기회를 인식하고 목표를 달성하는 방법에 관한 설득력 있는 교훈을 얻을 수 있다.

2장은 조직적 사고라는 원칙의 중요성을 다룬다. 힐은 이 장에서 조직적 사고를 습득하고, 이를 활용하여 자신의 운명을 통제하는 방법을 설명하며, 세 가지 도표를 제시한다. 나처럼 당신도 그가 제시한 세 가지 도표에 반복해서 연구할 만한 가치가 있고, 도표를 읽을 때마다 새롭게 드러나는 사실이 있음을 깨닫게 될 것이다.

이 도표들은 조직적 사고, 의지력, 자제력 등이 어떻게 마음의 여러 능력과 오감, 인간의 기본적인 동기 그리고 성공 원칙과 상호작용하며 '행동으로' 결과를 낳는지 보여준다. 행동이 없는 생각은 힘이 없음을 명심하라. 이것이 핵심이다.

힐은 귀납적 추론과 연역적 추론 그리고 사회 관습이 조직적 사고를 계발하는 데 어떻게 기여하는지도 설명한다. 더불어 좋든 나쁘든 조직적 사고에 큰 영향을 미치는 습관의 중요성을 강조한다. 이 장은 조직적 사고를 통해 얻을 수 있는 긍정적인 효과는 물론 조직적 사고를 이용하더라도 악의적인 의도를 가지고 있다면 반드시 실패할 수밖에 없는 이유까지 상세히 밝힌다.

3장은 통제된 주의력이라는 원칙을 소개한다. 통제된 주의력은 집중력이자 동시에 그 이상을 말한다. 즉 계획을 잠재의식에 새겨넣는 수단이다. 마음의 모든 활동을 통제해서 자신의 목표를 향해 나아가는 과정이다. 앞서 말한 창조적 비전과 조직적 사고를 제대로 습득하여 실행하려면 반드시 통제된 주의력이 필요하다.

힐은 이 장에서 다른 성공 원칙과 함께 적용할 때 통제된 주의력이 계발되고 자신감을 키우는 능력이 강화되는 원리를 설명한다. 자신이 받는 보수 이상으로 많이 그리고 훌륭하게 일하는 특단의 노력, 두 명 이상의 조직화된 협력을 이끌어내는 마스터 마인드Master Mind, 믿음 등이 있다. 아울러 여러 성공 원칙과 통제된 주의력을 결합해 끝내 해결하지 못했던 문제에 대한 창의적인 해법을 찾아낸 인물들의 사례도 제시한다. 그들은 통제된 주의력이 얼마나 중요한지 증언하며 여러 목표가 아닌 명확한 핵심 목표 하나에 주의를 집중해야 한다고 입을 모았다.

3장은 통제된 주의력을 발휘해 얻을 수 있는 효과에 대한 카네기의 설명으로 끝난다. 주의력을 통제하면 전문성을 강화할 수 있다. 통제된 주의력을 사용하지 않은 채 사업이나 직업에 종사할 때보다 훨씬 큰 보상이 뒤따르게 된다. 아울러 이 원칙은 커리어와 업무 능력을 발전시키는 데도 매우 중요하다. 국민이 통제된 주의력을 사용하면 기업과 민주주의가 번영한다.

힐이 거듭 강조했듯 '행동'은 성공에 대단히 중요하다. 행동으로 옮기는 사람은 항상 승리한다. 하지만 목표를 이루지 못하고 헛수고가 되지 않으려면 행동하기 전에 반드시 생각해야 한다. 성공은 그것을 생각하는 사람에게 찾아오는 법이기 때문이다. 행동에 앞서 생각의 중요성을 다루는 이 불후의 명저는 명확한 핵심 목표를 달성하기 위한 여정에 훌륭한 길잡이가 되어줄 것이다. 이 책으로 자기 마음의 진정한 주인이 되는 법을 배우라.

돈 그린Don M. Green
나폴레온 힐 재단 전무이사

᚛

차례

1장 | 창조적 비전
스치는 생각을 기회로 인식하고 상상하라

2장 | 조직적 사고

정확하게 사고하고 행동하는 자만이 마음의 '진짜' 주인이 된다

3장 │ 통제된 주의력

모든 노력과 주의를 한곳에 집중하라

"우리가 생각할 때 사용하는 힘이 바로 '멘탈 다이너마이트'이며,
명확한 핵심 목표를 달성하기 위해 이 힘을 길러
건설적으로 사용할 수 있다.
만약 멘탈 다이너마이트를
엄격하게 통제된 습관을 통해 사용하지 않으면
'정신적 폭탄'이 되어 그야말로 목표 달성의 희망을 날려버리므로
실패를 면치 못한다."

— 앤드루 카네기

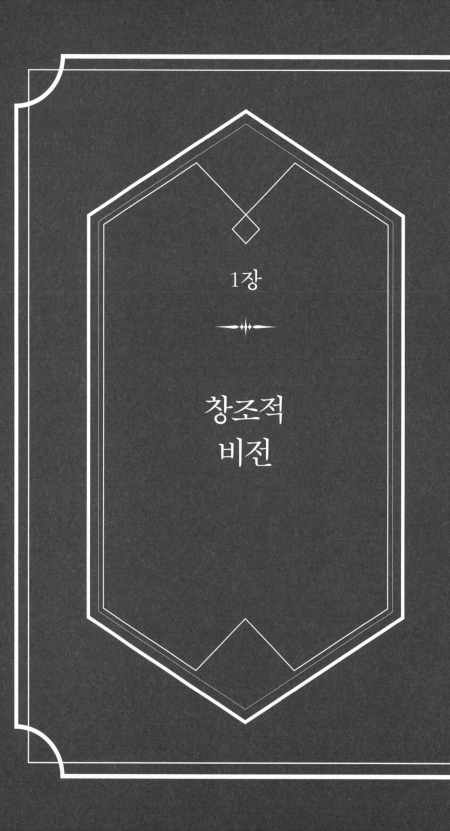

1장

창조적
비전

스치는 생각을
기회로 인식하고
상상하라

How to

Own Your OWN MIND

한 철학자는 상상력을 "인간이 이루는 모든 성취 유형을 만드는 작업실이다"라고 했다. 또 다른 사상가는 상상력을 "영혼의 작업실"로, 즉 "인간의 희망과 열망을 물질적 실체로 바꾸기 위해 준비하는 곳"이라고 묘사했다.

이 장은 위대한 지도자들이 창조적 비전을 적용해서 어떻게 성취를 이루어냈는지 설명한다. 1908년 당시 신입 기자였던 내가 앤드루 카네기와 그의 서재에서 나눈 인터뷰로 시작한다.

♠ 창조적 비전을 만드는
두 가지 상상력

나폴레온 힐(이하 힐): 카네기 씨는 창조적 비전이 성공 원칙 가운데 하나라고 말씀하셨습니다. 이 원칙을 분석한 뒤 이를 어떻게 실질적으로 활용할 수 있는지 설명해 주시겠습니까?

앤드루 카네기(이하 카네기): 창조적 비전의 의미를 제대로 이해하고 넘어가려면 우선 그것이 상상력과 다르다는 점을 알아야 합니다. 창조적 비전은 기회를 인식하고, 거기서 이득을 얻기 위해 행동하는 능력입니다. 상상력은 창조적 비전의 중요한 요소입니다.

상상력에는 두 가지 유형이 있습니다. 합성적 상상력과 창조적 상상력입니다.

합성적 상상력은 기존의 아이디어, 개념, 계획, 사실과 원칙 같은 것을 재배열하여 조합하는 행위입니다. "태양 아래 새로운 것은 없다"라는 옛말이 있습니다. 새로워 보이는 대부분은 옛것을 재배열한 것에 지나지 않는다는 데서 나온 말입니다. 사실 특허청에 등록된 모든 특허도 오래된 아이디어를 새로운 순서로 재배열하거나 새로운 용도로 쓴 것에 불과합니다. 여기에 해당하지 않는 특허는 '기본 특허'로, 창조적 상상력의 결과물입니다. 기존에 사용되거나 인식된 적이 없는, 완전히 새롭게 만들어진 아이디어에 기초한 것입니다.

창조적 상상력은 현재 과학적 시각에서 판단할 때 잠재의식에 기반을 두고 있습니다. 잠재의식에는 과학적으로 설명하기 어려운 어떤 힘으로 새로운 아이디어를 인식하고 해석하는 능력이 있습니다. 일각에서는 창조적 상상력이 진정한 '영혼의 작업실'이라고 믿습니다. 마음의 능력이 존재한다는 사실은 부인할 수 없습니다. 어떤 사람은 이 능력을 활용해 인간에게 이전에 알려진 적이 없는 새로운 아이디어를 인식하고 해석합니다. 그런 능력을 보여주는 유명한 사례들을 나중에 소개하겠습니다. 아울러 이 능력을 어떻게 계발하고 실용적으로 사용할 수 있는지도 설명하겠습니다.

힐: 두 가지 상상력 중 어느 유형이 산업 분야와 일상생활에 더 자주 사용됩니까?

카네기: 합성적 상상력이 좀 더 널리 사용됩니다. 창조적 상상력은 이름에서 드러나듯 그 특별한 능력을 발휘할 수단이 있는 사람들만 사용합니다.

힐: 이 원칙을 실제 적용하는 방법을 쉽게 이해할 수 있도록 두 가지 상상력이 적용된 사례를 최대한 자세히 들려주시겠습니까?

카네기: 흠, 가령 토머스 에디슨Thomas A. Edison의 발명을 살펴봅시다. 에디슨의 업적을 살펴보면 그가 이 두 가지 상상력을 어떻게 사용했는지 알 수 있습니다. 물론 그도 합성적 상상력을 더 자주 사용하기는 했습니다.

에디슨의 첫 발명품인 백열전구는 온 세상의 이목을 끌었습니다. 이 발명품은 오래전부터 알려진 두 가지 유명한 원리를 새로운 방식으로 결합해서 탄생했습니다. 그는 오래된 아이디어들을 1만 번 이상 다양한 방식으로 결합해 보고 여러 번 실패한 끝에 마침내 백열전구를 만드는 데 성공했습니다.

힐: 에디슨에게는 1만 번의 실패에도 계속해서 시도할 끈기가 있었다는 뜻입니까?

카네기: 바로 그것입니다. 예리한 상상력을 지닌 사람들은 문제의 해답을 찾을 때까지 좀처럼 포기하는 법이 없습니다.

에디슨은 두 가지 유명한 원리를 새로운 방식으로 결합해서 백열전구를 완성했습니다. 첫 번째는 이미 발견되어 있던 사실, 즉 철사의 양 끝에 전기를 연결하면 저항이 생기고, 그로 인해 발생한 열이 빛을 낸다는 원리였습니다. 이 원리는 에디슨의 전구 실험보다 훨씬 이전부터 알려져 있었지만, 열을 제어할 방법이 없다는 문제가 있었습니다. 더 쉽게 말하자면 몇 초 이상 지속해서 빛을 발생시키는 데 필요한 양만큼의 열을 전달할 수 있는 금속이나 다른 물질을 찾지 못했습니다. 전기의 강렬한 열이 금속을 금세 태워버렸으니까요.

에디슨은 온갖 물질로 실험했으나 목적에 부합하는 것을 찾지 못했습니다. 그러다 우연히 널리 알려진 또 다른 원리를 발견했는데, 이 원리가 결국 그가 찾던 해답이었습니다. 제가 방금 "우연히"라고 표현했지만,

그가 이 원리를 발견한 과정에 대한 정확한 표현은 아닐 것입니다. 이 점에 대해서는 나중에 더 설명하겠습니다. 어쨌든 에디슨은 숯이 생산되는 원리를 떠올렸고, 이 원리에서 1만 번의 실패를 겪게 한 문제의 해답을 마침내 찾았습니다.

간략히 설명하자면 나무를 흙으로 덮고 태우게 되면, 불이 활활 타오르지 않을 정도의 공기만 스며들어 불이 꺼지지 않고 서서히 타들어 갑니다. 이렇게 나무가 서서히 타는 과정을 거쳐 숯이 만들어집니다. 물리학에 따르면 산소가 없으면 불이 날 수 없습니다. 그렇기 때문에 산소의 유입량을 조절하면 불에서 방출되는 열의 양도 조절할 수 있었던 것입니다. 에디슨은 전구 실험을 시작하기 훨씬 전부터 이 원리를 알고 있었음에도 수천 번의 실험을 하고 나서야 그것이 그가 찾던 원리임을 깨달았습니다.

그 사실을 깨닫자마자 그는 연구실로 달려가 빈 병 안에 전선을 둥글게 감아 넣고는 모든 공기를 뺀 뒤 왁스로 병을 밀봉했습니다. 그러고 나서 전선의 양 끝에 전류를 흘려 보내자 세계 최초의 백열전구가 탄생했습니다. 조악하게 만들어졌지만 이 전구는 무려 여덟 시간이나 꺼지지 않고 빛을 냈습니다.

무슨 일이 벌어졌는지는 분명합니다. 산소가 없는 진공 상태에 전선을 두자 공기 중에 노출될 때처럼 완전히 타버리지 않고 빛이 날 정도로만 충분히 가열된 것입니다. 오늘날 모든 백열전구는 바로 이 원리를 이용해서 생산됩니다. 물론 현대의 전구는 에디슨이 열을 제어하는 법을 최초로 발견했을 당시보다 훨씬 더 효율적인 방법으로 개선되었습니다.

에디슨이 어떻게 이 두 가지 오래된 원리를 새로운 방식으로 결합하게 되었는지를 다시 논의해 봅시다. 에디슨은 전기 에너지의 열을 제어하는 수단으로 숯의 원리를 이용하는 아이디어를 '우연히' 발견했습니다. 하지만 이 아이디어가 그에게 떠오른 방식은 결코 '우연하지' 않았습니다.

이제 창조적 상상력이라는 원칙을 살펴봅시다. 오랫동안 수천 번 실험하면서 그 문제를 거듭 생각해 온 에디슨은 의식적으로든 무의식적으로든 자신의 잠재의식에 이 문제에 대한 명확한 그림을 각인시켰습니다. 그러자 이해할 수 없는 기묘한 힘에 의해 잠재의식은 '직감'의 형태로 그에게 숯의 원리를 떠올리게 하여 문제의 해법을 전달했습니다.

에디슨은 수년 후 그 실험을 설명하면서 직감이 떠올랐을 때 그것이 그가 찾던 연결 고리임을 바로 알아차렸다고 했습니다. 게다가 시험해 보기도 전에 이미 그 방법이 통하리라 확신했습니다. 그는 숯의 원리를 이용하는 아이디어가 마음에 '우연히' 떠올랐을 때, 그 방법이 적합하다는 확신도 함께 들었다는 중요한 말을 했습니다. 합성적 상상력을 사용한 수천 개의 아이디어에서는 전혀 느낄 수 없던 확신이었습니다.

이 말에서 우리는 잠재의식이 문제의 해법을 창조할 힘뿐만 아니라 의식에 제시될 때 그것이 해법임을 알아차리게 하는 수단도 가지고 있다고 결론지을 수 있습니다.

힐: 말씀을 듣고 보니 에디슨이 문제의 해법을 발견한 과정에서 핵심은 결국 끈기였네요.

카네기: 맞습니다. 아울러 몇 가지 다른 요인도 있습니다. 무엇보다 그는 명확한 핵심 목표를 가지고 연구를 시작했고, 가장 중요한 성공 원칙을 적용했습니다. 그는 문제의 본질을 알았고, 그만큼 해법을 찾고야 말겠다는 결심도 강했습니다. 반드시 달성하고야 말겠다는 강박적인 열망이 그의 명확한 핵심 목표를 뒷받침한 것입니다. 강박적인 열망은 마음에서 두려움과 의심, 스스로 정한 한계를 없애고 믿음으로 가는 길을 열어줍니다. 1만 번이 넘는 실패에도 패배를 인정하지 않음으로써 에디슨은 무언가 할 수 있다는 믿음이 생기게끔 스스로를 단련한 것입니다.

힐: 백열전구처럼 에디슨의 모든 발명은 창조적 상상력과 합성적 상상력이 함께 작용해서 만들어졌습니까?

카네기: 아닙니다. 그렇지는 않습니다. 그의 발명품 대부분은 '시행착오'라는 실험 방법과 합성적 상상력의 도움으로 만들어졌습니다. 그러나 한 가지 발명은 창조적 상상력의 도움만으로 완성되었습니다. 바로 축음기입니다. 그것은 완전히 새로운 아이디어였습니다. 에디슨 이전에 그 누구도 소리의 진동을 기록하고 재생하는 기계를 만든 적이 없으니 말입니다.

힐: 에디슨은 축음기를 완성할 때 창조적 상상력을 적용하면서 어떤 기법을 사용했습니까?

카네기: 아주 간단한 기법이었습니다. 그는 잠재의식에 축음기에 대한 아이디어를 각인시켰고, 잠재의식은 기계를 제작하는 완벽한 계획을 그의 의식에 전달했습니다.

힐: 에디슨이 전적으로 창조적 상상력에 의지했다는 뜻입니까?

카네기: 그렇습니다. 에디슨의 축음기 발명에서 특이한 점은 첫 번째 시도에서 잠재의식이 그에게 만들어준 계획을 적용한 효과가 바로 나타났다는 사실입니다. 그런 기계를 제작할 수 있는 방법에 관한 아이디어가 에디슨의 마음에 '불현듯' 떠올랐습니다.

아이디어가 떠오르자 그는 자리에 앉아 대략적인 그림을 그려 제작자에게 모형을 만들어달라고 요청했고, 몇 시간 뒤 기계의 모형이 완성되었습니다. 곧장 시험하자 기계는 제대로 작동했습니다. 물론 조악한 수준이었지만 에디슨의 창조적 상상력은 그를 실망시키지 않았습니다.

잘되는 사업에는 한결같이 창조적 비전을 가진 사람이 있다.
Wherever you find a prosperous business
you will come upon some individual who has Creative Vision.

♠ 열망을 잠재의식에 각인시켜라

힐: 조금 전에 토머스 에디슨이 "그의 잠재의식에 축음기에 관한 아이디어를 각인시켰다"라고 말씀하셨습니다. 그는 어떻게 이 발명을 시작하게 되었으며, 잠재의식이 그에게 기계의 작동 원리를 전달하기까지 얼마나 오래 걸렸습니까?

카네기: 잠재의식이 에디슨의 생각을 완벽한 계획으로 전환하기 전에 그가 그런 기계를 얼마나 오래 생각했는지를 정확히 알 수는 없습니다. 하지만 길어야 한두 주, 짧으면 하루 이틀 정도였을 것입니다. 그는 열망을 강박으로 전환하는 간단한 방법으로 잠재의식에 그것을 각인시켰습니다. 소리를 기록하고 재생하는 기계를 향한 생각이 그의 마음을 지배하게 된 것입니다. 마음을 온통 축음기에 집중시켰고, 이런 형태의 자기 암시가 잠재의식을 뚫고 들어가 열망의 명확한 그림을 그릴 때까지 매일 축음기로 자신의 머릿속을 가득 채웠습니다.

힐: 잠재의식을 의식과 연결하는 방법이 있습니까?

카네기: 이미 알려진 방법인데, 아주 간단합니다. 이 설명을 들으면 제가 열망을 강화하여 그 일에 경도되어야 한다고 강조한 이유를 이해할 수 있을 것입니다. 잠재의식은 '평범한 열망'보다 '타오르는 열망'을 훨씬

더 단호하고 빠르게 채택해 실행에 옮깁니다. 단순한 '소망' 정도로는 잠재의식에 아무것도 각인시키지 못합니다. 많은 사람이 소망과 타오르는 열망을 혼동합니다. 타오르는 열망은 관련된 생각을 끊임없이 반복하여 강박 수준에 도달하게 합니다.

힐: 제가 제대로 이해했다면 반복이라는 요소가 중요한가 봅니다. 왜 그렇습니까?

카네기: 생각을 되풀이하면 마음속에 '사고 습관'이 생겨 딱히 의식적으로 노력하지 않아도 마음이 아이디어에 대해 연구하기 때문입니다. 잠재의식이 습관화된 생각에 우선적으로 관여하는 것은 분명합니다. 특히 생각을 실현시키겠다는 타오르는 열망으로 그 생각에 강력한 감정이 실릴 때 관여합니다.

힐: 그렇다면 누구나 타오르는 열망을 잠재의식에 심는 간단한 과정으로 창조적 상상력을 활용할 수 있습니까?

카네기: 그렇습니다. 누구나 이 원칙을 이용할 수 있습니다. 하지만 관심과 열망을 집중시켜 사고 습관을 통제한 사람만이 실제로 결과를 얻을 수 있다는 점을 명심해야 합니다. 어쩌다 왔다 가는, 스쳐 지나는 생각과 보통 사람들이 바라는 단순한 소망으로는 잠재의식에 아무것도 각인시키지 못합니다.

힐: 두 종류의 상상력을 실제로 적용한 사례를 좀 더 말씀해주시겠습니까?

카네기: 흠, 헨리 포드가 자체 추진 장치인 자동차를 완성한 경험을 살펴봅시다. 자동차 아이디어는 처음에 탈곡기를 끄는 데 사용되는 증기 트랙터에서 착안했습니다. 포드가 트랙터를 처음 보았을 때, 그의 마음은 말이 끌지 않는 사륜차에 관한 아이디어를 만들어내기 시작했습니다.

처음에 포드는 합성적 상상력만을 사용해서 증기 트랙터를 승객 이송을 위한 빠른 탈것으로 전환하는 방법과 수단을 찾는 데 온 마음을 집중했습니다. 이 아이디어는 점차 포드의 마음을 가득 채웠고, 그의 타오르는 열망이 잠재의식에 전달된 뒤 그곳에서 실행으로 옮겨지는 결과를 낳았습니다. 잠재의식이 그에게 증기 엔진 대신 내연기관을 사용하라고 제안하자 그는 바로 새로운 엔진 제작에 착수했습니다. 물론 이미 다른 사람들이 내연 가스 엔진 실험을 한 적이 있어 길잡이로 삼을 수 있었지만, 그의 아이디어에서 문제는 엔진의 동력을 차량 바퀴로 전달하는 방법을 찾는 것이었습니다. 포드는 마음에 명확한 핵심 목표를 깊이 새겼고, 결국 그의 잠재의식이 전력 공급을 위한 유성 기어 시스템을 완성할 수 있는 아이디어를 주었습니다. 그 덕분에 포드는 최초의 자동차 모형을 완성할 수 있었습니다.

힐: 포드가 자동차를 완성하기까지 어떤 작업 절차를 따랐는지, 그에 포함된 주요 요인을 설명해 주시겠습니까?

카네기: 좋습니다. 그건 아주 쉽습니다. 이 설명을 들으면 포드의 마음은 물론 모든 성공한 사람의 작업 원칙도 명쾌하게 이해할 수 있을 것입니다.

헨리 포드의 작업 과정

1. 명확한 핵심 목표를 세워 동기를 부여했습니다.
2. 오로지 목표에 계속 집중해서 열망이 타오르도록 생각을 자극했습니다.
3. 끊임없는 체계적 노력으로 목표를 명확한 계획으로 전환시켰고, 불굴의 끈기로 그 계획을 실행에 옮겼습니다.
4. 마스터 마인드 원칙을 활용해 먼저 아내의 도움을, 그다음으로는 내연기관과 전력 공급 방법에 대해 앞서 실험한 사람들의 도움을 얻었습니다. 훗날 판매를 위해 자동차 생산을 시작했을 때는 도지 Dodge 형제와 기계적 문제에 능숙한 기능공 및 엔지니어들과 협력하여 마스터 마인드 원칙을 더 광범위하게 활용했습니다.
5. 이 모든 노력의 이면에는 명확한 핵심 목표를 반드시 달성하겠다는 그의 강렬한 열망이 만든 믿음의 힘이 있었습니다.

힐: 간략히 정리하면 포드의 성공은 그가 채택한 명확한 핵심 목표에 경도되어 합성적 상상력과 창조적 상상력을 모두 자극한 덕분인 것 같네요.

카네기: 한 문장으로 깔끔하게 정리했군요. 이 이야기에서 주목해야 할 부분은 포드가 끈기 있게 밀어붙였다는 사실입니다. 처음에 그는 실패를 거듭했습니다. 가장 큰 어려움은 자동차를 완성할 때까지 연구를 계속할 자본이 부족하다는 것이었지만, 그 후 대량 생산을 위해 필요한 운영 자본을 조달하는 데 더 큰 어려움이 닥쳤습니다. 설상가상으로 마스터 마인드 구성원들과 불화가 있었고, 다른 유사한 문제들이 속출하며 끈기와 결단력으로 버텨야 했습니다. 다행히 포드는 그런 성격이었습니다. 그는 자신이 무엇을 원하는지 정확히 아는 능력과 불굴의 끈기로 원하는 것을 지켜낸 역량 덕분에 성공할 수 있었습니다.

포드의 가장 두드러진 자질을 꼽으라면 단연 끈기입니다. 다시 말하지만 명확한 핵심 목표에 강박 수준의 끈기가 뒷받침되면 합성적 상상력과 창조적 상상력을 위한 최고의 자극제가 됩니다. 인간의 마음에는 명확히 계획된 강박적 열망을 잠재의식이 받아들이고, 이를 실행에 옮기게끔 강제하는 힘이 있습니다.

힐: 이제 상상력을 실용적으로 적용한 다른 사례들을 알려주시겠습니까?

카네기: 예를 들어 알렉산더 그레이엄 벨 박사의 전화기와 관련된 연구를 살펴봅시다. 이 발명은 완전히 새로워서 창조적 상상력이 사용된 예로도 볼 수 있습니다. 그는 청력이 손상된 아내를 위해 보청 장치를 궁리하던 중 전화기의 작동 원리를 에디슨처럼 '우연히' 발견했습니다.

여기서 우리는 다시 강박 수준의 명확한 목표 덕분에 영감을 얻은 사람을 볼 수 있습니다. 아내에 대한 깊은 연민이 벨 박사의 목표를 강박으로 만든 요인이었습니다. 자신의 열망을 강박 수준으로 끌어올린 다른 모든 사람과 마찬가지로 이 경우에도 명확한 동기가 열망의 이면에 있습니다. 동기는 모든 열망의 시작점입니다.

여기서 다 설명하기 어렵지만 오랜 연구 끝에 벨 박사의 잠재의식이 마침내 그의 목표에 도움이 되는 아이디어를 제시했습니다. 과학계에 알려진 벨 박사의 실험 내용은 이렇습니다.

광선을 셀레늄 판에 쏘면 그것이 조금 떨어진 곳에 위치한 또 다른 셀레늄 판으로 옮겨집니다. 이렇게 나중에 빛을 받은 셀레늄 판과 전화기가 부착된 갈바니 전지 사이에 통신이 가능해집니다. 그래서 첫 번째 판 뒤에서 말을 하면 단어들이 두 번째 판의 끝에 있는 전화기를 통해 뚜렷하게 들립니다. 광선이 전화기의 전선 역할을 한 것입니다. 소리의 파동이 빛의 파동으로 변형되고, 갈바니 파동으로 전환되었다가, 다시 소리의 파동이 되었습니다.

이렇게 해서 소리의 파동 전달에 관한 새로운 원리가 발견되었습니다. 그러나 벨 박사의 이 아이디어가 에이머스 돌베어Amos E. Dolbear의 실험에서 착안되었다는 주장이 나왔고, 이 원리에 대한 우선권을 두고 둘 사이에 법정 다툼이 벌어지기도 했습니다. 결국 이 다툼에서 돌베어가 패소하면서 벨 박사는 현대식 전화기의 작동 원리를 발견한 인물로 공식적인 인정을 받았습니다.

어쨌든 아내를 위해 보청 장치를 만들겠다는 벨 박사의 열망과 끈기가 뒷받침된 덕분에 그는 자신에게 필요한 원리를 발견한 것입니다. 잠재의식은 강렬한 열망으로 지식을 추구하는 사람들에게 그 지식을 제시해 주기 위해 필요한 모든 수단을 이용합니다. 물론 잠재의식이 기적을 행하지는 않습니다. 목표를 이행하는 과정에서 동원할 수 있는 실질적 수단을 현명하게 이용할 뿐입니다.

힐: 이제 발명에 관한 이야기는 마치고, 발명보다는 조금 덜 복잡한 분야에서 상상력의 원칙이 어떻게 적용될 수 있는지 설명해 주십시오.

카네기: 좋습니다. 미국에 설립된 최초의 통신 판매 회사를 예로 들어봅시다. 여기서 우리는 합성적 상상력이 상품 판매에 적용된 좋은 사례를 볼 수 있습니다.

옛 동료 중에 전신 기사가 있었습니다. 어느 날 그에게 여유 시간이 생겼는데, 딱히 할 일이 없었습니다. 그는 호기심 많은 사람이었기에 그 여유 시간을 활용해 돈벌이가 될 만한 일을 찾기 시작했습니다. 여기서 다시 '동기'라는 문제가 등장합니다. 바로 '금전적 이득에 대한 욕구'입니다.

몇 달간 궁리한 끝에 그는 놀고 있는 전신선을 이용해 부서 동료들에게 손목시계를 팔아 돈을 벌어야겠다는 구상을 했습니다. 그는 손목시계 여섯 개를 도매가로 주문해 판매했는데, 처음부터 반응이 아주 좋았습니다. 순식간에 여섯 개를 모두 판 그는 이에 자극받아 상상력을 확장해 각종 귀금속도 팔았습니다. 일이 술술 풀렸고, 장사도 아주 잘되었습니다. 그러던 어느 날 감독관이 그가 여유 시간에 하는 일을 알게 되었고, 곧바로 해고되고 말았습니다.

모든 역경은 그에 상응하는 '성공의 씨앗'을 가져다줍니다. '해고'라는 역경에서 최초의 위대한 통신 판매 회사가 탄생했습니다. 전신 기사는 판매 방법을 전신에서 우편으로 전환했습니다. 처음에는 등사판으로 인쇄된 제품 카탈로그를 사용했고, 전신 기사들 외에 마을 주민과 그 지역 사람들까지 모두 그의 잠재고객 명단에 포함했습니다. 얼마 지나지 않아 사업 규모가 커지며 제품 사진이 나온 카탈로그를 사용하게 되었습니다. 그때부터 그의 이야기는 미국 전역에 알려졌고, 이제 모두 그가 설립한 통신 판매 회사를 통해 물건을 구매합니다.

한발 더 나아가 그는 마스터 마인드를 활용해 파트너를 영입했는데, 알고 보니 이 파트너는 광고에 관한 한 아주 예리한 감각을 지닌, 금광과도 같은 존재였습니다. 수년이 지난 후 전신 기사는 회사를 엄청난 가격에 매각해 백만장자가 되었습니다. 대규모 통신 판매업은 이렇게 시작되었습니다.

이 사람의 성공에 딱히 신비로운 것은 없습니다. 그는 명확한 핵심 목표에 마음을 집중하고, 부자가 될 때까지 그 목표를 놓지 않았습니다. 무언가를 새롭게 만들지도 않았습니다. 단지 오래된 아이디어를 새로운 용도로 사용했을 뿐입니다. 부는 십중팔구 이런 식으로 축적됩니다.

힐: 제가 제대로 이해했다면 그 전신 기사는 합성적 상상력이라는 원칙만 사용했네요.

카네기: 그렇습니다. 상품 판매의 원칙을 새로운 방식으로 적용했다는 것 말고 그가 한 일은 딱히 없습니다. 하지만 성공한 인물들이 대부분 그렇게 성공했다는 것을 잊지 마십시오. 벨 박사나 에디슨처럼 창조적 상상력으로 새로운 아이디어를 내놓는 일은 아주 드뭅니다.

현대식 철도 냉동차를 한번 살펴봅시다. 이 원리를 처음 실제로 적용한 사람 덕분에 육류 포장업은 혁신적으로 바뀌었습니다. 평범한 육류 포장업자였던 그는 가까운 거리에만 신선한 고기를 배달할 수 있다는 점 때문에 한계에 부딪히고 말았습니다. 사업을 더 크게 확장하고 싶다는 열망은 동기가 되었고, 그는 곧 적절한 방법을 찾기 시작했습니다.

일반적으로 열망이 강렬해지면 사람은 원하는 바가 무엇이든 그 방법을 찾게 됩니다. 이 육류 포장업자는 금전적 이득에 대한 욕구로 동기가 부여되어 이 문제에 계속 집중했습니다. 그리고 마침내 일반 화물차를 '거대한 아이스박스'로 바꾸는 아이디어를 떠올렸습니다. 이 아이디어를 바로 실험했더니 다행히도 그의 계획이 통했습니다. 물론 최초의 냉동차는 아주 조악한 수준이었습니다. 하지만 그는 아이디어를 계속 다듬었고, 이윽고 현대식 철도 냉동차가 탄생했습니다. 그의 아이디어는 육류 포장업을 거의 무한대로 확장했을 뿐만 아니라 특히 과일과 채소를 비롯한 다른 상품의 판매와 유통에도 새로운 추진력을 더해주었습니다. 하나의 아이디어가 무수한 개인과 기업, 나아가 나라 전체에 수억 달러의 부를 창출해 준 셈입니다. 이 현대식 철도 냉동차는 말하자면 합성적 상상력을 적용한 덕분에 아이스박스에 바퀴를 다는 단순한 과정으로 탄생했습니다.

그런가 하면 조지 풀먼George Pullman은 기차 객실을 침대칸으로 변신시켜 육류 포장업자와 비슷한 업적을 이루었습니다. 침대나 객실에 새로운 것은 없습니다. 하지만 이 두 가지 서비스를 결합한 아이디어는 새로웠습니다. 이 아이디어로 풀먼은 수천 개의 일자리를 창출했고, 기차 여행객에게는 쾌적한 서비스를 제공하며 해마다 큰 매출을 올렸을 뿐만 아니라 어마어마한 재산까지 소유하게 되었습니다.

이러한 아이디어는 상상력의 산물입니다. 아이디어를 창출하거나 오래된 아이디어를 더 나은 용도로 이용할 수 있게 마음을 훈련한 사람은 경제적 자립을 누리게 됩니다. 이러한 아이디어의 이면에는 그것을 만든 사람의 진취성과 아이디어에 실용성을 더해주는 개인의 체계적인 노력이라는 원칙이 있습니다. 냉동차와 침대칸이라는 아이디어 모두 잘 홍보해서 팔려면 거대한 자본 투자가 필요합니다. 이 두 아이디어나 실용성이 더해진 유사한 다른 아이디어들이 성공적으로 채택되기 위해서는 성공 원칙 일부를 결합해야 합니다. 하지만 아이디어의 원천을 추적해 보면 일반적으로는 개인의 상상력에서 비롯됩니다.

♁ 상상력을 발휘하기 위한 다섯 가지 원칙

힐: 상상력을 활용한 사람들이 가장 많이 적용하는 성공 원칙을 말씀해 주시겠습니까?

카네기: 누가, 어떤 유형의 상상력을 적용하느냐에 따라 다르겠지만 일반적으로 상상력과 좀 더 자주 결합되는 성공 원칙을 모아보면 다음과 같습니다.

명확한 핵심 목표

상상력을 촉진하는 데 좀 더 도움이 되는 동기는 금전적 이득에 대한 욕구입니다. 이윤이라는 동기는 산업 제국인 미국을 발전시킨 사람들에게 가장 큰 영감을 주었습니다.

마스터 마인드

사업상 혹은 직업상 문제를 해결하기 위해 긴밀하게 협력하며 솔직하게 생각을 교환하는 마스터 마인드 역시 상상력을 크게 촉진합니다. 다른 무엇보다 제가 철강업을 번창시키는 데 가장 크게 기여한 것도 바로 이 원칙입니다. 이른바 '원탁 토론'은 훌륭한 제도입니다. 사람들이 모여 앉아 조화의 정신으로 하나의 목표를 위해 각자의 아이디어를 한데 모으기 시작하면 어떤 사업 분야든 어떤 사안이든 당면한 문제를 푸는 해법을 곧 찾을 수 있습니다.

특단의 노력

보수 이상의 노력을 기울이는 것, 즉 특단의 노력도 상상력 촉진제로서 큰 역할을 합니다. 자신이 받는 보수 이상으로 많이 그리고 훌륭하게 일하는 습관을 가진 사람은 일반적으로 서비스를 제공하는 데 필요한 새로운 원천을 찾아내기 위해 상상력을 발휘합니다. 설령 훨씬 더 큰 이득이 없다고 해도 이 사실만으로도 특단의 노력을 기울이는 것에 대한 충분한 보상이 됩니다.

실행하는 믿음

이 원칙은 상상력을 촉진하는 확실한 원천입니다. 아울러 창조적 상상력을 촉진하고 또 적용하기 위해서 반드시 있어야 합니다. 믿음이 적거나 없는 사람들은 창조적 상상력이 주는 혜택을 결코 누릴 수 없습니다.

상상력

모든 형태의 명확한 계획은 상상력을 통해 행해지므로 개인의 체계적인 노력이 얼마나 효과를 거둘지는 바로 상상력을 어떻게 적용하느냐에 달려 있습니다.

이 밖에도 상상력을 촉진하는 원천은 많지만, 이 다섯 가지는 '반드시 있어야 하는' 원칙들입니다.

때로는 두려움이 상상력을 촉진하기도 하지만, 도리어 마비시킬 때도 있습니다. 큰 위험에 처하면 상상력은 종종 초인적인 힘을 발휘합니다. 특히 자기를 보호해야 할 때 그렇습니다. 더러 실패와 일시적인 패배도 상상력을 촉진하는 효과가 있습니다만 그보다는 역효과를 일으킬 때가 더 많습니다.

가장 유능한 영업 사원들이 자주 사용하는 질문 방법은 상상력을 자극해서 바라는 목표를 달성하도록 합니다. 그 이유는 명확합니다. 영업 사원들은 질문을 던져 잠재고객이 생각하게 만듭니다. 심지어 영리하게 유도된 질문은 고객이 어떤 방향으로 생각해야 하는지까지 정합니다.

호기심은 대개 상상력이 왕성하게 작동하도록 자극합니다. 삶과 죽음의 불확실성, 불멸을 둘러싼 미지의 불가해한 사실 등에서 비롯된 호기심은 모든 종교를 발생시킨 영감의 주된 원천이기도 합니다.

말하기와 글쓰기를 통한 자기표현은 다른 많은 활동이 그렇듯 상상력을 자극하는 무궁무진한 원천입니다. 말이든 행동이든 떠오르는 생각을 표현하기 위해 조직하는 바로 그 순간, 상상력이 작동합니다. 그러므로 아이들이 자기 생각을 자유롭게 표현하도록 장려해야 합니다. 그래야 일찌감치 상상력이 발달합니다.

배고픔도 상상력을 촉진하는 보편적인 원천입니다. 먹을 것이 필요한 순간, 어떤 자극 없이도 상상력이 작동합니다. 하등 생물은 배고픔을 느낄 때 본능이 작용합니다. 저는 그런 자극이 가해질 때 본능이 어떻게 독창적으로 작용하는지 압니다. 그러므로 인간이든 하등 생물이든 본능 또한 개인의 작업 도구에서 꼭 필요한 일부입니다.

명확한 문제나 대상에 집중하면 상상력이 즉각 작동하는 경향이 있습니다. 예를 들어 엘머 게이츠Elmer R. Gates 박사의 뛰어난 업적들을 보십시오. 그는 '앉아서 아이디어를 떠올리는' 방식으로 수백 가지 유용한 발명을 해냈습니다. 토머스 에디슨과 알렉산더 그레이엄 벨 박사도 같은 원칙을 사용했습니다. 그들은 명확한 핵심 목표에 마음을 집중함으로써 창조적 상상력을 발휘해 세상에 엄청난 파장을 몰고 올 결과물을 만들었습니다.

때로는 과학자나 평범한 사람들도 사실이나 아이디어에 가설을 세워 상상력을 작동시킵니다. 그런 사실이나 아이디어가 존재한다고 가정하는 것입니다. 대개 연구자들이 찾는 사실은 전혀 알려지지 않았기 때문에 과학적 연구와 실험 또한 가설을 이용하지 않으면 의미가 없습니다. 변호사와 판사도 다른 방법으로는 밝힐 수 없는 사실을 입증하기 위해 가설을 자주 이용합니다. 화학자와 물리학자도 미지의 사실을 찾을 때 같은 방법을 이용합니다. 의사도 질병을 진단하는 방법이 모두 실패하면 가설을 이용합니다. 형사도 어떤 범죄를 해결할 때 전적으로 가설의 도움을 받아 수사할 때가 있습니다.

남북전쟁이 끝난 직후 한 주물 공장 주인이 쓰지 않은 포탄을 대량 구매했습니다. 포탄을 녹여 다른 용도로 사용하기 위해서였습니다. 포탄을 쉽게 녹이려면 먼저 작게 잘라야 했는데, 큰 망치로 포탄을 부수는 방법밖에 없어 보였습니다. 그때 상상력이 풍부한 누군가가 포탄을 살펴보았습니다. 내부가 비어 있는 것을 발견한 그는 포탄을 깨부수는 작업을 매우 낮은 가격에 해주겠다고 제안했습니다. 더욱이 혼자서 이튿날 아침까지 모든 포탄을 부수겠다고 장담해서 공장 주인을 놀라게 했습니다.

계약이 성사되자마자 그는 포탄의 작은 구멍이 위쪽을 향하게 모든 포탄을 돌려놓았습니다. 그러고는 비어 있는 포탄에 물을 가득 채웠습니다. 몹시 추운 밤이 지나고 다음 날 아침, 공장 주인은 포탄 안에 채운 물이 꽁꽁 얼어 팽창하는 바람에 포탄이 전부 깨져 있는 것을 발견했습니다. 그의 입에서 절로 탄식이 흘러나왔습니다. "왜 나는 이 생각을 못 했을까?"

때때로 우리는 다른 사람이 상상력을 창의적으로 활용하는 것을 보고 왜 자신은 그러지 못했는지 안타까워합니다.

힐: 왜 그렇게 소수의 사람들만 상상력이 뛰어난 것처럼 보일까요? 혹시 예리한 상상력은 부모에게 물려받는 능력일까요?

카네기: 아닙니다. 다른 정신 능력과 마찬가지로 상상력도 꾸준히 사용하면 개발됩니다. 많은 사람이 예리한 상상력을 가지지 못한 까닭은 명백합니다. 대부분 상상력을 그냥 방치하여 그 능력을 쇠퇴시키기 때문입니다.

기도할 때 더 많은 축복을 달라고 청하지 마라.
그보다 이미 받은 축복을 더 잘 이해하고 즐길 수 있도록
더 많은 지혜를 달라고 청하라.
When you pray do not ask for more blessings;
but ask for more wisdom, that you may better understand
and enjoy the blessings you already have.

✦ 상상력을 발휘하면 결과가 달라진다

힐: 누구나 어떤 식으로든 영업 기술은 필요하니 영업할 때 상상력을 발휘하는 법을 알려주시겠습니까?

카네기: 좋습니다. 그런 사례는 정말 많습니다. 한 생명보험 설계사를 예로 들어보겠습니다. 그 보험 설계사는 사고로 몸을 많이 쓰는 노동을 할 수 없게 되자 보험 영업 일을 시작했습니다. 그리고 1년 만에 그는 회사에서 전국 영업 실적 1위를 달성했습니다.

이 성공담을 들려드리기 전, 이 사람이 마스터 마인드 원칙을 활용하는 데 전문가였다는 점을 말해야겠습니다. 또한 조직적 사고를 포함해 다른 성공 원칙을 적용하는 데도 능숙했습니다.

어느 날 그는 아주 유명하고 부유한 변호사의 사무실을 찾아가 30분도 안 되어 100만 달러짜리 보험 신청서를 받아냈습니다. 사실 그가 사는 도시의 가장 유능한 보험 설계사들이 이미 그 변호사에게 보험 가입을 권유했지만 모두 거절당한 뒤였습니다.

그의 비결은 무엇이었을까요?

이 보험 설계사는 변호사의 사무실을 찾아갈 때 그의 활동을 다룬 신문 특집 기사를 만들어 갔습니다. 굵은 글씨로 "유명 변호사, 100만 달러짜리 뇌 보험 가입!"이라는 커다란 헤드라인이 찍혀 있었습니다.

그 기사는 이 기업 변호사가 어떻게 밑바닥에서부터 시작해 미국 뉴

욕주에서 가장 부유한 고객들을 상대하는 자리에까지 올랐는지 그의 특출난 능력을 밝히는 것이었습니다. 기사에는 변호사와 그의 가족 그리고 저택 사진도 실려 있었습니다.

그는 이 기사를 변호사에게 건네며 이렇게 말했습니다.

"일정한 신체검사를 통과하시면 100개가 넘는 신문에 바로 이 기사가 실리도록 조치해 놓았습니다. 기사가 나가면 보험료 이상의 수익을 벌어다 줄 정도로 새 의뢰인이 많이 찾아오리라는 점은 굳이 말하지 않아도 아실 것입니다."

변호사는 자리에 앉아 그 기사를 꼼꼼히 읽었습니다. 다 읽고 나서 그는 보험 설계사에게 자신에 대해 어떻게 이 많은 정보를 입수했는지 가족사진은 어떻게 구했는지 물었습니다.

보험 설계사가 답했습니다.

"아, 그건 쉬웠습니다. 저는 신문사 연합체와 이렇게 하기로 계약했을 뿐입니다."

변호사는 그 기사를 한 번 더 읽고는 약간 수정한 다음 다시 건네면서 말했습니다.

"작성할 신청서를 주십시오."

이렇듯 보험 판매는 단 몇 분 만에 끝났지만, 보험 설계사는 변호사를 방문하기 전 3개월이 넘도록 철저히 준비했습니다. 어떤 사소한 부분도 놓치지 않았습니다. 기사가 작성되기 전 변호사에 대해 낱낱이 조사했고, 그의 가장 큰 약점인 유명해지고 싶은 욕구를 건드리게끔 기사를 작성했습니다.

결국 그가 판 것은 생명보험이 아니라 허영심에 대한 보험이었습니다. 굵은 글씨의 헤드라인이 제대로 먹힌 것입니다. 게다가 보험 설계사는 보험을 판매해서 두둑한 수당을 받았을 뿐만 아니라 그 기사의 독점 사용에 대한 대가로 신문사 연합체로부터 500달러까지 받았습니다.

이것이 바로 상상력입니다. 상상력 말고 달리 무엇이라 할 수 있겠습니까?

상상력이 뛰어난 영업 사원들은 겉보기에는 대개 그들이 파는 것과 전혀 다른 것을 판매합니다. 미국 시카고대학교의 총장을 역임한 윌리엄 레이니 하퍼William Rainey Harper 박사의 경험은 제 말이 무슨 뜻인지 아주 잘 보여줍니다.

하퍼 박사는 교육계 최고의 '기부금 모금자' 가운데 한 명입니다. 그는 기부금 100만 달러를 받아 대학교 캠퍼스에 신축 건물을 세우기로 결심했습니다. 상상력을 자유자재로 다룰 줄 아는 사람이 그것을 어떻게 활용하는지 보고 싶다면 하퍼 박사가 100만 달러를 모금한 방법을 한번 관찰해 보십시오. 또한 그가 상상력에 얼마나 많은 성공 원칙을 적용했는지도 살펴보십시오.

먼저 그는 노련하게 자신에게 100만 달러를 전달할 잠재적 기부자를 미국 일리노이주의 유명 인사 두 명으로 한정했습니다. 둘 다 100만 달러를 기부할 능력이 충분했습니다. 하지만 이 두 사람이 서로 철천지 원수라는 사실은 결코 우연이 아니었을 것입니다. 한 사람은 직업 정치인이었고, 다른 한 사람은 시카고 철도 회사의 대표였습니다. 두 사람이 수년간 다투어 왔다는 사실은 상상력을 제대로 활용할 줄 모르는 사람들

눈에는 별 의미가 없어 보일지도 모릅니다.

어느 날 정오에 하퍼 박사는 '철도 재벌'의 사무실을 방문했습니다. 마침 출입문에 경비원이 없었습니다(사실 그는 그것을 노리고 때를 맞추어 찾아갔습니다). 아무런 예고도 없이 하퍼 박사는 철도 회사 대표의 사무실로 걸어 들어갔습니다.

대표가 책상에서 고개를 들어 그를 발견했지만 뭐라 할 틈도 없이 하퍼 박사가 냉큼 말했습니다.

"예고도 없이 불쑥 찾아와 죄송합니다. 하지만 밖에 아무도 없었습니다. 저는 하퍼 박사입니다. 잠시 뵙고 싶어서 방문했습니다."

"앉으시죠."

철도 회사 대표가 말했습니다.

"괜찮습니다. 시간이 없으니 본론부터 말씀드리겠습니다. 저는 시카고대학교가 미국 최고의 철도 시스템을 이 도시에 세운 대표님의 노고를 기리기 위해 무언가 해야 한다고 생각합니다. 그래서 대표님의 이름을 딴 건물을 캠퍼스 안에 세우면 좋겠다고 이사회에 말했습니다. 마침 저와 비슷한 생각을 하는 이사가 있었는데, 그가 기리고 싶은 인물은 다른 이(철도 회사 대표의 앙숙인 정치인)였습니다. 그래서 저는 그 이사의 계획을 무산시키는 데 도움이 될 만한 방법을 찾을 수 있기를 바라는 마음에서 상황을 말씀드리려고 방문했습니다."

"오, 흥미로운 생각이네요. 잠시 자리에 앉아 어떻게 그 문제를 해결할지 함께 알아봅시다."

철도 회사 대표가 말했습니다.

그러자 하퍼 박사는 사과하며 이렇게 말했습니다.

"대단히 죄송하지만 저는 다른 약속이 있어 가보아야 합니다. 하지만 제안을 하나 드리죠. 밤새 이 문제를 생각해 보신 뒤 신축 건물에 적임자의 이름을 올릴 방안이 떠오르면 아침에 연락해 주십시오. 그럼 좋은 하루 보내십시오."

다음 대화를 기약하지도 않은 채 이 상상력의 귀재는 인사를 하고 떠났습니다.

이튿날 아침, 하퍼 박사가 사무실에 도착했을 때 철도 회사 대표가 그를 기다리고 있었습니다. 안으로 들어간 두 사람은 그곳에서 약 한 시간 동안 머문 뒤 미소를 지으며 나왔습니다. 하퍼 박사는 수표를 들고 잉크를 말리느라 흔들고 있었습니다. 100만 달러짜리 수표였습니다.

영리한 하퍼 박사의 예상대로 철도 회사 대표는 이 대결에서 그의 앙숙을 이기는 방안을 찾아냈습니다. 아울러 시카고대학교가 그 돈을 수락하도록 하퍼 박사가 직접 책임진다는 조건으로 돈을 전달하며 협상을 마쳤습니다.

이것이 당신이 원하는, 상상력을 기반으로 한 영업 기술이라면 가져다 쓰십시오. 철도 회사 대표를 잘 아는 사람들은 다른 어떤 계획도 그의 돈을 받는 데 성공하지 못했을 것이라고 말했습니다.

상상력을 끊임없이 사용하며 개발해 온 사람들에게는 또 다른 특징이 있습니다. 일반적으로 그들은 정확히 어떤 계획이 통할지 알고 있습니다. 이는 그들이 하는 상상력 훈련에서 핵심적인 부분입니다.

힐: 하퍼 박사의 성공은 전적으로 그가 상상력을 이해하고 사용한 결과입니까? 아니면 다른 요인들도 작용했을까요?

카네기: 하퍼 박사는 상상력과 더불어 창조적 비전도 사용했습니다.

힐: 상상력과 창조적 비전의 차이는 무엇입니까? 두 용어가 동의어처럼 보이는데요.

카네기: 아닙니다. 두 용어는 동일하지 않습니다. 창조적 비전은 중요한 두 가지를 통해 습득하는 능력입니다. 첫째는 자신의 목표와 목적을 달성하는 데 유리한 기회를 잘 파악할 줄 아는 예리한 감각입니다. 둘째는 이러한 기회를 수용해서 개인의 체계적인 노력을 바탕으로 실행에 옮기는 습관을 계발하는 것입니다.

> 토머스 에디슨은 1만 번의 실패에도 굴하지 않고
> 계속 노력하는 끈기를 지녔다.
> — 앤드루 카네기
>
> *Thomas A. Edison had the persistence to keep on trying*
> *in the face of ten thousand failures.*
> — *Andrew Carnegie*

✦ 상상력을 폭발시키는
창조적 비전의 열 가지 요인

카네기: 어떤 사람은 특정 전문 분야나 기술 주제에 대해 매우 예리한 상상력을 가질 수 있습니다. 발명가가 그렇습니다. 그러나 발명 능력을 상업화하는 데 필요한 창조적 비전과 실행력 면에서 부족해 보이는 발명가가 많습니다.

마찬가지로 한 사람이 예술가로서 예리한 상상력은 있을지언정 예술적 자질을 이용해서 사업을 꾸리는 데 필요한 창조적 비전은 전혀 없을 수도 있습니다. 실제로 많은 예술가가 그렇습니다. 이제 핵심이 이해되십니까?

힐: 네, 분명히 알겠습니다. 그렇다면 창조적 비전과 관련된 다른 요인에는 어떤 것이 있습니까?

카네기: 창조적 비전을 가진 사람이 일을 처리하는 과정을 묘사하면 최선의 답이 될 듯합니다. 제 설명을 들으면 창조적 비전이 다른 성공 원칙과 많이 겹친다는 사실을 알게 될 것입니다.

창조적 비전을 가진 사람들의 작업 과정
1. 자신의 발전에 유리한 기회를 알아챌 수 있도록 민첩한 마음을 키웁니다.

2. 기회를 수용할 때 명확한 핵심 목표를 가지고 움직입니다.

3. 체계적인 노력으로 모든 행동을 계획합니다.

4. 마스터 마인드를 인식하고 사용하여 타인의 능력과 지식을 끌어옵니다.

5. 믿음으로 마음에서 한계를 제거함으로써 무한한 지성의 안내를 받을 수 있도록 마음을 개방합니다. 믿음의 도움 없이 창조적 비전을 가질 수 있는 사람은 없습니다. 믿음은 창조력의 본질과 관련이 있기 때문입니다.

6. 특단의 노력을 기울여 유리한 기회를 자신에게 끌어옵니다.

7. 당대의 일반적인 트렌드뿐만 아니라 일반 대중의 문제, 욕구 등을 면밀하게 관찰해서 마음의 주파수를 주변 환경과 조건에 항상 정확하게 맞춥니다.

8. 누가 강요하지 않아도 스스로 진취성을 발휘합니다.

9. 행동에 책임을 지고 자신의 건전한 판단력을 믿습니다. 계획을 세울 때는 먼저 마스터 마인드를 통해 현명하게 타인의 조언을 듣습니다.

10. 합성적 상상력과 창조적 상상력을 모두 계발하고 사용합니다. 하지만 이 두 요인이 창조적 비전을 가진 사람이 작업 과정에서 사용하는 요인 중 하나에 불과하다는 점을 명심해야 합니다.

이 설명으로 당신이 상상력과 창조적 비전의 차이를 충분히 이해했으리라 생각합니다.

힐: 네, 차이가 분명할뿐더러 정말 대단하네요. 설명을 들으니 왜 소수의 사람만이 상상력을 사용하는지에 관한 제 질문에도 대답이 된 것 같습니다.

카네기: 창조적 비전을 사용하는 사람이 그만큼 적다는 의미입니다. 정도의 차이는 있지만 보통 사람도 누구나 상상력을 사용합니다. 하지만 창조적 비전을 사용하는 사람은 거의 없습니다. 상상력은 창조적 비전을 이루는 요인 가운데 하나일 뿐입니다.

오늘날 우리가 아는 미국의 산업은 창조적 비전을 지닌 사람들이 이룬 결과물입니다. 이런 비전을 가진 사람들이 돈을 활용하게 된다면 가장 유용한 형태의 부를 창출합니다. 이를테면 고용과 높은 생활수준, 모든 직업에 필요한 경험과 기술 교육 형태로 부를 창출합니다.

창조적 비전을 지닌 사람들은 무언가를 세우는 사람들이지, 무언가를 무너뜨리는 사람들이 아닙니다. 부정적이지 않고 긍정적입니다. 그들은 미국의 철도 시스템과 마천루를 건설하며 거대한 도시의 경계를 넓혔습니다. 전화기와 비행기, 자동차, 전기 등 다양한 도구를 만들어 이용하게 했습니다. 또한 우리에게 문명 세계에서 알려진 가장 효율적인 정부 시스템을 제공했고, 그 정부하에서 모든 국민이 창조적 비전과 개인적 역량을 최대한 발휘할 진취성을 행사할 수 있는 특권을 누리고 있습니다.

창조적 비전의 이면을 들여다보면 그것이 문명의 전조였음을 알 수 있습니다. 역사를 살펴보면 비교적 소수의 인물이 보여준 리더십을 통해 문명이 진화해 왔습니다. 그 소수의 인물이 바로 창조적 비전을 지닌 인물들입니다. 그들은 민첩한 마음 덕분에 항상 대중보다 앞섰습니다. 대표적으로 새뮤얼 애덤스Samuel Adams, 리처드 헨리 리Richard Henry Lee, 토머스 제퍼슨Thomas Jefferson, 존 행콕John Hancock, 조지 워싱턴George Washington, 토머스 페인Thomas Paine을 비롯해 자신의 목숨과 재산을 걸었던 위대한 애국자들을 꼽을 수 있습니다.

이들의 업적을 분석해 보고, 그들이 창조적 비전의 열 가지 요인을 얼마나 명확하게 활용했는지 확인해 보십시오.

힐: 창조적 비전을 키우려면 어떻게 해야 합니까? 혹시 그것도 소수만이 물려받는 타고난 특질입니까?

카네기: 그 질문에 최선의 답을 하려면 모든 행동의 주요 동기에 대해 언급해야 할 것 같습니다. 동기는 인간이 하는 모든 행동과 노력의 원동력입니다. 창조적 비전을 가졌다고 알려진 사람을 분석하면 무언가 강력한 동기로부터 자극받았다는 사실을 알게 됩니다.

미국에 자유를 안긴 인물들의 주요 동기는 '심신의 자유에 대한 욕구'였고, 미국을 산업 제국으로 만든 위대한 산업계 지도자들의 동기는 '이윤 동기'로 알려진 금전적 이득에 대한 욕구였습니다. 이들은 또 다른 주요 동기인 '자기표현의 욕구'에 따라서도 움직였습니다. 즉 지도자들을 행동하게 한 명확한 동기는 어김없이 존재했습니다.

경제 시스템과 더불어 정부 형태는 개인이 진취성을 표현할수록 높은 점수와 보상을 주도록 설계되었고, 그렇게 운영된다는 점은 미국을 이루는 생활양식의 가장 위대한 요인입니다. 이윤 동기와 진취성은 떼려야 뗄 수 없는 관계입니다. 이윤 동기는 개인의 진취성을 북돋는 모든 동기 가운데 가장 큽니다. 이 동기가 사라지거나 억눌리면 국부國富의 가장 큰 원천도 축소됩니다.

이 점을 강조하고 싶습니다. 날이 갈수록 진취성을 발휘하지 못하게 방해하는 습관과 관행이 생기는 경향이 나타나고 있습니다. 어떤 사람은 한 사람이 할 수 있는 일의 양을 제한함으로써 새로운 일자리를 창출할 수 있다고 생각합니다. 이 철학을 더 상세히 분석하지 않아도 자신이 제공하는 서비스의 양을 제한하도록 허용하는 것은 그가 벌어들일 돈의 양에 명확한 한계를 설정하는 행위라고 말할 수 있습니다. 보통 그 한계는 그저 근근이 먹고사는 수준에 지나지 않습니다.

창조적 비전을 가진 사람은 그가 제공할 수 있는 서비스의 양을 제한하지 않습니다. 오히려 보수 이상으로 많이 그리고 훌륭하게 일하는 특단의 노력을 기울여 가능한 한 모든 방향으로 서비스를 확장합니다. 이 방법 외에 진취성이라는 특권을 백분 활용할 수 있는 다른 방법은 없습니다.

인생에서 무언가를 더 얻으려면 반드시 그만큼 더 주어야 합니다. 이것은 예외가 없는 자명한 이치이며, 모든 자연법칙은 이렇게 설계되었습니다. 인간이 만든 규칙이 아닙니다.

힐: 그렇다면 정부가 사람들이 이 자연법칙에 따라 행동하는 것을 저해하는 방향으로 변한다면 불운이겠군요.

카네기: 불운 정도가 아니라 비극입니다. 모든 개인이 이윤 동기라는 최고의 동기를 수용하고 이용했을 때 충분히 보상받을 수 있어야 하며, 정부는 이를 장려해야 합니다.

이제 창조적 비전을 구성하는 요소들을 자세히 살펴보고 어떻게 개인의 진취성으로 이어지는지 주목하십시오. 우리에게서 그 특권을 앗아가거나 어떤 식으로든 제한한다면 우리에게 주어진 가장 위대한 특권의 핵심을 공격하는 것입니다.

✦ 성공을 눈앞에 두고 속도를 멈추는 사람들

힐: 카네기 씨는 마스터 마인드 구성원들이 부자가 되도록 독려했습니다. 보수 이상으로 많이 그리고 훌륭하게 일하는, 즉 특단의 노력을 기울인 구성원에게 후한 보수를 지급했던 정책이 그들로 하여금 진취성을 발휘하게 하는 데 효과적이었습니까?

카네기: 충분히 매력적인 동기를 제시하면 사람들은 자발적으로 행동합니다. 최선을 다하도록 만드는 유일한 방법입니다. 동기의 성격과 범위는 독려 대상의 잠재력과 성격에 따라 달라집니다. 대개 개인의 야심과 한계로 결정되는데, 경제적 안정을 추구하는 사람이 있는가 하면 기초적인 생계를 꾸려갈 정도의 부만 바라며 스스로 한계를 정하는 사람

도 있습니다. 막대한 부를 원하는 사람은 '풍요로움' 말고 다른 동기로는 움직이지 않습니다.

제 사업과 관련된 수천 명의 노동자 가운데 막대한 부에 대한 욕구로 동기가 부여된 사람은 채 50명도 안 됩니다. 저는 이들 가운데 40명 넘는 사람이 백만장자 혹은 그보다 더 큰 부자가 되어 자신이 원하던 것을 손에 넣을 수 있도록 도왔습니다. 물론 나머지 사람들도 막대한 부를 바랐지만, 성공 원칙을 적용하는 일을 소홀히 한 탓에 목표를 달성하지 못했습니다.

흥미롭게도 욕구를 달성하기 위해 먼 길을 왔는데도 중도에 멈춘 사람들 대부분은 특단의 노력을 기울이는 원칙을 방치했기 때문에 실패했습니다. 성공은 그들에게 역효과를 끼쳤습니다. 성공을 거두자 그들은 자신이 한 것이 아니라 아는 것에 대해 보상받아야 한다고 생각했고, 다른 사람들도 그렇게 생각하도록 유도했습니다. 이는 성공으로 가는 여정을 잘 시작했음에도 막상 성공이 눈앞에 보이자 방심하고 속도를 늦추는 사람이 저지르는 치명적인 실수입니다.

힐: 노동자들이 벌 수 있는 금액을 제멋대로 제한하는 고용주들도 있지 않습니까?

카네기: 맞습니다. 그런 고용주가 많습니다. 하지만 그런 사람들 가운데 자기 분야에서 괄목할 만한 성공을 거둔 사람이 있을까요? 성공을 유지하려면 그만큼 내주어야 합니다. 최대한 많은 사람이 성공할 수 있

게 도운 사람이 가장 큰 성공을 거둡니다. 문명이 시작된 이래로 그래 왔고 앞으로도 그럴 것입니다.

미국을 세운 '건국의 아버지들'은 이 진리를 알았기에 목표를 높이 정하고 많은 것을 성취하도록 장려하고자 모든 국민에게 최대의 특권을 부여하고 그 진리를 헌법에도 반영했습니다.

힐: 미국의 헌법을 만든 인물들이 창조적 비전을 가진 인물이라는 말씀입니까?

카네기: 그렇습니다. 게다가 그들은 헌법을 만들었다는 점에서 이미 이 나라뿐 아니라 여느 나라에 알려진 사람들 중 가장 뛰어납니다. 창조적 비전이 없었다면 그들은 모든 사람에게 동등한 권리를 부여하는 헌법을 작성할 선견지명과 지혜를 갖지 못했을 것입니다. 그들은 진정한 의미에서 정치인이었습니다. 오늘날에는 직업 정치인이 많지만, 그들처럼 참된 정치인은 거의 없습니다.

힐: 그렇게 훌륭한 정치인이 드물어진 원인은 무엇입니까?

카네기: 미국이 매우 부유하고 번영하면서 개인의 자유는 값싸게 취급되었습니다. 더 이상 과거의 정치인들처럼 자유에 대한 욕구만으로는 동기가 부여되지 않는 지경에 이르렀습니다.

힐: 바꾸어 말하자면 지나친 풍요로움이 우리를 나태하고 무신경하게 만들었다는 것입니까?

카네기: 맞습니다. 원하는 것은 무엇이든 아주 쉽게 얻을 수 있게 되면서 선구자 정신과 자기 결정 의지가 약해졌습니다. 거저 얻은 선물에는 위험이 따릅니다. 개인의 자유와 기업가의 권리가 너무 쉽게 주어지면서 사람들은 그 특권의 의미를 무상으로 무언가를 얻을 수 있다는 허락으로 오해하기 시작했습니다.

힐: 건국의 아버지들은 개인의 자유를 헌법에 명시하여 지나친 풍요로움을 선물했습니다. 카네기 씨가 지금까지 하신 말씀을 들어보면 이 선물이 때로는 후손들이 유용한 서비스를 제공해서 원하는 것을 스스로 얻는 대신 오히려 건국의 아버지들에게 의지하는 결과를 낳았다는 결론으로 이어지는 것 같습니다.

카네기: 그것이 핵심입니다. 대가 없이 얻을 수 있는 것은 없습니다. 물론 거저 얻으려 드는 추세는 차차 나아지겠지만, 나라에 거대한 비상사태가 닥치고 나서야 사람들은 거저 얻으려는 태도에 문제가 있었음을 깨닫게 될 것입니다.

비상사태는 대규모 경제 공황이나 건국 당시 우리에게 주어진 자유라는 특권을 되찾기 위해 국민이 힘을 합쳐 다시금 싸워야 하는 전쟁 같은 형태로 올 것입니다. 어떤 어려움이 닥친다 해도 한 가지는 분명합니다. 제공하는 서비스의 양을 계속 줄이면서 그저 더 많은 보수만을 요구한다면 재앙을 피할 수 없다는 사실입니다.

힐: 그렇다면 경제 시스템에는 문제가 없지만, 그 시스템 속에서 살고 있는 사람들에게 심각한 문제가 있다고 생각하십니까?

카네기: 그것은 제 견해가 아니라 진실입니다. 압도적으로 많은 사람이 창조적 비전의 모든 규칙을 위반한다는 사실을 고려해 보면 창조적 비전을 가진 사람이 상대적으로 적다는 사실은 놀랍지도 않습니다. 정부 시스템과 경제 시스템에는 아무런 문제가 없습니다. 하지만 분명 우리는 그 안에 주어진 특권들을 잘못 사용하고 있습니다.

천국과 지옥은 바로 마음속에 있다.
— 존 밀턴

The mind within itself can make a Heaven of Hell, a Hell of Heaven.
— John Milton

✦ 수학 공식만큼 분명한
성공 원칙

힐: 카네기 씨는 철강업에서 인정받는 지도자입니다. 이 분야에서 이루신 업적은 압도적으로 뛰어나 도저히 견줄 대상이 없을 정도입니다. 카네기 씨는 강철 가격을 톤당 130달러에서 약 20달러로 낮추었으며, 철강업을 오늘날 미국의 산업 중추로도 만드셨습니다. 남들보다 그토록 앞설 수 있었던 비결을 말씀해 주시겠습니까?

카네기: 앞서 이야기한 창조적 비전의 열 가지 요인에 그 질문에 대한 답이 있습니다.

힐: 철강업에 종사하는 다른 사람은 그렇지 않은 반면 카네기 씨는 이 원칙들을 지키고 적용했기 때문이라는 의미입니까?

카네기: 그렇게 표현하고 싶지는 않습니다. 다만 저는 다른 사람보다 그 원칙들을 더 끈질기게 적용했다고 말하겠습니다. 철강업에서 제가 다른 사람이 하지 못한 업적을 이룬 것은 대개 그 원칙을 적용하는 데서 보인 차이 때문입니다.

힐: 그렇다면 다른 사람보다 능력이 뛰어났다기보다 원칙을 적용하는 데 필요한 역량을 더 많이 갖추었다는 뜻입니까?

카네기: 맞습니다. 다른 분야에서도 마찬가지입니다. 원칙을 적용하는 데서 드러난 차이가 성공과 실패를 가릅니다. 성공 원칙은 수학 공식만큼이나 명확합니다. 이 원칙들을 이해하고 꾸준히 적용하는 사람이 있는가 하면, 이해는 하지만 가끔씩만 적용하는 사람도 있습니다. 당연히 더 꾸준히 적용한 사람이 더 큰 성공을 거두게 마련입니다.

힐: 저는 늘 가난에서 벗어나 부자로 도약할 수 있는 방법을 알고 싶었습니다. 부자들은 모두 건전한 마음과 누구에게나 주어지는 기회만 가지고 맨손으로 시작한 것처럼 보입니다. 가난을 극복하고 부자가 되어야겠다고 결심할 때 가장 먼저 무엇을 해야 합니까? 가난에서 부로 전환되는 정확한 지점은 어디이며, 어떻게 그 지점에 도달할 수 있습니까?

카네기: 그 질문에 충분히 답하려면 족히 한 달은 걸리지 않을까 싶습니다. 하지만 최선을 다해 답해보겠습니다. 우선 모든 질문에 알맞은 답을 제시하려면 성공철학 전체를 동원해야 한다고 말해야 할 것 같습니다. 하지만 스스로 답을 찾을 수 있도록 좀 더 구체적으로 설명해 보겠습니다.

우선 원하는 재산의 양과 그에 대한 대가로 제공할 서비스의 종류를 고려할 때 자신에게 가장 잘 맞는 기회를 알아채려면 반드시 창조적 비전이 있어야 하며, 이를 가장 먼저 고려해야 합니다. 알다시피 누구나 부를 원합니다. 하지만 일반적으로 거저 얻기를 바라거나 대가로 주어진 것보다 더 큰 것을 바랍니다. 하지만 세상에 거저 얻을 수 있는 것은 없으며 대가를 제공하지 않고 무언가를 얻는 일은 현실에서 일어나지 않습니다. 이 진리를 깨달아 그릇된 생각을 없애야 합니다.

힐: 설명을 들으니 가난한 자에서 부자로 거듭나는 일은 체계적인 준비의 문제라는 생각이 듭니다.

카네기: 정확합니다. 부는 바란다고 절로 오지 않습니다. 부는 좀 더 실질적인 원천에서 비롯됩니다. 부의 본질이 무엇인지 최대한 명쾌하게 설명해 보겠습니다. 아울러 부에 이르는 지름길은 없다고 분명히 말하고 싶습니다. 부에 이르는 길은 명확하지만 오래 걸리고, 때때로 힘이 듭니다. 이 점 때문에 여정을 시작한 사람들 가운데 수백만 명이 포기합니다. 대부분 힘들어서 다시 돌아가거나 아예 경주를 관둡니다.

이제 당신의 질문에 대한 답을 해보겠습니다.

가난에서 벗어나 부자가 되기 위해 준비하는 사람은 숲을 비옥한 논으로 바꾸는 농부와 같습니다. 우선 목재와 잔가지들을 치웁니다. 그리고 땅을 갈아엎고 토질을 좋게 만듭니다. 그런 다음 씨앗을 심습니다. 하지만 이 모든 단계를 현명하게 밟아야 합니다. 계절에 맞지 않으면 어떠한 결실도 맺을 수 없습니다.

가난을 극복하기로 결심한 사람도 이와 같은 단계를 거쳐야 합니다. 먼저 마음속의 모든 부정적인 생각과 스스로 정한 한계를 없애야 합니다. 그러고 나서 자신의 교육, 경험, 타고난 성향, 전반적인 능력을 꼼꼼히 조사해서 부를 얻는 대가로 나는 무엇을 제공할지 파악해야 합니다. 그다음 제공할 수 있는 서비스를 팔 시장을 찾아야 합니다. 여기서 더 중요한 성공 원칙이 등장합니다. 바로 보수 이상으로 많이 그리고 훌륭하게 일하는 '특단의 노력 기울이기'입니다. 이 원칙을 적용하고 습관화하지 않은 채 가난을 이겨내고 부자가 되었다는 말은 들어본 적이 없습니다.

✤ 성공은 반드시 그것을 결심한 사람에게만 온다

카네기: 여기까지는 주로 사람과 성공 사이에 놓인 장애물들을 없애는 일이었습니다. 다음은 스스로 성공을 의식하게끔 만드는 단계입니다. 부는 그것을 가지겠다고 결심한 사람에게로 향하는 경향이 있습니다. 나태함, 무기력, 스스로 정한 한계, 두려움, 낙담은 결코 부를 끌어당기지 못합니다.

보수 이상으로 많이 그리고 훌륭하게 일하는 특단의 노력을 기울여 주변 사람에게 호의적인 관심을 끌고 나면 명확한 핵심 목표를 명확한 계획을 통해 행동으로 표현할 수 있게 됩니다. 당연히 명확한 핵심 목표는 제공하고자 하는 서비스에 따라 달라집니다.

이때부터 상황과 조건이 어떠하든 명확한 핵심 목표가 요구하는 대로 성공 원칙을 적용합니다. 하지만 명심하십시오. 상황이 어렵고 힘들다고 해서 도중에 포기하고 멈추면 안 됩니다. 성공 의식으로 무장되어 있다면 당신의 마음도 멈추고 싶지 않을 것입니다. 이런 준비는 목표한 부를 달성하기 위한 절대적 요건입니다.

한 가지 경고하자면 부를 달성하는 것이 유일한 목표인 사람은 실망할 가능성이 더 큽니다. 가난에서 부로 전환하기 위해서는 부가 아니라 자신이 제공할 서비스에 마음을 쏟아야 합니다. 단지 부만 좇으면 부는 쉽게 손에 잡히지 않습니다. 이 진리를 깨달은 사람이 너무 적을까 걱정스럽습니다. 부를 축적하는 최선의 방법은 유용한 서비스를 제공함으로써 없어서는 안 될 대체 불가능한 존재가 되는 것이라고 진심으로 믿습니다. 이 진리는 제 모든 경험이 증명했고, 다른 사람의 경험을 통해서도 깨달은 바입니다.

힐: 그렇다면 지름길로 가거나 다른 사람과 힘을 합쳐 수적인 우세로 가치 이상을 요구한다고 해서 부를 축적할 수 있는 것은 아니군요?

카네기: 네, 그렇습니다. 간혹 부에 이르는 지름길을 택할 수도 있겠지만 성공 가능성이 낮고 무척 위험합니다. 대개 감옥에 간다든가 때로는 그보다 더 심한 운명을 마주하게 될 수도 있습니다. 비록 몇 명 되지는 않겠지만 그런 식으로 '용케 해낸' 사람들은 성취한 것이 영원하지 않다는 사실을 깨닫게 됩니다. 그렇게 이룬 부는 작열하는 태양 아래 녹아내리는 눈처럼 금방 사라집니다. 잘못된 방식으로 부를 손에 넣으면 반드시 값비싼 대가를 치르게 됩니다.

한편 수적인 우세로 일시적인 이득을 얻는 데 성공한 사람은 제공한 서비스에 부합하는 가치 그 이상을 요구하며 한동안은 그 보상을 받을 수도 있습니다. 하지만 이런 사람은 황금알을 낳는 거위를 죽이는 것과 같습니다. 때로는 서비스 구매자가 도산할 수도 있고, 속임수로 이루어지던 불공정 거래가 거부당해 서비스를 팔 수 있는 시장이 사라질 수도 있습니다. 어떤 형태로 어떤 속임수를 쓰든 결국에는 부메랑으로 돌아와 난처한 상황에 빠집니다. '황금률의 적용'이 성공 원칙에 속할 수밖에 없는 이유입니다.

이 모든 말이 설교처럼 들릴지 모르지만, 건전한 철학임을 명심하십시오. 부를 축적하는 모든 방법을 시도한 사람들의 경험을 모두 합친 것이자 핵심입니다. 제 말을 반대로 시도해 보고 나서야 이 진리를 깨닫는 잘못을 저지르지 않고, 처음부터 이를 건전한 철학으로 받아들이는 사람이야말로 행운아입니다.

힐: 부를 축적하려는 사람에게 꼭 필요한 요건은 무엇이라고 생각하십니까? 다른 모든 것보다 더 중요한 한 가지로 답을 요약할 수 있다면 말입니다.

카네기: 이 질문에는 쉽게 답할 수 있습니다. 최소한의 마찰로 다른 사람과 협상하여 최대한 우호적인 협조를 얻어내는 능력입니다. 달리 표현하면 '인간관계'가 삶에서 가장 중요하다는 뜻입니다. 모든 성공과 실패는 인간관계의 결과입니다.

신뢰와 우호적인 협력을 얻기 위해 타인과 협상할 줄 아는 사람은 성공이라는 목표의 9할을 이룬 것이나 마찬가지입니다. 그 뒤의 여정은 명확하면서도 비교적 쉽습니다. 이때 성공하려면 황금률과 특단의 노력을 기울이는 원칙을 적용하는 일이 대단히 중요합니다.

힐: 이 철학에서 설명하는 원칙에 반대하는 건전한 주장을 아십니까?

카네기: 당신이 질문에 '건전한'이라는 단어를 포함시키지 않았다면 그런 주장이 있다고 답했을 것입니다. 하지만 당신의 질문대로라면 없다고 답할 수밖에 없을 것 같습니다. 이 철학과 관련해서 제기할 수 있는 유일한 주장은 거저 얻으려는 사람들 혹은 시기심에 성공한 인물들을 헐뜯고 싶어 하는 사람들이 제기하는 주장뿐입니다.

이러한 예외를 제외하고 이 철학에 문제를 제기할 만한 사람은 없습니다. 사실 이 철학은 무척 건전하기 때문에 제가 언급한 사람들을 제외한 그 누구라도 문제를 제기하면 모두 반박할 수 있습니다.

❖ 아이디어의 옥석을 가려줄 창조적 비전

힐: 다시 창조적 비전의 정의로 돌아가 보죠. 저는 이 원칙의 온전한 의미를 확실하게 이해하고 싶습니다. 또한 이 원칙이 일상생활에서 어떻게 적용되는지도 제대로 이해하고 싶습니다. 그러니 좀 더 포괄적으로 이 원칙을 분석해 주시겠습니까?

카네기: 이미 그 원칙이 무엇인지 그리고 그 원칙을 적용하면 무엇을 달성할 수 있는지 설명했으니 이제 그 원칙이 아닌 것을 말씀드리면 될 듯합니다.

창조적 비전이 없었음을 단적으로 보여주는 예시가 생각났습니다. 헨리 포드가 운영 자본이 부족해서 한창 고전하던 사업 초기에 한 지인에게 5000달러를 투자해 달라고 요청했습니다. 이 사람은 돈이 있었고, 투자할 생각도 있었습니다. 그는 제게 자동차 산업에 투자하는 것이 어떨지 조언을 구했습니다. 저는 강력하게 투자하라고 권했습니다. 몇 달 뒤 그에게 자동차 산업에 투자했는지 묻자 그는 하지 않았다고 답했습니다. 그는 이렇게 말했습니다.

"첫째, 자동차는 잠깐 반짝하는 유행이라 곧 사라질 것입니다. 둘째, 포드라는 작자가 자신이 무엇을 하는지 알고 있다고 생각하지 않습니다. 셋째, 만일 투자한다면 그 사업은 고작 아이디어가 전부인지라 제 돈이 안전하리라는 보장이 없습니다."

그에게 창조적 비전이 없었음을 방증하는 세 가지 실수였습니다. 창조적 비전이 있는 사람은 건전한 아이디어가 모든 자산 가운데 가장 안전하고 값지다는 사실을 압니다.

그와 거의 같은 시기에 또 다른 지인이 포드에게 투자할 기회를 얻었습니다. 제임스 쿠젠스James Couzens라는 이 남자는 5000달러뿐만 아니라 창조적 상상력이라는 예리한 감각도 지니고 있었습니다. 그는 포드의 사업에 투자하고, 한발 더 나아가 서비스까지 제공하며 꾸준히 포드의 사업에 참여했습니다. 이 사업에서 그의 지분이 얼마인지는 모르지만 적어도 첫 투자금의 스무 배는 되지 않을까 싶습니다.

보다시피 쿠젠스는 아이디어의 가치를 이해했습니다. 게다가 자동차 산업의 미래도 내다볼 줄 알았습니다. 물론 두말할 필요도 없이 그는 포드가 '자신이 무엇을 하는지' 알고 있다고 생각했습니다.

——

카네기의 이 발언이 있고 수년이 지난 뒤 쿠젠스는 포드의 사업에서 손을 뗐다. 믿을 만한 소식통에 따르면 그는 포드의 사업에 참여하는 동안 받은 급여와 투자 원금에 더해서 사업에 대한 지분을 처분한 대가로 1200만 달러를 벌었다고 한다.

힐: 시카고대학교의 윌리엄 레이니 하퍼 박사 이야기로 잠시 돌아가 보죠. 그가 창조적 비전의 열 가지 요인을 모두 적용했다고 보십니까?

카네기: 그가 일면식도 없던 사람에게서 한 시간 만에 100만 달러의 기부금을 받아낼 때 보여준 영리함을 살펴보면 그 질문의 답을 얻을 수 있습니다. 하지만 저는 하퍼 박사를 상당히 잘 압니다. 그는 자신이 하는 모든 일에 창조적 비전의 원칙을 빠짐없이 적용했습니다. 그 덕분에 하퍼 박사는 교육계에서 가장 많은 기부금을 모은 사람으로 널리 알려졌습니다.

✤ 창조적 비전을 가진 사람에게
불가능은 없다

카네기: 창조적 비전을 가진 또 다른 사례로 휴 차머스Hugh Chalmers가 있습니다. 그는 현재 미국 미시간주에서 대규모 자동차 공장을 운영하는 대표입니다.

차머스가 내셔널캐시레지스터라는 회사의 영업 총괄이었을 당시 그 회사는 경쟁업체들과 분쟁에 휘말려 파산 직전까지 몰렸습니다. 무서운 속도로 사세가 기울었습니다. 현장 영업 사원들이 실적을 올릴 수 없다며 비관적으로 보고했지만, 차머스는 아직 할 수 있는 일이 많다고 생각했습니다.

창조적 비전을 가졌던 그는 상황을 진단한 뒤 사업이 쇠퇴한 원인을 파악하고 잘못된 부분을 시정하기 위해 계획을 세웠습니다. 창조적 비전을 가진 사람들은 대체로 상황이 힘들어져도 절대 포기하지 않습니다. 오히려 더 분발하고 정신을 바짝 차려 난국에 대처합니다. 차머스가 바로 그런 인물이었습니다.

차머스는 문제를 해결하기 위해 명확한 계획을 세운 뒤 현장의 모든 영업 사원에게 전보를 쳐서 총무부 사무실에서 진행될 회의에 참석해 상황을 보고하라고 지시했습니다. 영업 사원들이 도착하자 회의를 소집한 차머스는 자리에서 일어나 이렇게 말했습니다.

"여러분, 왜 급하게 모이라고 했는지 궁금할 것입니다. 단도직입적으로 설명하겠습니다. 지난 수개월 동안 여러분은 저조한 실적에 대해 비관적인 변명만을 늘어놓았습니다. 주문량이 줄어들었다는 둥 다른 이유가 있다는 둥 온갖 이유를 댔지만, 모두가 동의할 수밖에 없는 한 가지 사실이 있습니다. 바로 현장에서 무언가 잘못되었기 때문에 주문 조달이 어렵다는 것입니다.

이제 무엇이 진짜 문제인지 말씀드리겠습니다. 경쟁업체들이 우리가 망하기 일보 직전이라는 소문을 내고 있고, 그 소문이 초래한 부정적인 여파를 고스란히 떠안으며 여러분의 마음속에 두려움이 자리 잡았습니다. 현장에는 아직 할 일이 많지만, 여러분은 우리 제품을 파는 대신 두려움에 압도당했습니다. 여러분이 그 두려움을 떨치지 않은 채 일터로 나가면 진짜 두려운 결과를 마주하게 될 것입니다. 모두 새 직장을 찾아야 할 테니 말입니다.

여기까지가 제가 분석한 상황입니다. 제 생각만 강요하지 않고 여러분의 의견도 듣겠습니다. 앞으로 나와서 무엇이 문제인지 직접 말씀해 보십시오.”

이렇게 자기 입장을 솔직하게 밝힌 뒤 차머스는 회의에 참석한 모든 영업 사원이 참여하는 자유 토론의 장을 열었습니다.

첫 번째 영업 사원이 자리에서 일어나 속마음을 털어놓았습니다.

“제가 다른 영업 사원들까지 모두 대변할 수는 없겠지만 그래도 제 생각을 말씀드리겠습니다. 어쩐 일인지 용기를 모두 잃었습니다. 제가 어디서 왔는지 말하는 순간 모든 상인이 적대적인 태도를 보입니다. 설상가상으로 제 담당 지역은 작황이 좋지 않아 상인들이 우리 회사를 싫어하는 것은 물론이고, 금전 등록기를 살 것 같지도 않습니다.”

그는 비관적인 견해를 밝힌 뒤 자리에 앉았습니다. 그러자 또 다른 영업 사원이 일어나 속마음을 털어놓았습니다.

"방금 말한 내용에 전적으로 동의합니다. 심지어 더 심한 상황도 있습니다. 제 담당 지역에서는 소를 키우는데, 소 가격이 하락해서 지역 전체가 혼란에 빠졌다는 사실을 아십니까? 심지어 올해는 대선이 있고, 모두가 누가 당선될지만을 기다리고 있습니다. 게다가……."

갑자기 그가 말을 멈추었습니다. 차머스가 탁자 위로 뛰어 올라가 손을 들어 영업 사원들을 집중시키더니 이렇게 외쳤기 때문이었습니다.

"일어나서 담당 지역의 괜찮은 점을 말해줄 사람은 없습니까? 잠시 부정적인 생각을 마음에서 거두고 고무적인 소식을 전해보세요. 설령 지금까지의 이야기와는 달라 당황스럽다 해도 저는 여러분이 정직하고 진실을 말할 수 있다면 긍정적인 소식 또한 전할 수 있다고 생각합니다."

또 다른 영업 사원이 일어서서 말했습니다.

"무슨 말씀인지 정확히 알겠습니다. 저 역시 온갖 변명을 늘어놓을 작정으로 이곳에 왔지만, 사실 저는 올바른 마음가짐으로 일하지 않았다고 고백합니다. 제가 다른 사람을 대변할 수는 없지만 이것만은 약속할 수 있습니다. 앞으로 제 담당 지역으로 돌아가 더는 변명하지 않고, 그 대신 주문서를 보내겠습니다."

그가 자리에 앉자 다음 사람이 일어나 이렇게 말했습니다.

"저는 방금 말한 사람보다 더 잘할 수 있습니다. 지금과는 다른 마음가짐으로 돌아가 제 지역에서 이전보다 두 배 많은 실적을 거두겠다고 약속하겠습니다."

그가 자리에 앉자 또 다른 영업 사원이 일어나 외쳤습니다.

"저도 마찬가지입니다. 질책받아 마땅한 우리를 위해 이런 자리까지 만들게 해드려 죄송합니다. 굳은 결심으로 돌아가 실적을 두 배로 올리겠습니다. 만일 못 하면 해고하셔도 좋습니다."

이렇게 하나둘씩 일어나 비슷한 발언을 했습니다. 두 시간 뒤 회의가 끝나고 영업 사원들은 담당 지역으로 돌아갔습니다. 다음 달 회사 실적은 두 배로 늘어났습니다. 이후 저는 창조적 비전을 지닌 인물로부터 시작된 이 드라마 같은 과정이 내셔널캐시레지스터를 재정난에서 구했다는 말을 들었습니다.

창조적 비전을 지닌 사람이 있는 곳이라면 어디라도 비슷한 풍경이 펼쳐집니다. 이들은 '불가능'이라는 말을 모릅니다. 그들은 장애물을 도약의 발판으로 삼습니다. 미국의 원예 개량가인 루서 버뱅크Luther Burbank처럼 한 가닥 풀잎이 자라던 곳에서 두 가닥이 자라게 합니다.

창조적 비전을 가진 사람들은 거대한 강에 댐을 건설하고, 행복한 시민들이 일과 후 좋아하는 책을 읽을 수 있도록 비추는 정오의 태양처럼 풍부한 빛으로 그들의 마음을 따뜻하게 밝혀줍니다. 해가 질 때라 해도 그들이 버튼을 누르기만 하면 놀랍게도 태양은 다시 떠오릅니다.

이런 식으로 선구자들이 기계 속 용수철을 건드리면 기계가 말하기 시작합니다. 사막을 가로질러 철도망을 깔면 그 땅에서 전체를 먹여 살릴 만큼 많은 황금빛 곡식이 생산됩니다. 또한 한두 개의 바퀴와 금속 조각들을 만지작거리면 말[馬]이 없어도 자체 동력으로 달릴 수 있는 탈것이 됩니다.

그들이 작은 수신기에 한두 개의 주석 조각을 설치해 전기를 연결하면 놀랍게도 인간의 목소리가 전국에 전달됩니다. 먼 도시에 사는 사람과도 옆집 이웃처럼 대화할 수 있습니다. 바다와 대륙을 가로질러 전신기와 케이블선을 설치한 덕분에 오지에 있는 회사들도 전 세계 고객과 몇 분 안에 거래를 성사시켜 서비스를 제공하고, 운송시설과 대형 소매점을 세운 덕분에 모두가 세계의 시장을 가까이서 손쉽게 이용할 수 있습니다.

　　창조적 비전을 가진 사람들은 선박 운송을 위해 노동자들을 파나마에 보냈고, 그들의 노동을 이끌어 대륙을 가로지르기 위해 수천 마일을 돌아가느라 발생하는 수백만 달러의 비용을 절약했습니다. 또한 대나무 조각을 이어 천을 씌운 뒤 동력을 발생시키는 작은 가솔린 엔진을 부착해 새처럼 하늘을 나는 기구를 만들었습니다. 동료들에게 18달러짜리 손목시계를 판매하는 것처럼 시작은 소박했지만, 결국 그 아이디어로 미국 최대의 통신 판매 회사를 설립했습니다.

　　마찬가지로 선견지명이 있는 사람들은 그들의 사형 집행 영장이 될 문서에 과감하게 서명하는 용기로 세계 최고의 나라에 자유를 선사했고, 노예를 해방시켰습니다.

　　창조적 비전을 가진 사람들은 작은 원통에 유리 조각을 끼워 넣고 하늘을 향해 돌림으로써 인간의 눈으로 본 적 없는 세상을 선보였습니다. 노 젓는 배보다 나을 것이 없는 엉성한 배를 타고도 아무도 가보지 않은 대양으로 계속 나아가 새로운 세상을 발견했습니다. 또한 파도의 힘을 전기 에너지로 전환시켜 산업에 필요한 동력을 세상에 제공했습니다.

그들은 『보상Compensation』이라는 책을 써서 거저 얻으려고 애써보았자 소용없다는 진리를 세상에 보여주었습니다.

선견지명이 있는 사람들은 마시면 기분이 좋아지는 갈색 음료를 병에 담아 '코카콜라'라고 이름 붙여 판매했습니다. 이 음료는 유통업자에게 큰 재산을 모으게 해주었을 뿐 아니라 수백만 명을 즐겁게 하고 세상의 갈증도 해소해 주었습니다. 창조적 비전이 있는 사람들은 '산상수훈山上垂訓'으로 알려진 간결한 계율을 설파하고, 전 세계에 본받을 만한 인간관계의 예시를 보여주며 과거를 돌아봄으로써 미래를 예견했습니다. 아이디어를 가진 사람들은 절망의 늪에서 빠져나와 새 삶을 살게 하는 책을 집필했습니다.

선구자들은 흙 속 금속들을 결합해서 녹이 슬지 않는 합금을 만들고, 수천 가지 유용한 방식으로 사람들에게 도움을 줍니다. 그들은 강철 줄에 매달린 교각을 만들어 가장 폭이 넓은 강도 연결했습니다.

사실 창조적 비전을 가진 사람들은 가장 낮은 곳에 있는 사람들에게까지 옛 시대의 왕과 통치자들도 결코 알지 못한 호사를 제공했습니다. 창조적 비전을 가진 사람들에게 불가능이란 없습니다. 그들은 문명의 선구자이자 진취성을 불어넣는 존재이며 자유의 수호자입니다.

이렇듯 그들이 할 수 있는 일과 그들이 미치는 선한 영향력은 끝이 없습니다. 창조적 비전을 가진 사람이 있는 곳은 그 어디든 진보와 번영, 높은 생활수준이 함께합니다.

창조적 비전이라는 원칙을 더 알고 싶습니까? 그렇다면 잘나가는 사업체를 살펴보십시오. 그곳에서 이 능력을 갖춘 사람을 발견할 수 있을 것입니다. 그는 전면에 나서지 않고 숨어 있을 수도 있습니다. 전혀 알려지지 않았거나 혹은 잘 알려진 사람일 수도 있지만, 분명 그곳에 있습니다. 창조적 비전을 가진 사람 없이 성공한 사업은 없습니다.

모든 사람이 알아야 할 사실이 있습니다. 창조적 비전을 사용하도록 장려하는 일을 멈춘다면 사업을 그만두고 집으로 돌아가는 편이 차라리 낫습니다. 모든 공장에서 일이 순조롭게 돌아가는 것은 창조적 비전을 가진 사람들이 있기 때문입니다.

✦ 뛰어난 창조적 비전에는 그에 맞게 보상하라

힐: 창조적 비전에 대한 분석을 들으니 카네기 씨는 일반적으로 이 능력이 상상력을 강박 수준으로 촉진하는 명확한 동기를 가졌을 때 생기는 결과로서 계발된다고 생각하시는 듯합니다.

카네기: 바로 그것이 핵심입니다. 하지만 동기에 관해서 덧붙이고 싶은 말이 있습니다. 창조적 비전을 가진 사람은 칭찬과 비판 대신 적절한 보상으로 보답해야 합니다. 단순히 그들의 서비스에 대한 보수를 지급하는 수단으로서가 아니라 그들이 인류에 선사한 혜택을 인정하는 차원에서 제공되어야 합니다.

정부는 창조적 비전으로 산업과 복지 전반에 가장 크게 기여한 사람들에게 해마다 상을 주어야 합니다. 전문직, 교역, 사업, 금융 등 각 분야의 산업에서도 마찬가지입니다. 보상은 해마다 뛰어난 업적을 기리는 노벨상과 맞먹을 정도로 넉넉해야 합니다.

저는 이러한 포상 제도가 철강업에서 대단히 큰 이윤을 창출했다는 사실을 발견했습니다. 사실 아주 큰 이윤을 창출할 때면 함께 일하는 일부 리더에게는 100만 달러가 넘는 돈을 포상으로 지급합니다.

이것이 창조적 비전을 일구는 제 방법입니다. 창조적 비전은 급진적 성향을 가진 사람이 맞힐 과녁이 아닌, 모든 사람이 열심히 추구해야 할 목표로 세워져야 합니다. 물론 정말 똑똑한 사람은 이 보상과 관련한 제안이 건전하다는 사실을 알아채고, 스스로 발전하기 위해서라도 이 제안을 채택할 것입니다. 동료 노동자들이 이룬 뛰어난 업적을 인정하는 제도가 가지는 가능성을 간과하는 고용주는 위험이 닥칠 때 그저 머리만 모래 속에 숨기는 타조와 다를 바 없습니다.

힐: 말씀하신 그 제안은 상당히 건전해 보입니다. 카네기 씨가 그런 제도로 엄청난 부를 축적했다는 사실이 건전성을 보여주는 최고의 증거겠네요.

카네기: 맞습니다. 여기서 '부'라는 단어가 사람들과 맺은 관계에서 얻은 지식을 뜻하는 것이라면 말입니다. 제가 모은 돈은 진짜 재산 가운데 작은 일부에 불과합니다. 제가 돈을 최대한 빠르고 안전하게 나누어 준다는 사실이 이를 뒷받침하는 증거입니다. 제가 가진 재산의 대부분은

당신의 도움을 받아 사람들에게 나누어 줄 지식으로 구성됩니다. 성공철학을 집대성하는 일이 끝날 즈음이면 아마도 전 세계인은 창조적 비전이 문명의 전위 부대이자 모든 인간 진보의 초석, 모든 부의 주요한 원천이라는 진리를 깨달을 것입니다.

저는 사람들이 부유해지기를 바랍니다. 하지만 경험에 따르면 부는 저절로 얻어지지 않습니다. 이 사실을 확실히 깨닫는 실용적 지혜야말로 모든 형태의 부 가운데 가장 좋은 부입니다. 모든 것에는 대가가 따릅니다. 온 우주가 그렇게 설계되어 있기 때문에 대가는 반드시 지불해야 합니다. 특히 물질적인 부는 보수 이상으로 많이 그리고 훌륭하게 일하는 특단의 노력을 기울이는 원칙으로 표출된 개인의 진취성이 만든 결과입니다.

우리에게는 새로운 철학이 필요합니다. 새로운 철학을 얻지 못한다면 미래는 암울합니다. 그러니 창조적 비전을 가진 인물들의 리더십 없이 번영하고 성장할 수 있는 나라는 없습니다.

지혜는 부를 더욱 풍요롭게 하고 가난의 고통을 완화시킨다.
— 소크라테스

Wisdom adorns riches and softens poverty.
— Socrates

원칙과 규칙을 깨닫는 순간 커다란 기회가 온다

힐: 건전한 성공철학을 제시했을 때 사람들이 그것을 알아본다고 생각하십니까?

카네기: 그렇게 생각하지 않는다면 당신이 성공철학을 정립하느라 이렇게 시간 낭비할 필요도 없을 것입니다. 사람들에게 그 철학을 깨우칠 역량이 있다고 믿습니다. 물론 단번에 되살아나지는 않을 것입니다. 하지만 거의 모든 산업 및 직업군에서 소수일지라도 성공철학을 스스로 발전할 수 있는 수단으로 인식하고 수용할 정도로 현명한 사람을 발견할 수 있습니다. 이 철학은 종교가 처음 시작되었을 때처럼 사람들의 관심을 받으며 소수의 마음에서 조금씩 퍼져 나간 뒤 결국 문명의 가장 큰 영향력이 될 때까지 계속 확산해 갈 것입니다.

이 한 가지 진실을 명심하십시오. 개인의 발전에 확실히 도움 되는 건전한 원칙은 불건전한 원칙과 나란히 제시될 때 더 인정받고 채택됩니다. 마치 푸른 우주라는 배경 앞에 빛나는 태양처럼 진실은 거짓 옆에 놓이면 두드러질 것입니다.

성공철학이 건전하다는 사실을 알기에 이 철학이 널리 인정받으리라 믿습니다. 이 말을 꼭 기억하십시오. 이 철학의 가치를 아는 사람이 있는 곳에는 타고난 창조적 비전의 역량을 갖춘 사람도 있기 마련입니다. 그 사람을 면밀하게 관찰해 보면 패배주의를 벗어던지고 진취성이라는 새 옷을 입고 있을 것입니다. 다른 사람보다 좀 더 깨어 있는 상상력을 가지고, 그는 동료들과 뚜렷한 차이를 보이며 번성할 것입니다. 그의 친구들은 그가 겪은 변화를 이야기하고, 그는 자신이 택한 직업에서 아주 순조롭게 두각을 드러낼 것입니다. 사람들은 그의 성공을 보고 그 원천이 무엇인지 연구할 것입니다. 이런 식으로 성공철학은 뿌리내리면서 확산될 것입니다.

이 철학을 습득한 수천 명을 살펴본 결과, 이 철학이 그 장점 덕에 확산되리라는 카네기의 예언이 타당하다는 사실을 보여주는 증거들을 많이 얻었다.

이 철학은 이미 미국 전역에 자리를 잡았고, 브라질에서도 널리 배포되기 위해 포르투갈어로 번역되었다. 호주에서는 이 철학의 특별판이 출판되어 대영제국 전역으로 배포되었고, 인도에도 배포하기 위해 인도 주요 방언들로 번역되었다. 모든 남미 국가에서 스페인어로 번역 후 출판하기 위한 협상이 진행 중이다. 이미 미국의 많은 학교뿐 아니라 필리핀의 공립학교에서도 채택되었다. 예리한 이해력을 가진 사람이라면 이 철학이 혼란스러운 세상에 변화를 가져올 힘이 되리라는 카네기의 예언이 옳았음을 알 것이다.

힐: 이 철학이 현재 미국의 초석을 저해하는 급진적인 철학을 대체하기까지 얼마나 오래 걸릴까요?

카네기: 확실하게 답할 수는 없지만 이렇게는 말할 수 있을 듯합니다. 이 철학을 정립하는 데 걸릴 시간보다 훨씬 짧을 것입니다. 이미 말했듯이 이 철학이 널리 배포되려면 족히 20년 넘게 걸리는 연구가 필요합니다. 당신이 그 연구를 마친 직후, 어쩌면 세상은 그 연구에 무관심할지도 모릅니다. 시대를 앞서간 모든 성취에 대해 세상이 잠깐 무관심했던 것과 같은 이치입니다.

만일 미국에 경제 공황이나 전쟁과 같은 거대한 재앙이 닥친다면 국민의 경제 사정은 큰 타격을 입을 것입니다. 하지만 바로 그런 상황이 닥쳐야지만 사람들은 타인과의 관계에 적용할 만한 건전한 규칙이 있어야 한다는 진리를 깨달을 테니, 그때는 당신에게 기회가 찾아올 것입니다.

—◦◦◦—

또다시 우리는 과거를 되돌아보고 미래를 예견하는 카네기의 능력을 보여주는 많은 증거를 발견했다. 이 철학은 1908년 시작되어 1928년에 최초로 발표되었다. 정확히 20년이 걸렸다. 그 뒤 수년간 경제 공황이 지속되었다.

이 철학에 대한 수요가 너무도 많아져 『생각하라 그리고 부자가 되어라』로 출판되었다. 나아가 전 세계적으로 불안한 상황에서 발생하는 개인적인 문제에도 누구나 바로 적용할 수 있는 '멘탈 다이너마이트' 열일곱 편으로 집필되었다.

✦ 급변하는 세상의
불변 원칙

앤드루 카네기가 창조적 비전이라는 주제를 매우 포괄적이면서도 상세하게 다루었기 때문에 이 주제를 추가 분석할 필요는 없을 것 같다. 그의 분석을 핵심만 간략하게 요약하겠다.

창조적 비전에 대한 카네기의 분석

1. 상상력과 창조적 비전은 분명히 다르다. 상상력은 대개 구체적인 개별 상황을 다루지만, 창조적 비전은 개인이 타인과 맺은 관계에서 그 개인과 관련된 모든 요인을 고려한다.

2. 성공한 사람들이 상상력과 창조적 비전을 일상에서 실제로 어떻게 적용했는지 생생한 예시로 알 수 있다.

3. 주요 동기들은 개인이 가진 진취성의 원천이자 상상력, 창조적 비전을 촉진하는 원천으로서 아주 중요하다.

4. 창조적 비전을 이해하고 적용하는 사람들의 예시로 창조적 비전의 열 가지 요인을 구체적으로 알 수 있다.

5. 창조적 비전은 시대와 국가를 초월해 인간이 이룬 모든 진보에 기여했다.

6. 흔히 보이는 거저 얻으려는 태도는 아무것도 약속하지 못한다.

7. 부자가 되기를 바라는 사람이라면 누구나 이 거저 얻으려는 태도가 미치는 영향을 분석하고 거기서 나온 교훈을 가슴에 새겨야 한다.

8. 스스로 발전할 기회를 인식하고 받아들일 수 있는 능력을 키우는 것이 중요하다. 그렇게 깨어 있는 자만이 어떠한 직업에서든 성공을 거둘 수 있다.

9. 가난한 사람이 부자가 되려면 따라야 하는 절차가 있다.

10. 특단의 노력을 기울이는 원칙을 따르지 않고서 보통 이상의 지위를 획득한 사람은 본 적이 없다.

11. 어떠한 직업에서든 두드러진 성공을 바란다면 인간관계를 가장 중요하게 여겨야 한다.

12. 마지막으로 아주 중요한 조언이다. 창조적 비전을 가진 사람들을 향한 비난을 멈추고, 그들을 본받아야 한다는 것이다.

이 주제에 관한 카네기의 분석이 있은 지 벌써 30년이 지났다. 문명 전체가 충격적인 변화를 겪었고, 그 변화는 지금도 계속되고 있다. 창조적 비전은 이제 바람직한 원칙에서 나아가 절대적인 원칙이 되었다.

이제 급변하는 세상을 살아가는 데 필요한 것을 토대로 창조적 비전에 대해 분석해 보려고 한다.

오늘날 미국에서 일어나고 있는 변화의 본질을 분석해 보면 다른 모든 위험을 능가하는 하나의 위협이 미국인들에게 닥치고 있음을 알 수 있다. 바로 자유 기업이 가진 권리들이 이런저런 구실로 하나둘씩 박탈되고 있는데도 그 누구도 저항하지 않은 채 가만히 있으려는 경향이 커지고 있다는 점이다.

카네기가 아주 적절하게 지적한 대로 방해받지 않고 개인의 진취성을 행사할 수 있는 권리는 우리가 누리는 특권 가운데 최고의 권리다. 그는 개인의 진취성이 모든 성공의 근간이라고 거듭해서 강조했다. 커리어를 쌓으며 얻은 풍부한 연륜을 바탕으로 카네기는 진취적인 사람들이 이룬 많은 성공 사례를 분석했다. 법이나 자의적인 규칙에 손발이 묶여 자신이 제공하는 서비스의 양을 스스로 제한하는 사람에게 창조적 비전은 별 소용이 없을 것이다.

한 인간이 제공하는 서비스는 원인이고, 그가 받는 보수는 바로 그 결과다. 후자가 전자의 양과 질에 정확하게 비례해서 측정된다는 것은 문명이 시작된 이래로 누구나 아는 사실이다.

작은 불은 열을 적게 방출하고 큰 불은 열을 많이 방출하듯 서비스의 양과 질이 좋지 않으면 보수도 별 볼 일 없고, 서비스의 양과 질이 훌륭하면 보수도 만족스럽다. 이 결론에 예외는 없다.

오래전 한 위대한 철학자는 이렇게 말했다.

"모든 인간의 가장 큰 죄악은 사실을 외면하는 것이다."

우리 모두 사실을 직시하고, 있는 그대로 받아들여야 할 때다.

미국은 '풍요와 기회의 땅'이다. 미국의 근간이 되는 '아메리카니즘Americanism'은 여전히 그대로 남아 있지만 사방에서 공격받아 약화되고 있다. 우리는 여전히 이 땅에서 직업을 선택할 권리를 가지고 있지만, 그 권리를 최대한 이용할 수 있는 특권을 박탈당한 사람들도 있다. 우리는 여전히 투표하고 공직자를 직접 선출할 권리가 있지만, 투표하지 않음으로써 이 특권을 남용했기에 이 권리 역시 많은 이점을 잃어버린 상태다. 마찬가지로 우리는 여전히 스스로 종교를 선택할 수 있고 각자의 신념에 따라 예배를 할 수도 있지만, 그 혜택에 대한 무관심 때문에 종교의 선한 영향력은 지속적으로 쇠퇴했다.

창조적 비전을 가진 사람들은 여전히 미국 산업의 지도자(경제 시스템의 근간)지만, 그들에 대한 욕설과 비방을 일삼으며 배은망덕한 태도를 보이는 사람도 적지 않다. 우리는 여전히 미국의 거대한 산업들을 운영하는 데 필요한 모든 운영 자본을 갖고 있지만, 위험을 감수하며 자신의 자본을 투자하는 사람들에게 지나친 적대감을 보인다. 그 바람에 그들이 점점 더 소극적이고 회의적으로 변해 투자를 거부하는 지경에 이르렀다.

창조적 비전을 계발하는 데 이러한 무관심은 도움이 되지 않는다. 우리가 그토록 오랫동안 자랑해 마지않던 특권들을 모두 잃어버리기 전에 이제부터라도 사실을 직시하고 태도를 180도 바꾸어야 한다. 카네기가 언급한 대로 모든 개인의 진취성은 동기에 토대를 두고 있다. 그러니 당신도 자신의 창조적 비전을 계발하고 사용하려는 동기가 무엇인지 생각해 보라.

이 나라에는 지금 그 어느 때보다
창조적 비전을 가진 지도자가 필요하다.
This country now needs leaders of Creative Vision
as it has never needed them before.

어떤 분야든
창조적 비전이 중요하다

아이디어는 모든 성취의 시작점이자 모든 진보의 씨앗이다. 우선 분석하고 생각할 만한 가치가 있는 아이디어를 소개하겠다.

신문 만화 코너

신문의 만화는 오락용뿐만 아니라 교육용으로도 매우 필요하다. 하지만 현재까지는 교육적 가치가 없는 만화가 대부분이었다.

만화는 모든 아이에게 큰 오락거리다. 교육과 오락을 결합하는 능력에 더해 그림을 잘 그리는 사람들에게 전에 없던 기회를 제공한다. 그림은 못 그리지만 건전한 아이디어를 가진 사람이라면 그림을 잘 그리는 사람과 마스터 마인드를 결성해서 이 기회를 백분 활용할 수 있다.

라디오

라디오 산업에서도 오락과 교육을 겸하는 라디오 프로그램을 도입해 볼 수 있다. 만화와 마찬가지로 라디오 프로그램의 소재도 대부분 크게 개선되어야 한다. 분명 미국에는 형편없는 라디오 프로그램으로 인해 라디오 산업 전체가 와해되는 것을 막을 수 있는 '창조적 비전'이 충분히 내재해 있다.

아동용 도서

오락성과 교육성을 갖춘 아동용 이야기책이 절실하게 필요하다. 만화와 라디오 산업을 구할 창조적 비전은 아이들이 아동용 도서에서 재미와 유용한 지식을 얻을 수 있게 하는 데도 적용되어야 한다.

아동용 이야기책을 구해서 자세히 살펴보니 놀랍게도 교육적 성격을 띤 도서가 부족했다. 아동용 도서 분야에서 성공한 한 출판업자는 그런 도서에 사용될 자료를 누군가 제공해 주었으면 좋겠다는 바람을 열정적으로 표현하기도 했다. 이 분야도 마찬가지로 그림과 이야기로 아이들에게 필요한 부분을 충족시켜 줄 수 있는 법을 아는 영리한 사람들에게 성공의 기회가 열려 있다.

주유소

창조적 비전을 표출할 수단을 아직 찾지 못했다면 주유소를 한번 보라. 거기서 제공하는 서비스(그리고 매출의 원천)에 무언가를 더하면 부자가 될 수 있을 것이다.

주유소에는 자동차를 주차할 수 있는 넉넉한 공간이 있다. 사람들이 사용하는 거의 모든 종류의 물품을 유통하기에도 안성맞춤이다. 이 기회를 활용할 방법을 찾은 사람은 간신히 적자를 면하고 사는(일부는 상황이 정말 힘들다) 주유소 운영자들에게 혜택을 줄 수 있으며 자신도 훌륭한 '금광'을 가지게 될 것이다.

교통 관련 안전 시스템

자동차 사고의 위험을 낮출 안전장치를 완성하기 위해서도 창조적 비전이 절실하게 필요하다. 교통사고에 따른 사망률이 너무 높아서 이를 낮출 수 있도록 설계된 고속도로 시스템이 필요하다. 아마도 엔지니어들에게 더 적합한 기회일 테지만, 자동차 제조나 고속도로 건설 현장에서 자동차 사고율을 낮출 안전장치를 만드는 사람은 이 분야에서 자신의 재능을 표출하기 쉽다.

철로에서 사용되는 신호 시스템이 이 문제의 부분적인 해법이 될지도 모른다. 하지만 자동차가 지나갈 때 그리고 교차로에서 안전거리를 확보할 수 있도록 설계된 도로가 이 목적에 더 잘 부합할 것이다. 더 좋은 도로 건설용 자재를 만드는 사람에게도 기회가 있다. 이를테면 날씨에 따라 수축하거나 팽창하지 않고, 눈과 비에도 도로 표면을 미끄럽지 않게 만드는 자재가 필요하다. 이 분야는 화학적 지식을 갖춘 사람에게 더 유리할 것이다. 벽돌을 쌓았을 때 서로 맞물릴 수 있는, 보통 벽돌보다 더 크고 무거운 벽돌이 생산되면 유용할 것이다. 아마 목재 공장과 제재소에서 나오는 폐기물을 물에 저항하는 성분과 섞으면 그런 벽돌을 생산할 수 있을 것이다. 그런 벽돌이 완성된다면 주택 건설에도 널리 사용할 수 있다.

우편 배송 서비스

낮에 고속도로를 달리는 자동차에 승객들이 꽉 들어차지 않아 남는 공간을 실용적으로 활용해 자동차 운행비로 전환할 수 있다. 창조적 비전을 가진 사람이라면 이 낭비되는 공간을 작은 소포나 특송 등 새로운 유형의 서비스를 제공하는 데 활용할 것이다. 이러한 서비스는 큰 인기를 얻을 수 있다. 아마 이 서비스와 관련된 모든 사람이 돈을 벌 수 있을 것이다.

교육

미국의 교육 시스템은 좀 더 역동적인 흥미와 실질적인 재미를 주는 방향으로 개선될 수 있다. 그러면 '후키'라는 보드게임의 인기를 꺾을 수 있을 것이다. 교육은 교육학에 대한 이해와 함께 인간의 마음에서 오직 즐거움을 통해서만 도달할 수 있는 지점을 아는 사람들이 진출하기에 좋은 분야다.

교육 분야에서 창조적 비전을 사용하기를 원하는 사람은 통신 학교에 진학해 교육과 재미를 결합한 아이디어를 라디오 산업에 적용하는 방법도 찾을 수 있다. 아울러 이 아이디어는 발성 영화 산업으로 확장할 수 있다. 교육은 이미 이 분야에 발을 들였지만, 보편적인 효과를 거두기 위해 필요한 적절한 시스템은 부족한 상황이다.

장난감

장난감 산업계에는 아이들의 관심을 끌 만한 새롭고 참신한 아이디어에 대한 수요가 늘 존재한다. 이 산업에서도 재미와 교육을 결합할 수 있다.

종교 모임의 운영

종교 관련 활동을 위해 전통적인 경영법을 건설적으로 변경해야 할 필요가 점점 늘고 있다. 창조적 비전을 가진 사람들이 참여할 만한 분야다. 예를 들어 교회는 서비스 측면에서 두 가지 보완이 필요하다. 첫째, 종교를 좀 더 흥미롭게 만들어서 빈 의자를 채울 수 있는 시스템을 갖추어야 한다. 둘째, 교구 주민들의 영적인 요구에 관심을 가지고 그들의 일상 문제를 효과적으로 해결하는 데 도움을 줄 수 있는 서비스가 필요하다.

이러한 문제를 해결하는 성직자가 더 많은 신자 앞에서 설교하는 특권을 가진다는 것은 두말할 필요도 없다. 그는 종교를 좀 더 유용하고 이해하기 쉬운 방향으로 개선할 것이다. 수요도 많고 기회도 아주 확실한 만큼 유능한 성직자들이 이 문제를 고민해야 한다. 하지만 죽음에 대한 두려움을 지나치게 강조하는 것이 아니라 살아가는 데 도움을 주는 실용적인 서비스를 제공하려는 노력이 더 효과적임을 명심해야 한다.

상품 판매

영세 사업자와 소매상인들은 새로운 상품 판매 방법으로 촉발되는 경쟁에 대처하기 위한 조언이 필요하다. 현재 통용되는 진부한 방법을 개선할 능력이 있는 사람들이 진출할 수 있는 분야다. 일부는 이미 이 산업에 뛰어들었지만, 아직 수요에 비해 그 수가 적다. 이런 일에 종사하는 한 전문가는 전력 회사와 협력해서 제품을 더 멋지게 전시할 수 있도록 조명 시스템을 재배치하는 일만 전담한다. 일주일 만에 한 소매점의 조명 시스템을 업그레이드한 결과, 과거 최고 실적을 냈던 때보다 25퍼센트 이상 매출이 증가했다. 재고품 재배치, 새로운 디자인의 진열대, 새로운 전시 방법과 개선된 광고 등을 활용한 결과다. 이 분야의 가능성은 무궁무진하다.

인쇄업

최신 장비를 갖춘 인쇄 공장에는 새로운 아이디어를 바탕으로 인쇄 및 광고에 대한 실용적인 계획을 준비한 사람에게 기회가 있다. 창조적 비전을 가진 사람이라면 이 분야에 뛰어들어 기량을 발휘하라. 머지않아 인쇄업 연합체를 직접 소유하고 운영하며 기존의 인쇄업체 네트워크에 아이디어도 제공할 수 있을 것이다.

어떤 사람이 『소년 소녀를 어떻게 해야 하는가What to Do with Boys and Girls』라는 제목의 짧은 에세이를 썼다. 경영대학에서 활용할 계획이었던 이 에세이는 고등학교 졸업반에 배포되기도 했다. 이 에세이는 미국 일리노이주에 있는 한 인쇄업체로 넘어갔다. 그가 마지막으로 받은 판매 보고에 따르면, 그 에세이는 1000만 부 이상 팔렸고 인쇄업체는 1000부당 3달러를 벌었다. 그러니 얼마를 벌었을지 직접 계산해 보라. 글솜씨가 있거나 실용적인 목적에서 인쇄가 필요한 아이디어를 낼 수 있는 사람이라면 인쇄업이 돈을 계속 벌어다 줄 수익성 좋은 사업임을 알아차릴 것이다.

청량음료

청량음료 산업은 병에 담긴 노다지다. 코카콜라처럼 인기 있는 음료를 만들고 생산하기 위해 창조적 비전을 사용한 사람은 부자가 되는 기차에 올라탄 것과 마찬가지다. 그 어떤 청량음료 제조업체보다 코카콜라 하나로 많은 사람이 부자가 되었다. 그렇다고 해서 코카콜라를 따라잡거나 뛰어넘는 것이 불가능하다는 뜻은 아니다. 청량음료를 많이 소비할수록 대중은 중독성이 덜한 음료를 바라게 될 테니 이 '독한 음료'가 청소년들을 해치고 있다고 믿는 사람이라면 충분히 도전할 만한 분야다.

또한 탄산음료의 압력을 견뎌낼 강력한 일회용 병을 만드는 사람은 부의 추월차선에 올라탈 것이다. 그런 병은 셀로판 같은 투명한 재료로 만들어져서 내용물이 보여야 하고, 내용물을 소비한 후에 버려도 될 만큼 충분히 저렴하게 만들어져야 한다. 그런 병을 완성하려면 화학자와 마스터 마인드를 맺어야 할지도 모르지만, 이 분야 사업은 그만큼 재산을 축적할 가능성이 무한하다.

바느질 산업

창조적 비전을 가진 영리한 사람은 오락 목적과 바느질을 가르치는 목적을 모두 충족시키는 바느질 시스템을 발명해서 이름을 날리고 부자가 될 수 있다. 바느질 강좌를 열고 수업에 필요한 패턴은 소매점을 통해 판매한다. 이런 시스템은 특히 아이들이 자기가 입을 옷을 만드는 데 흥미를 느낄 수 있도록 설계해야 한다.

모객 서비스

생명보험, 자동차, 부동산 및 기타 상품의 잠재고객에게 전화를 걸어 관심을 가지도록 유도하는 사업은 매력적인 목소리를 가진 사람들에게도 분명히 일자리를 제공할 것이다. 다양한 상인과 계약을 맺어 잠재고객의 명단을 구할 수 있으며, 재택근무도 가능하다.

창조적 비전을 가진 사람들이 진출할 수 있는 분야는 끝이 없다. 하지만 말로 그쳐서는 안 된다. 반드시 실행에까지 옮겨야 한다. 지금 우리가 사는 이 세상은 경제적으로 병들어 살아 있는 모든 사람에게 영향을 주고 있다. 반대로 말하면 인간을 위해 보다 효과적인 서비스를 제공해서 그 영향력을 강화할 기회가 널려 있다.

일상생활에서 발생하는 문제를 해결하는 데 도움이 되는 유능하고 노련한 사업가, 은행가, 변호사, 의사 및 공동체 안의 여러 영향력 있는 사람들로 구성된 마스터 마인드를 모든 사람이 이용할 수 있어야 한다. 말뿐인 시스템이 아니라 진정으로 유용한 서비스를 제공하는 시스템으로 설계되었다면 어느 곳에서든 마스터 마인드 그룹을 조직할 수 있다. 조화의 정신으로 마음을 잘 화합할 수 있는 두 사람 이상이 연대하면 마스터 마인드 그룹이 만들어진다. 이들이 하나의 목적 아래 완벽한 조화를 이루며 각자 신념을 가지고 노력할 때 엄청난 힘을 낸다. 명확한 목표를 달성하는 데 도움을 주는 관계로 서로에게 번영을 가져다줄 수 있다. 하지만 이를 위해 무엇을 해야 할지 누구나 다 알고 있는 것은 아니다.

✦ 창조적 비전으로
진정한 자신을 발견하라

이 성공철학에서 고무적인 영향을 받아 자신을 새롭게 발견한 인물들에 대한 기록은 감탄을 자아낼 정도로 광범위하다. 이런 사람들은 거의 모든 직업군에 있다. 이름을 모두 언급하려면 지면이 부족할 정도다. 그래서 몇 사례만 언급하겠다. 창조적 비전은 두뇌의 가장 예상치 못한 곳에 잠들어 있다. 적절한 동기만 있으면 누구나 그것을 깨울 수 있다. 빈곤과 결핍으로 고군분투하며 살아가는 수많은 사람의 뇌 속에도 분명 존재하지만, 대부분은 자신이 가진 부의 가능성을 발견하지 못한 채 결국 먼지로 되돌아간다.

1937년 이 철학의 일부를 정리한 책 『생각하라 그리고 부자가 되어라』가 출간되었다. 이 책은 타이어 회사인 파이어스톤의 한 영업 사원 손에도 들어갔다. 책을 읽는 동안 글 이면의 무언가가 그의 창조적 비전에 불을 지폈고, 곧 그에게도 성공으로 가는 새로운 길이 열렸다.

그 책으로 새롭게 알게 된 사실은 없다. 다만 이미 그의 내면에 잠들어 있던 무언가를 깨웠을 뿐이다. 하지만 그것으로 충분했다. 그는 약속도 잡지 않은 채 나에게 면담을 청했고, 두 시간 동안 이야기를 나누었다. 자신이 사는 곳으로 돌아가는 기차를 탔을 때 그는 사뭇 달라져 있었다. 마을에 도착한 그에게는 친구, 아내 할 것 없이 모두 이전과 달라 보였다. 그 자신이 달라졌으니 당연한 이치다. 머지않아 그는 자신의 경제적 지위를 바꿀 어마어마한 힘도 가지게 되었다.

무엇보다 그는 이 철학이 제시한 지시를 글자 그대로 충실히 따랐다. 명확한 핵심 목표를 새롭게 정했고, 그 목표를 달성하기 위한 계획도 세웠다. 그는 자신의 힘으로 더 많은 급여를 주는 일자리로 옮기기로 결심했다. 아이가 태어날 예정이라 돈이 필요했다. 그에게는 새로운 핵심 목표에 대한 동기가 분명했다.

완성된 계획을 고용주에게 제시하기 위해 그는 미국 오하이오주로 가는 기차에 올랐다. 어떤 두려움이나 의심도 없었다. 출발하기 전에 이미 그는 자신의 계획이 타당하며 통하리라 확신했다. 내면에 잠들어 있던 창조적 비전이 깨어난 사람들에게서 나타나는 특징이었다.

집으로 돌아올 때 아내가 기차역에 마중을 나왔다. 그녀는 기차가 완전히 멈추기 전에 창문 너머 남편의 얼굴을 보고 좋은 소식임을 직감했다. 그의 주머니에는 고용주와 새로 맺은 계약서가 들어 있었다. 그를 한 지점의 관리자로 선임하겠다는 내용이었다. 이렇듯 창조적 비전을 가지게 되면 누구나 자신이 원하는 것을 끌어당기는 자석 같은 존재가 된다.

이 사람에게 묻는다면 그는 관리직을 얻기 위해 호소하는 일이 딜러에게 자동차 타이어를 판매하는 일만큼이나 쉬웠다고 말할 것이다. 즉 그가 무엇을 원하는가에 달린 문제였다.

이 장을 집필하는 동안 나는 한 보험 설계사에게서 스스로 창조적 비전을 발견하고 사용한 경험을 이야기하는 편지를 받았다. 그 편지는 간결했다. 겉보기에 어떤 기적이 일어났다는 표시는 없었다. 내 눈에는 다른 편지들과 비슷해 보였다. 하지만 나는 그 설계사의 마음속 밀실에서 기적에 가까운 일이 벌어졌음을 알았다. 인간이 소유한 유일한 천재

성인 창조적 비전의 힘이 그의 마음속에서 모습을 드러냈기 때문이다.

그는 『생각하라 그리고 부자가 되어라』를 읽다가 어느 부분에선가 그의 뇌 안에 잠들어 있던 요정 '지니'를 불러낼 수 있는 램프를 발견했다. 그 책의 마법 같은 영향에 반응한 그는 책을 내려놓고 허공을 응시하며 자신에게 질문을 던졌다.

"나는 거액의 생명보험을 팔 계획을 세울 수 있었는데, 왜 그동안 소액 보험만 팔며 살았을까?"

그는 계속해서 자신에게 질문했다.

"더 크고 좋은 것을 목표로 삼으라고 설득하는 이 목소리를 왜 나는 지금까지 모른 척했을까?" "왜 나는 발밑의 먼지만 겨냥하고, 고개를 들어 하늘의 별을 목표로 삼지 않았을까?"

그러자 대답이 떠올랐다. 아주 확실한 단어였고, 그는 자신이 그 책을 읽기 시작할 때와 완전히 다른 사람이 되었음을 깨달았다. 그렇다. 그는 새로운 사람이 되었다. 세상을 향한 태도와 자신이 선택한 직업 그리고 스스로에 대한 태도도 바뀌었다.

수동적인 믿음에는 진짜 믿음이 없다는 사실을 깨달은 그는 단순히 명상하는 데 그치지 않았다. 이제야 그에게 모습을 드러낸 그 오묘한 힘을 자기 것으로 만든 뒤 행동으로 옮기기 시작했다.

그는 자신이 사는 도시의 전화번호부를 집어 들고 사람들의 이름을 훑어보았다. 한 사람의 이름을 발견하고는 멈추었다. 그가 찾던 이름이었다. 거액의 생명보험을 가입할 수 있는 재정적 여력을 지닌 인물이었다. 그는 생각에 잠긴 채 혼잣말을 했다.

"왜 나는 진작 이 사람을 찾지 못했을까? 왜 나는 거액의 보험에 가입할 수 있는 사람에게 연락할 수 있었는데도 왜 소액 보험에 가입할 수 있을 만한 사람에게만 연락했을까?"

그는 전화번호부를 덮은 뒤 자리에서 일어나 모자를 쓰고 코트를 걸치고는 곧장 새롭게 선택한 '잠재고객'의 사무실로 출발했다.

그는 정중한 대접을 받으며 사무실에 들어섰다. 잠시 뒤 자리에서 일어나 새로운 잠재고객과 악수를 하고, 그의 정중한 태도에도 감사를 표했다. 그는 이제껏 자신이 판 보험 중 가장 큰 액수의 생명보험 가입 신청서를 들고 자신의 사무실로 돌아왔다. 200만 달러에 달하는 보험 신청서였다. 생명보험 설계사들이 10년 내내 열심히 일해서 가입시킬 수 있는 보험액보다 더 큰 액수였다.

하지만 그는 딱히 열심히 하지 않았다. 사실 전혀 애쓰지도 않았고, 계약도 쉽게 성사된 듯 보인다. 창조적 비전의 또 다른 기묘한 특성이다. 창조적 비전을 사용하는 사람들은 최소한의 노력으로 일을 해낸다.

사무실로 돌아온 그는 자리에 앉아 한동안 생각에 잠겼다. 처음 생명보험을 팔기 시작한 날을 떠올리며 지나온 여정을 한 단계씩 꼼꼼히 살펴보았다. 그가 보험 가입을 권했으나 거절한 사람들을 한 명씩 떠올리며 자신에게 무엇이 부족했는지 점검했다. 예전에 했던 모든 보험 상담을 검토하자 아주 중요한 사실을 발견했다. 이는 생명보험을 판매하는 사람이라면 반드시 알아야 할 사실이기도 했다.

생명보험은 그가 잠재고객에게 전화하기 전에 이미 팔린 것과 다름없다. 믿음으로 설계자 자신에게 먼저 판매된 것이다. 다시 말해 잠재고객에게 전화하기 전 이 설계자가 '모두가 이런 경제적 보장을 누려야 한다'는 신념과 확신을 가졌기 때문에 창조적 비전이 가진 힘을 통해 판매가 이루어졌다. 이처럼 자기 확신은 창조적 비전을 자극해 성공에 이르게 한다.

이러한 발견은 잠재고객은 물론 설계사 자신에게도 '영원한' 부를 가져다줄 수 있다. 불경기가 와도 이 재산은 앗아갈 수 없다. 세계 지도가 바뀐다거나 결국 스스로를 구할 수 있는 힘을 찾지 못해 미국이 사라질 수도 있다. 하지만 이 사람은 다시는 '노예'가 되지 않을 것이다. 왜냐하면 결코 노예가 될 수 없는 자기 안의 사람, 즉 '다른 자기self'를 발견했기 때문이다.

이 다른 자기가 바로 창조적 비전이다.

이 '기적'을 전해 들은 신문기자들이 취재하러 이 설계사의 사무실로 몰려들었다. 기자들은 그의 인생에 중요한 전환점을 안겨준 그 책의 제목은 기사에 따로 언급하지 않고 단지 "기적의 책"이라고만 썼는데, 기사가 보도되자 그의 사무실에 전화가 빗발쳤다. 기사를 읽은 사람들이 자신의 배우자에게 이 책을 선물하기 위해 어디서 구할 수 있는지 문의했던 것이다. 서점과 출판사에도 주문이 쇄도했고, 그제야 우리도 무슨 일이 벌어졌는지 체감할 수 있었다.

『생각하라 그리고 부자가 되어라』는 여전히 미국 전역에서 자기 안에 있는 창조적 비전의 씨앗을 인식하지 못한 채 스스로가 만든 감옥에 갇혀 있는 사람들을 해방시키는 데 일조하고 있다.

가장 실질적인 진전은 장기적인 관점에서 나온다.
The most substantial progress is based on the long range view.

✦ 내 안의 창조적 비전을
깨워라

파이어스톤의 영업 사원과 생명보험 설계사를 성공의 추월차선에 오르게 한 그 책이 출판된 지 2년여가 지난 뒤 나는 친구에게 친필 서명을 한 책을 선물했다. 친구는 6개월이 지날 동안 선물에 대해 아무런 언급이 없었다.

그러던 어느 날, 나는 그 책이 불러온 또 다른 '기적'에 관한 신문 기사가 동봉된 편지를 한 통 받았다. 자세한 내용은 이랬다. 내 친구 역시 그 책의 어느 부분에선가 창조적 비전의 형태를 띤 '알라딘의 램프'가 주는 축복을 발견한 것이다.

앞서 언급한 영업 사원이나 보험 설계사와 마찬가지로 내 친구도 그 책의 힘을 인식했을 뿐만 아니라 곧장 그 힘을 이용했다. 처음 그 힘을 발견했을 당시 그는 주당 45달러를 받으며 식당에서 근무하고 있었다. 일을 마친 어느 저녁, 그는 길모퉁이에서 지나가는 사람들의 수를 세어보았다. 그리고 그곳이 식당을 차리기에 적합한 장소라고 판단했다. 가장 중요한 사실은 그가 이를 스스로 결정했다는 점이다. 진취성을 가지고 그곳에 생길 식당의 종업원이 아닌 주인이 되어야겠다고 다짐한 것이다.

하지만 그는 생각에만 그치지 않고 바로 실행에 옮겼다. 그 주가 끝나갈 무렵 그는 새로운 사업에 맞는 적합한 공간을 빌렸다. 3개월 만에 인테리어를 마치고, 최신 장비를 구비해서 이사를 간 후 곧바로 장사를 시작했다.

새 식당을 차리는 과정에서 놀랍게도 그의 돈은 한 푼도 들어가지 않았다. 그는 내면에 잠들어 있던 자신의 '창조적 비전'과 종업원으로 일한 경험을 투자자에게 팔았다. 그 투자자는 절반의 지분을 갖는 대가로 필요한 운영 자본을 제공했다. 식당을 운영하는 데 꼭 필요한 창조적 비전을 사용하는 대가였다. 1년 만에 식당은 적자를 면하고 흑자로 전환하며 매달 1000달러를 벌어들였다. 창조적 비전을 사용하기 시작한 지 1년 만에 배당금을 지급했다.

창조적 비전이 미래에 얼마만큼의 부를 가져다줄지는 아직 모른다. 많은 사람이 그에게 분점을 열자고 제안했다. 이처럼 기회는 그를 찾아낸 뒤 따라다니며 돕겠다고 애원했다. 창조적 비전을 사용하는 사람이 보이는 또 다른 특징이다. 자석이 철 가루를 끌어당기듯 유리한 기회를 끌어당긴다.

오늘날 세상에는 정복할 곳이 여전히 많다. 창조적 비전을 향한 문은 열려 있다. 세상은 창조적 비전을 고안하고, 그 결과물을 만들기 위해 실행하는 사람을 열렬히 기다린다. 특히 화학 산업에서 창조적 비전을 펼칠 범위는 끝이 없다. 창조적 비전을 가진 사람들이 농산물에 침투하는 합성 제품의 폐해를 저지하는 데 도움을 줄 수 있기를 바란다. 이 밖에도 섬유, 항공, 교육, 식품 제조, 플라스틱, 합판, 시멘트, 건설 자재, 자동차, 콜타르 제품, 레이온, 라디오, 전화 등 우리가 일상에서 접할 수 있는 많은 분야에서 창조적 비전을 맞이하기 위해 문을 활짝 열어두고 있다.

창조적 비전을 가진 누군가가 안전하게 착륙할 수 있는 비행기를 만들거나 휘발유가 조금 혹은 전혀 들어가지 않는 자동차, 불타지 않는 주택, 흔하디흔한 감기 치료약을 만들면 그 사람은 바로 보상을 받고, 세상도 바꿀 것이다. 근면 성실과 진취성, 창조적 비전의 정신을 체화한 사람들에게 미국이란 나라는 충분한 보상을 약속할 수 있다.

이 장을 읽고 있는 당신과 당신의 창조적 비전은 어떠한가? 창조적 비전을 일깨우기 위해 무엇을 하고 있는가? 아이디어와 목표, 계획을 인생의 부로 전환하는 힘을 찾기 위해 언제, 어디서, 어떻게 당신의 마음속을 탐색할 것인가? 당신이 이 질문에 답을 찾을 수 있도록 돕는 것이 이 장의 목표다. 당신의 몫을 찾아 원하는 형태의 부로 전환하도록 지원하는 것이 나의 목적이다. 하지만 우선 첫발을 내딛는 것은 당신의 몫이다. 진정한 열정으로 첫발을 내디뎠다면 다음 단계에서 도움이 될 조언을 제시하겠다.

1909년 말 나는 자동차에 앉아 윌버 라이트Wilbur Wright와 오빌 라이트Orville Wright 형제가 비행기 이륙을 시도했으나 실패하는 모습을 지켜보았다. 한 노신사도 내 차 러닝보드에 앉아서 그 시도를 지켜보았다. 그는 의심이 가득한 표정으로 나를 돌아보며 이렇게 말했다.

"아, 저런. 저들은 비행기를 띄우지 못할 것 같네. 신이 인간이 날기를 바라셨다면 애초에 그럴 수 있는 날개를 달아주셨겠지."

지금 우리는 그 노신사의 판단이 틀렸음을 알고 있다. 신은 라이트 형제에게 날개를 주지는 않았지만, 날개를 만들 수 있는 창조적 비전을 선사했다. 사실 신은 다른 사람에게도 창조적 비전을 주었다. 그러나 많은 사람이 자신에게 주어진 그 값진 선물을 제대로 사용해 보지도 못한 채 생을 마감한다.

20세기 초반 한 젊은 기계공과 그의 아내가 '특이한 장치'를 가지고 씨름하고 있었다. 그 장치는 크랭크샤프트 위에 들락날락하는 피스톤이 장착된 조악한 파이프로 이루어져 있었다. 아내는 부엌 싱크대 위에서 파이프에 휘발유를 한 방울씩 떨어뜨렸고, 남편은 한 손으로는 피스톤을 올렸다 내렸다 하며, 다른 손으로는 파이프 안에 압축된 공기로 전기 자극을 보내는 버튼을 눌러댔다. 몇 시간이 흘렀지만 그들의 실험은 어떤 결실도 맺지 못했다. 그러다 강한 가스 폭발 충격으로 피스톤이 바깥쪽으로 튕겨 날아갔다. '특이한 장치'가 단 한 번 작동한 결과였는데, 이것이 자동차 산업의 시작이 되었다. 이제 그 산업은 직간접적으로 무려 600만 명에게 일자리를 제공하고 있다.

미국에서 자동차 산업을 창설한 이 '천재'는 어떠한가. 그는 과연 다른 사람에게는 없는 능력을 가졌을까? 이 질문에 창조적 비전이라고 답할 수 있다. 하지만 헨리 포드는 다른 수백만 명과 같은 힘을 가졌을 뿐이다. 차이가 있다면 내면에 있던 자신의 힘을 발견해 현실에 적용한 반면 다른 사람들은 그러지 못했다는 점이다.

포드는 이 '엉성한 가솔린 엔진'으로 바퀴를 굴릴 수 있다는 사실을 발견하는 데 그치지 않았다. 그는 끊임없이 창조적 비전을 사용하여 처음 고안한 자동차의 개념을 정교하게 다듬었고, 마침내 오늘날 발명된 기계 가운데 가장 완벽한 제품을 탄생시켰다.

어디에나 잠재적인 '헨리 포드'가 돌아다니고 있다. 아마도 지금은 무직 상태일 그는 자신에게 성공할 기회가 없다고 불평만 하고 있을지 모른다. 수많은 사람이 자신에게 성공의 씨앗이 있음을 인식하지 못하고 있다. 하지만 그 씨앗에 물을 주고 싹을 틔우면, 누구나 포드에 못지않은 부를 창출할 수 있다.

한 세대의 창조적 비전은 후세들이 사용할 법과 제도를 만든다.
The creative vision of one generation develops
into the laws and institutions of later generations of men.

✦ 창조적 비전을
사용하기 위한 두 가지 마음

잠들어 있는 창조적 비전은 어떻게 깨워야 할까? 모든 성취의 시작이자 끝인 창조적 비전의 씨앗을 내면에서 찾으려면 어떠한 자극이 필요할까?

지금은 그 어느 때보다 창조적 비전이 필요한 때다. 이 나라는 진취성을 발휘할 기회를 많이 가지고 있는 데다가 풍부한 근력과 체력까지 갖추었지만, 지성이 부족해서 고전하고 있다. 제공할 서비스라고는 근력 밖에 없는 사람들에게 일자리를 만들어준다는 것은 뇌의 영역이기 때문에 지성의 부족은 심각한 문제다.

고등학생 이상의 청년들이 일하지 않고 놀고 있을 만한 타당한 이유는 없다. 오늘의 리더십이 내일은 그들의 것이 될 수 있음을 알면서도 혹은 충분히 알아야 하는데도 무수한 청년이 스스로 미래를 만드는 노력을 게을리하고 있다.

얼마 전 나는 남성 비서를 찾는다는 공고를 냈다. 대학교와 고등학교에서 답을 받았는데 이런 일을 할 수 있는 남학생이 부족하다고 했다. 이를 계기로 나는 전국적으로 그런 인력이 부족하다는 사실을 알게 되었다. 사업가라면 알다시피 모든 산업을 통틀어 스스로 발전할 기회를 얻기에 비서만 한 직업이 없다. 그런데도 남성 비서는 이제 구시대적 유물이 되고 있다. 비서는 산업을 경영하는 사람들의 '대역 배우'가 되는 터라 '실전경험대학교'라는 훌륭한 학교의 노련한 스승들 밑에서 배우면서 좋은 급여까지 받을 수 있다.

누군가 "이 청년 세대는 어떠한가? 그들이 일자리를 찾아 나설 때 무슨 일이 벌어지는가?"라고 묻는다면 나는 지붕 위에 올라가 그런 질문에 대한 답은 청년들 마음속에 있다고 외치고 싶다. 자기 안에 잠들어 있는 창조적 비전을 발견해서 가동하면 다른 사람들이 전에 그랬듯이 스스로 일자리를 찾을 수 있다. 그리고 늘 그랬듯이 기회의 풍요 속에서도 먼지로 가득한 실패의 길을 따라가는 사람도 있다.

창조적 비전을 펼치고 또 사용하려면 두 가지가 꼭 필요하다. 하나는 기꺼이 일하려는 마음이고, 다른 하나는 올바른 마음가짐으로 보수 이상으로 많이 그리고 훌륭하게 일하는 특단의 노력을 기울이게 할 만큼 명확한 동기다. 아무리 찾아보아도 이것들을 대신할 수 있는 것은 없다. 물론 일과 동기만으로 영구적인 성공을 보장받기는 어렵다.

헨리 포드와 같은 인물을 파고들면 흥미로운 이야기를 찾을 수 있다. 그가 열심히 일하는 이면에는 명확한 동기가 있었다. 그는 아마도 목표를 위해 특단의 노력도 기울였을 것이다. 그는 후퇴하지 않고 앞으로 나아갔다. 일부 이기적인 정복자들이 세상을 파괴하는 데 창조적 비전을 사용한 것과 달리 포드는 그가 살아가는 시대의 진보에 바퀴를 달기 위해 창조적 비전을 사용했다.

이 철학을 완전히 익히고 적용하는 법을 깨우쳤더라도 포드처럼 건설적인 방향으로 돛을 조정하지 않으면 안전하게 다루는 정도를 넘어 감당하기 어려운 힘을 가지게 된다. 이 장을 끝내기 전에 그 가치를 인식하고 실행할 모든 사람에게 큰 가능성을 제공할 제안을 하고 싶다. 이 제안을 실행하는 데 엄청난 노력이나 시간이 드는 것은 아니다. 이 장을 다 읽은 뒤 책을 잠시 내려놓고 자기 자신에 대해 점검하고 돌아보면 된다. 당신이 꼭 그렇게 해보기를 권한다.

1. 한 시간 동안 방해받지 않을 수 있는 조용한 곳으로 가서 더할 나위 없이 신중하게 자신을 들여다볼 것
2. 가장 하고 싶은 일이 무엇인지 알아낸 뒤 그 일을 시작하기 위한 계획을 세우고 당신이 처한 상황에서 바로 그 계획을 실행할 것

3. 삶에서 무엇을 얻는가는 내가 삶에 유용한 서비스의 형태로 무엇을 주는가에 달려 있음을 깨달을 것
4. 실천하지 않은 어떤 유용한 계획이나 아이디어가 있다면 종이에 상세하게 적을 것

루이스 월리스Lewis Wallace가 쓴 소설 『벤허』에 나오는 한 장면으로 이 장을 마무리하겠다. 이 작품의 배경은 전성기 로마 제국의 안티오크라는 고대 도시다.

부유하고 할 일 없는 사람들이 전차 경주를 보러 몰려들었다. 경주에서 이겨 영광을 얻고 싶어 한 부자가 있었다. 그래서 노예들을 불러 모아 그중 한 명을 마부로 선택하고, 경주에서 이기면 자유를 주기로 약속했다.

경주가 시작되고 노예들은 경기장을 돌며 말을 몰기 위해 채찍으로 최대한 세게 말들을 내리쳤으나 유독 한 사람이 처음부터 선두를 놓치지 않았다. 그는 한 손에 고삐를 쥐고 다른 한 손에는 채찍을 쥔 채 말들이 최선을 다해 달리도록 몰았다. 그의 강인한 팔은 철로 만든 밧줄 같았다. 누군가 관중석에서 외쳤다.

"저 팔 좀 봐! 저 팔을 좀 보라고! 어떻게 저런 팔을 만들었지?"

그러자 그가 소리쳐 답했다.

"갤리선에서 노를 저었소!"

그는 경기에서 이기면 자유를 얻기로 약속받은 그 노예였다. 그 광기 어린 열망으로 마침내 주인의 말들을 몰아 경주에서 승리했다. 그에

게는 자유를 향한 욕구라는 최고의 동기가 있었다.

모든 행동은 동기의 결과다. 부자가 되고 싶은 욕구, 성욕, 사랑, 자유롭고 싶은 욕구, 두려움 등 우리의 행동을 추동하는 다양한 동기가 있다. 당신을 움직이게 하는 가장 큰 동기는 무엇인가? 그것을 알면 자신이 해야 할 일이 분명해진다.

로마 제국은 멸망했다. 빛나던 안티오크도 잊혔지만 사람들은 여전히 자유를 얻기 위해 싸운다. 인간은 이제 고대 도시인처럼 강인한 근육에만 의존하지 않는다. 문명을 지나며 더 위대한 힘이 있다는 사실을 알았기 때문이다. 바로 뇌라는 원천에서 나오는 창조적 비전이다. 창조적 비전은 상상력을 발휘하여 명확한 목표를 달성하는 계획을 세울 때 필수적이다.

이것으로 이 장을 마무리한다. 책을 덮기 전에 자신의 마음을 꼼꼼히 살펴 창조적 비전과 그것을 사용해서 발전시킬 적절한 동기를 모두 찾을 수 있기를 진심으로 바란다.

창조적 비전이 없는 곳에 멸망이 있다.

Where there is no vision the people perish.

돈을 잃으면 불쾌하다.

하지만 자신감을 잃으면 성취를 이룰 수 없을 정도로 치명적이다.

The loss of money is unpleasant.
The loss of confidence in self is fatal to achievement.

인류의 지혜와 천재성을 결합해도

사상의 자유에 반대하는 논거를 생각할 수는 없다.

The combined wisdom and genius of mankind cannot conceive of an argument
against the liberty of thought.

행동하기 전에 생각하라.

Think before acting, not afterward.

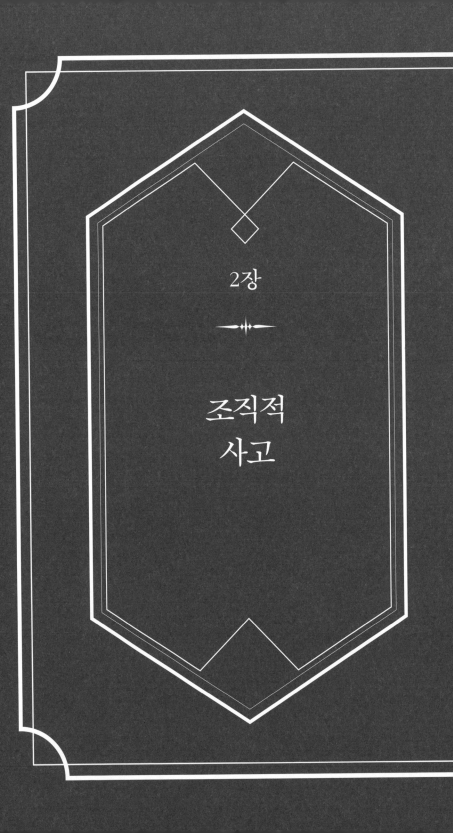

2장

조직적
사고

정확하게 사고하고
행동하는 자만이
마음의 '진짜' 주인이 된다

How to

Own Your OWN MIND

“생각은 곧 사물이다”라고 어느 위대한 철학자가 말했다. 이는 생각이 실제로 존재하며 실현될 수 있다는 뜻이다. 생각은 개인이 완전하게 통제할 수 있는 몇 안 되는 것들 가운데 하나로, 사람의 몸 전체를 ‘자석’으로 만들어 조화를 이루는 외부의 물리적인 요소들을 끌어온다. 이 장은 세 가지 도표와 함께 생각의 힘이 명확한 목표를 향하도록 어떻게 조직될 수 있는지를 보여준다. 마음의 메커니즘과 그것을 자극하는 원천을 최대한 간략하게 설명할 것이다.

조직적 사고에 대한 앤드루 카네기의 분석은 이 장의 마지막에 제시할 예정이다. 생각에 관여하는 모든 요인에 대한 전체적인 관점을 먼저 분석해야 하기 때문이다. 카네기를 비롯해 내가 인터뷰한 다른 인물들의 이야기에서 알게 된 조직적 사고에 관한 내용을 소개하고자 한다.

♦ 누구에게나
또 다른 자기가 있다

이 장에서는 조직적 사고와 관련된 모든 요소가 담긴 세 가지 도표를 제시한다. 완전한 도표를 제시하는 것은 이번이 처음이다. 이 도표들은 인간의 마음을 구성하는 모든 부분과 사고를 촉진하는 자극의 모든 원천, 마음을 구성하는 모든 부분 사이의 대략적인 관계와 중요성을 명쾌하게 보여준다.

도표 1은 이 장 전체의 핵심이니 다른 부분을 읽기 전에 자세히 살펴보아야 한다. 이 도표를 최소 가로세로 약 50센티미터 크기의 종이에 확대해서 매일 볼 수 있는 곳에 둔다면 분명 도움이 될 것이다. 도표 다음 페이지에 제시한 설명도 더 크게 확대하라.

언뜻 복잡하게 보일 수 있지만 혼란스러워하지 않아도 된다. 이 장을 끝낼 즈음이면 당신의 마음을 구성하는 모든 부분이 아주 현명하게 조율되어 조화롭게 작동할 것이다. 전화를 거는 과정보다 덜 복잡하다.

도표 2는 명확한 핵심 목표를 달성하는 데 필요한 단계들이다. 이 도표를 자세히 연구하라. 성공하고 싶다면 꼭 필요하다.

도표 3은 생각이 어떻게 형성되는지 설명한다. 도표 3에서 제시하는 모든 요소는 각자 역할을 수행할 때 아주 매끄럽게 저절로 작동한다. 전반적인 시스템은 의지력 사용이라는 간단한 과정으로 작동한다.

나는 당신이 특히 이 도표에서 제시하는 두 가지 중요한 요소에 주목하기를 바란다. 바로 의지력과 감정이다. 이 두 가지 마음을 통제해야만 조직적 사고를 할 수 있다. 모든 인간의 뇌에서는 감정과 의지력 사이에 영원한 갈등이 있으며, 많은 경우에 감정이 우세하다. "인간의 감정이 세상을 지배한다"라는 말은 단순한 비유가 아니다.

이 장의 목적은 이런 현상을 뒤집어 의지력이 감정을 다스린다고 당신이 진심으로 말할 수 있도록 돕는 것이다. 의지력이 마음의 다른 부분까지 통솔할 수 있는 진정한 '리더'가 되는 방법을 다각도로 제시한다. 앤드루 카네기는 실용적인 사업가로서 이 같은 교훈을 얻었는데, 그의 분석을 보면 의지력을 인생의 성패를 결정하는 중요한 요소 가운데 단연 최고로 여겼음이 분명하다. 또한 가장 수수께끼인 사고력에 관한 이해도 이 장에서 더 깊어질 것이다.

사실상 이 장에 인생의 모든 문제에 대한 해법을 제시하기에 그 자체로 충분한 철학이 있다고 해도 과언이 아니다. 정확한 사고는 인간이 이룬 모든 성취의 근간이다. 나는 이 장에서 정확한 사고에 관여하는 모든 주요 요소를 명확하게 설명하고자 한다. 이 장을 한 번 읽고 완벽하게 이해하지 못했다고 해서 좌절하지 않기를 바란다.

이제 이 장을 읽는 법을 설명하겠다.

이 장을 읽는 방법

1. 읽는 동안 이 장의 주된 목적이 당신의 사고를 촉진하는 것임을 명심하라.
2. 강조하고 싶은 글귀에 표시하라. 천천히 읽고, 다음 문장으로 넘어가기 전에 확실히 이해하도록 한다.

3. 무엇보다 읽으면서 생각하라. 이 장 또한 다 읽고 나면 며칠 동안 덮어둔 뒤 다시 읽고, 두 번째 읽었을 때 그 내용이 얼마나 더 명확해지는지 느껴보라.

4. 마지막으로 이 장의 핵심은 책 속에 있지 않다는 사실을 명심하라. 중요한 것은 당신의 경험, 능력, 교육, 사고 습관으로 구성된 부분이며, 바로 당신의 마음속에 존재한다. 이 장이 제시하는 교훈에 그것을 더하면 당신의 마음은 무궁무진하게 풍요로워질 것이다.

명확한 핵심 목표에 마음을 집중하는 방법을 읽고 마음의 힘을 스스로 깨우치는 것이 이 장의 목적임을 염두에 두고 읽어라. 자기 마음의 주인이 되어 삶의 모든 상황을 나에게 최대한 유리하게 통제하고, 그 과정에서 마음을 효과적으로 사용할 수 있기를 바란다.

만일 누군가 이 장을 읽고도 자립심, 의지력, 삶의 기회에 대한 열정이 뚜렷하게 증가하지 않았다면 나로서는 놀랄 일이다. 이전에 이 강의를 들었던 사람은 모두 전반적인 '마음가짐'에 완전한 변화, 즉 두려움, 의심, 우유부단함, 무기력이 실제로 사라지는 변화를 경험했다. 그러니 당신도 이 장을 통해 새로 태어나는 수준의 효과를 얻을 수 있어야 한다. 새롭게 태어나 이제껏 존재하는 줄도 몰랐던 나 자신을 발견하라.

누구에게나 '또 다른 자기'가 있다. 모든 사람 안에는 두 개의 인격이 있다. 이것은 많은 심리학자와 의사가 증명해야 할 사실이다. 두 개의 인격 중 하나는 부정적이다. 스스로 정한 한계, 두려움, 의심, 걱정을 먹고산다. 또 다른 하나는 긍정적이다. 믿음, 용기, 자기 확신, 진취성, 열정,

반드시 이기겠다는 의지를 먹고산다.

그러니 나와 함께 힘을 합쳐 더 나은 삶에 방해가 되는 부정적 인격을 없애기 위해 노력하자. 긍정적 인격을 키우고 북돋는다면 이를 달성할 수 있다.

♦ 조직적 사고를 위한 세 가지 도표

이 장에서는 세 가지 도표를 제시한다. 마음의 메커니즘과 마음을 작동하게 하는 사고 자극의 원천을 최대한 간략하게 보여주고자 한다.

도표 1은 명확한 핵심 목표를 달성하는 과정에서 사고를 조직하고 표현하는 경로다. 행동을 촉발하는 아홉 가지 주요 동기 가운데 하나 이상에 기초한 욕구에서 출발한다. 욕구를 지속적으로 활성화하는 데 필요한 자극은 성공 원칙을 일부 결합하면 발생한다.

도표 2는 명확한 핵심 목표를 달성하는 과정에서 당신이 취해야 할 3단계와 조직적 사고를 효과적으로 사용하기 위해 결합하고 적용해야 하는 원칙들이다.

도표 3은 사고의 메커니즘을 구성하는 열 가지 요소와 생각을 촉진하는 자극의 원천이다. 잠재의식은 마음을 구성하는 모든 부분과 연결되어 있으며, 그 힘의 원천은 무한한 지성임을 명심하라. 기억, 오감, 감정에는 끊임없이 자제력이 필요하며 엄격하게 절제되지 않으면 안정적일

〈도표 1〉

인생의 명확한
핵심 목표와의
결합으로

욕구는 열일곱 가지 성공 원칙을
결합해서 달성된다.

1. 명확한 핵심 목표
2. 마스터 마인드
3. 호감 가는 성품
4. 실행하는 믿음
5. 특단의 노력 기울이기
6. 체계적 노력
7. 황금률의 적용
8. 고양된 감정
9. 자제력
10. 조직적 사고
11. 통제된 주의력
12. 팀워크
13. 사고의 자유
14. 패배로부터 배우기
15. 창조적 비전
16. 건강 유지
17. 시간과 돈 계획하기

아홉 가지 주요 동기

1. **사랑**의 감정
2. **성(性)**적 욕구
3. **건강**에 대한 욕구
4. **자기 보존**에 대한 욕구
5. **심신의 자유**에 대한 욕구
6. 명예와 인정으로 이어지
   는 **자기표현**의 욕구
7. **영생**의 욕구
8. 종종 시기나 질투로 표현
   되는 **분노**의 감정
9. **두려움**의 감정(빈곤, 비
   판, 건강 악화, 실연, 노화,
   자유의 상실, 죽음이라는
   일곱 가지 기본적인 두려
   움에 기초한다)

모든 성취의
시작점을
종착점으로
삼는다.

〈도표 2〉

1단계: 명확한 핵심 목표

아래 열거한 요소들을 통해 여기에 제시된 순서로 목표를 달성할 수 있다. 이 도표를 따라 진행하면 그 자체로 효과적인 조직적 사고가 가능하다. 당신의 목표는 명확한 동기나 아홉 가지 주요 동기들 가운데 일부와의 조합에 기초해야 함을 잊지 마라.

2단계: 달성 계획

계획이 건전해야 그만큼 성공률도 높아진다. 계획을 세울 때는 도움을 받아라.

3단계: 마스터 마인드

마스터 마인드 구성원들을 선택하고, 계획을 수행하는 데 필요한 경험과 지식을 확보하라.

조직적 사고를 따르기 위해 필요한 원칙들

1. 조직적 사고   2. 실행하는 믿음   3. 체계적 노력

4. 창조적 비전   5. 자제력   6. 특단의 노력

7. 호감 가는 성품

〈도표 3〉

무한한 지성

모든 사고력과 사실, 지식의
원천으로서 잠재의식을
통해서만 동원할 수 있다.

마음에서 잠재의식을 담당하는 부분

인간의 마음과 무한한 지성 사이를 연결하는 고리

다음은 마음을 구성하는 모든 부분을 나타낸다.
사고 자극의 3대 원천이 맨 밑에 있다.

의지력 마음의 '보스'

이성 모든 의견과 판단의 재판관

감정 마음 행위의 대부분이 일어나는 장소

상상력 모든 계획의 설계자

양심 마음의 '도덕적 안내자'

자제력이 가장 많이 필요한 3대 사고 원천은 아래와 같다.

직관	오감	기억력
'육감' 혹은 직관적인 지식	1. 시각　　2. 청각　　3. 미각 4. 후각　　5. 촉각 감각은 오직 엄격한 자제력으로만 안정된다.	모든 생각과 감각적 인상을 저장하는 뇌의 '캐비닛'

수 없다. 기억, 오감, 감정을 통제하려면 고도로 조직된 주의력이 필요하다는 데 주목하라. 이러한 통제력은 자발적인 습관을 통해 의지력을 행사하여 얻을 수 있다.

도표 2는 목표 달성을 위해 조직적 사고가 적용되어야 하는 순서를 보여준다.

반드시 취해야 하는 3단계 원칙인 명확한 핵심 목표, 건전한 계획, 노련한 조력자와 맺은 마스터 마인드를 자세히 연구하라.

도표 3은 사고의 메커니즘을 구성하는 열 가지 요소가 무엇인지를 보여준다.

잠재의식은 마음을 구성하는 모든 부분에 접근할 수 있지만, 마음의 통제를 받지는 않는다는 사실에 주목하라. 도표 3의 핵심 내용을 좀 더 자세히 살펴보자.

무한한 지성

잠재의식을 통해서만 동원할 수 있는, 모든 사고력의 원천. 도표에서 마음을 구성하는 모든 부분이 무한한 지성에 완전히 둘러싸여 있음에 주목하라.

잠재의식

의식과 무한한 지성을 연결하는 고리. 자제력이 통제할 수 있는 대상은 아니지만 이 장에서 설명하는 방법으로 자극을 줄 수 있다.

의지력

마음을 구성하는 모든 부분의 '보스'로, 모든 정신 작용을 변경하거나 수정할 수 있으며 그런 작용들 간의 '균형'을 잡는다.

이성

모든 아이디어, 계획, 욕구에 대한 판단을 내놓는 '재판관'이다. 하지만 이성이 내리는 결정은 의지력 때문에 보류되거나 의지력이 발휘되지 않을 때 감정의 영향을 받아 상쇄될 수 있다.

감정

대부분의 마음 행위가 일어나는 장소이자 마음이 방출하는 거의 모든 생각의 원천. 의지력의 지시에 따라 이성이 조절하지 않으면 대단히 위험할 수 있다.

상상력

바라는 목표를 달성하기 위한 모든 계획, 아이디어, 방법, 수단의 설계자. 지나치게 사용하지 않기 위해 자제력과 의지력의 즉각적인 지시가 필요하다.

양심

마음의 '도덕적 안내자'. 개인의 목표와 목적을 조절해서 도덕적 법칙과 조화를 이루게 한다.

직관

'육감'. 개인은 잠재의식이 주는 정보를 토대로 육감에 따라 결정을 내린다.

오감

뇌가 외부 세계와 접촉해 정보를 획득하는 수단으로 쓰는 '물리적인 팔.' 불안정하므로 끊임없이 절제를 요한다. 고도로 감정적인 활동을 하면 두려움을 느낄 때처럼 오감이 혼란스러워지고 매우 불안정해진다.

기억력

뇌의 '캐비닛'으로, 사고 자극, 경험, 오감을 통해 뇌에 도달하는 모든 감각을 저장한다. 오감과 마찬가지로 불안정해서 완벽해지려면 자제력이 필요하다.

✤ 사고의 특성에 관해 알려진 사실들

모든 생각(긍정적이든 부정적이든, 좋든 나쁘든, 정확하든 부정확하든)은 그에 상응하는 물리적 등가물로 변환되는 경향이 있다. 아울러 완벽하게 논리적이고 자연스러운 도구를 사용하며 목표 달성에 필요한 아이디어, 계획, 수단을 알려준다. 어떤 주제에 대한 생각이 습관화되면 잠재의식이 그 생각을 수용한다. 그다음 가용할 수 있는 직접적이고 실용적인 방식으로 생각을 저절로 실행한다. 그러니 모든 것이 생각의 도구다.

"생각은 곧 사물이다"라는 말은 글자 그대로 보면 진실이 아닐 수 있다. 하지만 생각이 무언가를 창조하고, 그 창조물이 그것을 잉태한 최초의 생각과 놀라울 정도로 닮았다는 점은 진실이다.

생각은 자제력에 영향을 받으며 통제될 수 있다. 또 주어진 목표 달성에 적합한 자발적인 습관을 계발해서 생각을 변형하며 원하는 목표를 향하게 만들 수도 있다.

사고력은 (잠재의식의 도움을 받아) 신체를 구성하는 모든 세포를 통제한다. 세포의 복구와 성장을 촉진하고, 그를 통해 신체 모든 장기에 영향을 주며, 장기가 제 기능을 하도록 지원한다. 흔히 말하는 '신체 저항'을 통해 질병과의 전쟁도 지원한다. 저절로 수행되는 기능이지만, 자발적인 도움을 받으면 촉진될 수 있다.

모든 성취는 생각에서 비롯되며 계획, 목표, 목적으로 조직되고 행동으로 표현된다. 모든 행동은 도표 1에서 제시한 대로 아홉 가지 주요 동기 가운데 하나 이상에 의해 촉진된다.

마음에는 사고를 담당하는 두 부분이 있다. 바로 의식과 잠재의식이다. 의식은 마음을 구성하는 다섯 가지 부분으로 작동되며 통제를 받는다. 잠재의식은 무한한 지성의 통제를 받는다(도표 3 참조). 그중 '육감'은 마음에서 잠재의식을 담당하는 부분의 통제를 받으며 저절로 기능한다.

잠재의식과 의식을 담당하는 부분 모두 습관에 반응한다. 개인이 어떤 습관을 형성하든, 그 습관이 자발적이든 비자발적이든 모든 사람은 습관에 맞추어 조절된다. 일단 습관이 형성되면 마음은 다른 습관이나 더 강력한 습관 때문에 바뀌지 않는 한 저절로 형성된 습관을 수행한다.

마음이 실행하는 생각의 대부분은 정확하지 않을 수 있다. 의견, 편향, 편견, 두려움, 감정적 흥분이 작용하기 때문이다. 흥분하면 이성이 생각을 합리적으로 바꿀 기회가 별로 없다. 오감은 신뢰할 만한 것이 못 된다. 특히 '균형을 잡는' 이성의 영향 없이 두려움, 사랑, 섹스와 같은 감정적 흥분 상태일 때 오감은 쉽게 속을 수 있다.

정확한 사고의 첫 번째 단계는 단순한 말이나 전문 증거(증인 자신이 직접 보고 들은 것이 아니고 다른 사람으로부터 전하여 들은 것을 법원에 진술하는 증거 — 옮긴이)에서 사실을 분리하는 일이며, 두 번째 단계는 사실(사실로 파악된 후)을 중요한 것과 중요하지 않은 것으로 구분하는 일이다. 명확한 핵심 목표를 달성하는 데 필요한 '중요한' 사실 외에 다른 모든 사실은 상대적으로 중요성이 떨어진다. 보통 사람은 평생 신뢰할 수 없는 출처에서 나온 정보를 토대로 '추론'하고 살며, 사실을 요구하는 자제력을 좀처럼 보이지 않는다. 평생 '중요한' 사실과 '중요하지 않은' 사실을 구분하는 법도 배우지 못한다. 세상에 '실패'가 그토록 많은 이유다. 이것은 가장 중요한 사실을 최우선에 두는 평가의 문제이기도 하다.

명확한 동기에 기반한 욕구는 개인의 성취와 관련된 모든 자발적 사고 활동의 시작이다. 강력한 욕구는 상상력을 자극하여 그 욕구의 목적을 달성하는 방법과 수단을 창조한다. 반복적인 생각으로 욕구가 지속적으로 마음에 남으면 결국 잠재의식에도 받아들여지게 되고, 가장 실용적인 수단으로 저절로 실행되며 논리적인 결론에 도달한다.

사고를 자극하는 원천은 다음과 같다.

- 신체의 오감(아주 불안정하다)
- 기억의 저장소(마찬가지로 불안정하다)
- 잠재의식
- 감정
- 의지력

잠재의식을 통해 무한한 지성의 영향력이 생각을 촉진할 수 있다. 많은 사람이 잠재의식은 그저 '천재들의 사고'만을 촉진한다고 믿는다. 자기 절제와 훈련을 통해 자유자재로 잠재의식을 사용할 수 있는 능력을 계발한 사람은 그의 목표와 목적을 실행하는 과정에서 무한한 지성의 힘을 이용할 수 있다.

감정은 모든 욕구가 발생하는 장소다. 이 원천에서 주요 감정에 기초한 모든 사고 자극이 발생한다. 이때 감정은 자발적으로 자신을 표현하고자 하기에 반드시 자제력을 발휘해 통제해야 한다. 감정에서 사고 자극 대부분이 발생한다. "감정이 세상을 지배한다"라는 말이 나온 이유다.

의지력은 마음을 구성하는 다른 모든 부분을 다스리는 '보스'다. 의지력이 마음의 보스인데도 마지막에 언급하는 까닭은 대부분 의지력을 가장 적게 사용하기 때문이다. 보통 사람의 사고 자극은 대부분 감정에서 비롯된다. 이성이나 의지력에 의탁하지 않는다. 이런 태도가 판단을 내릴 때 실수를 많이 저지르게 되는 원인이다.

이 다섯 가지 원천은 사고를 자극하는 유일한 원천이다. 생각을 조직하는 능력을 얻고자 한다면 이들 원천에 대한 명확한 그림을 마음속에 그려라. 완전히 이해될 때까지 특히 도표 3을 수시로 살펴보라. 모든 사고를 작동하게 하는 장비를 그린 그림이기 때문이다. 대충 훑어서는 이 도표를 완전히 숙지할 수 없다.

무한한 지성은 모든 사고력의 원천이어서 도표의 맨 위에 위치한다. 이 점을 주목하라. 아울러 마음의 어떠한 능력도 무한한 지성과 직접 연결되지 않는다는 점에도 주의하라. 대신 잠재의식이라는 매개체를 통해서 무한한 지성에 닿을 수 있다. 도표 3의 화살표를 보면 마음을 구성하는 의지력, 이성, 감정, 상상력, 양심이라는 다섯 가지 능력이 잠재의식과 각각 연결되어 있다. 또한 이들은 서로 직접 연결되어 있기도 하다.

도표 3 맨 밑에 있는 사고 자극의 3대 원천인 직관, 오감, 기억력은 마음의 다른 부분과 분리되어 있다. 의지력만으로 통제하기는 어렵기 때문이다. 그러므로 엄격한 자제력을 발휘해서 이 세 가지를 관리하는 데 특히 주의를 기울여야 한다.

이성, 상상력, 양심은 사고 과정에서 명확한 기능을 수행하지만, 겉보기에는 어떠한 사고 자극도 일으키지 않는 것처럼 보인다. 이 세 가지 능력에 생각이 도달하면 변경은 가능하지만, 애초에 생각을 발생시키지는 못한다. 이성은 과거 경험(기억력에서 소환해서)과 모든 생각을 비교해 판단과 의견을 형성한다. 상상력은 개인의 생각을 이용해서 목표를 달성하기 위한 아이디어, 계획, 방법, 수단을 만든다. 양심은 모든 생각에 도덕적 지침을 제공한다.

이 세 가지 능력을 꾸준히 활용하면 이 능력들 또한 점차 강력해지고 신뢰성이 높아진다. 반대로 이 능력들을 활용하지 않은 채 생각을 조절하지 않고 행동하면 이 능력들은 위축되어 결국 쓸모없어진다.

체계적인 훈련으로 팔의 힘을 키우듯이 마음의 모든 능력은 조직적인 사고 습관을 통해 계발할 수 있다. 이 책에서 제시한 계획에 따라 마음을 체계적으로 사용하라. 이것 말고 마음을 통제하는 다른 방법은 없다.

이 장을 처음 읽고 마음의 작용을 한눈에 다 파악하지 못해도 낙심하지 마라. 마음의 작용을 한눈에 이해할 수 있는 그림을 그리기는 쉬운 일이 아니다. 대신 이 장을 꼼꼼하게 읽어라. 그런 다음 책을 덮고 혼자 생각한 뒤 다시 세 가지 도표로 돌아가 기억을 되살려 보라. 이런 식으로 열 번 이상 읽어서 이 장을 완전히 익힌다면 당신은 행운아다.

명심하라. 이 장에서 당신은 당신의 삶에 가장 큰 영향을 미치는 중요한 힘인 '조직적 사고'라는 주제를 다룰 것이다. 그러니 이 장을 숙지하는 데 사용한 시간은 전혀 아깝지 않다.

♠ 믿는 대로 이루어진다

도표에 포함되지 않았지만, 조직적 사고에 대단히 중요한 또 다른 요소가 있다. 바로 제대로 된 믿음을 가지기 위해 필요한 자제력이다. 즉 명확한 핵심 목표를 채택할 때 목표 달성에 대한 절대적 믿음을 가지고 모든 감정을 그 목표의 대상에 집중해야 한다.

"믿는 만큼 할 수 있다"를 좌우명으로 삼고 매일 마음에 새겨라. 아무도 알지 못하는 어떤 기묘한 힘으로 잠재의식은 절대적인 믿음에 바탕을 둔 생각에 직접적이고 즉각적으로 작용한다. 그리고 그 생각을 가장 실용적이고 자연스러운 도구를 통해 논리적인 결론으로 이끈다.

모든 훌륭한 지도자는 믿음이 강한 능력자였다. 성공하기 위해 반드시 믿어야 하는 기본적인 성공 요건이 있다. 아래는 그 가운데 일부다.

- 무한한 지성(신)에 대한 믿음
- 자기에 대한 믿음
- 자신이 선택한 조력자들에 대한 믿음
- 부정不正에 대항하는 정의에 대한 믿음. 즉 정의를 계속 믿으면 정의가 승리하리라는 믿음
- 입증된 과학 법칙과 사실에 대한 믿음
- 무한한 지성과 연결되어 있어 저항할 수 없는 마음의 힘에 대한 믿음

성공하려면 이 여섯 가지 믿음을 기본적으로 꼭 갖추어야 한다. 이 믿음들을 그대로 받아들이고 저절로 믿게 될 때까지 멈추지 마라.

이상하게 생각할지 모르지만, 인류가 동원할 수 있는 가장 위대한 힘은 무형의 힘으로 사실 우리는 그것의 성격도 원천도 알지 못한다. 인간이 저항할 수 없는 이 유일하고 위대한 힘을 일상생활에 실제로 적용하고 사용하는 방법은 단 하나다.

이 힘은 우리가 오늘날 향유하는 모든 것 가운데 최고를 주었고, 미국을 세계에서 가장 부유하고 자유로운 나라로 만들었다. 미국이 참전한 전쟁에서 승리하게 했고, 철도 시스템 등 강력한 산업 제국도 건설했다. 무수히 유용한 발명품을 안겨주었고, 하늘과 대양도 정복하게 해주었다. 지구의 거의 모든 곳과 즉각 소통할 수 있을 뿐 아니라 가장 높은 수준의 생활까지 영위하게 해주었다.

간단히 표현하면 그 힘은 '무언가를 믿는 인간의 능력'이다. 명확하게 증명할 수 있는 간단한 믿음의 힘이자 인류 역사 내내 기적을 행한 힘이다. 인류에게 알려진 모든 과학적 지식을 동원한다 해도 이 무형의 힘이 무엇인지 우리는 정확히 파악할 수 없다. 제아무리 기민한 사람이라도 알기 어렵고, 그 어떤 분석도 불가능하다. 논리나 이성과도 공통점이 없지만 그 둘을 얼마든지 앞선다. 그 자체로 법이다. 교육을 많이 받고 명망 있는 사람들과 마찬가지로 가장 낮은 지위에 있는 특출하지 않은 사람도 이 힘을 채택하고 사용할 수 있다는 점은 이 힘이 가지는 가장 기묘한 특성이다.

조지 워싱턴은 그가 거느린 소수의 병력이 월등히 우세한 적군을 물리칠 수 있다고 믿었고, 실제로 승리했다. 그의 승리는 시대를 초월해 놀라운 군사적 업적으로 남았다.

토머스 에디슨은 전기 에너지를 빛으로 만들 수 있다고 믿었다. 그의 믿음은 아주 굳건해서 1만 번 이상 실패했지만 에디슨은 전혀 굴하지 않았고, 결국 그의 믿음이 옳았음을 증명했다. 물론 그보다 앞서 같은 결과를 얻기 위해 시도한 사람들이 있었지만, 모두 실패했다. 아마도 그들에게는 에디슨과 같은 흔들림 없는 믿음이 없었기 때문인지 모른다.

제임스 힐James Hill은 거대한 대륙 횡단 철도를 건설하면 미국 동부와 서부를 연결할 수 있다고 믿었다. 비록 돈도 없고 인맥도 없는 전신 기사에 불과했지만 그는 자신의 믿음을 눈부신 현실로 바꾸었다.

라이트 형제는 인간을 하늘로 안전하게 나르는 기계를 만들 수 있다고 믿었다. 가슴 아픈 실패를 숱하게 겪었지만 흔들리지 않고 그 믿음을 끝까지 유지했다. 그 결과 마침내 중력의 법칙조차 인간의 믿음이 가진 힘을 당해낼 수 없음을 증명해 보였다.

마일로 존스Milo C. Jones라는 한 평범한 농부는 몸이 마비되어 의사에게 다시는 걸을 수 없을 것이라는 말을 들었다. 그나마 다행히도 의사는 마음을 사용하지 못할 것이라고는 하지 않았다. 그는 자기 마음의 주인이었기에 간단한 아이디어 하나가 통하리라는 믿음으로 100만 달러 이상을 벌어들였다. 그 아이디어는 '리틀피그소시지'로, 많은 미국인이 아침 식사용으로 사용하며 미국 전역에 팔려나갔다.

인류의 기록 어디든 거슬러 올라가 원하는 만큼 찾아보라. 그러면 강인한 사람, 위대한 사람, 성공한 사람 모두 무언가를 강하게 믿은 사람이었음을 발견할 수 있다.

세상은 믿는 사람의 것이다. 항상 그래 왔고 앞으로도 그럴 것이다. 그러니 마음의 힘을 조직할 때 정말로 실현되기를 원하는 것에 대한 확실한 믿음을 당신의 계획에 반드시 포함시켜라. 믿음은 긍정적이어야 한다. 믿음은 전염된다. 이를 명심하고, 의심하지 말고 믿어야 한다. 하나를 믿으면 길이 열리면서 많은 것을 믿게 되듯, 불신도 하나에 대한 불신이 많은 것에 대한 불신으로 이어진다.

스스로 운명을 결정할 수 있다. 이를 믿지 않으면 평범함을 뛰어넘을 수 없다. 이 철학을 배운 한 학생이 마음의 주인이 되는 법을 발견한 직후 다음과 같은 글로 새로운 힘이 드러난 것에 감사하는 마음을 표현했다.

"제 인생의 엉킨 실타래를 풀어주신 신께 감사드립니다. 이제 제 마음은 모든 두려움과 갈등으로부터 영원히 해방되었습니다."

마음을 구성하는 부분을 적절하게 조직하고 자제력을 발휘해서 마음을 다스리면 참으로 '모든 두려움과 갈등으로부터 영원히 해방될 수 있다'. 무질서한 마음은 결코 자유로울 수 없다. 마음을 정리하는 일은 도표 3에 제시한 대로 사고에 관여하는 요인들을 면밀하게 조사하는 데서 시작된다. 이러한 요인들은 반드시 자제력으로 통제되어 체계적인 노력을 거쳐 그 방향이 명확한 핵심 목표를 향하도록 설정되어야 한다. 마음은 행동을 통해서만 발전되고 강인해진다. 성격과 목적에 맞는 적절한 행동이 뒤따르지 않으면 믿음마저도 쓸모없다. 수동적인 믿음은 실패와 패배만 낳을 뿐이다.

윌리엄 어니스트 헨리William Ernest Henley가 아래의 시를 썼을 때, 글에 명쾌하게 드러나지는 않지만 그의 마음에는 적극적인 믿음이 있었다.

세상 이 끝에서 저 끝까지
온통 나를 뒤덮고 있는 칠흑 같은 어둠에도

내게 불굴의 영혼을 주신

신들께 감사한다.

잔혹한 환경의 손아귀에서도

나는 움츠리거나 울부짖지 않았다.

우연으로 가득 찬 운명의 매질 아래

머리에 피가 흘러도 굽히지 않았다.

분노와 눈물의 이 세상 너머

공포의 그림자만이 드리울지라도

그 세월의 위협에

나는 두려워하지 않겠다.

제아무리 천국의 문이 좁다 해도

두루마리에 어떤 형벌이 적혀 있다 해도

상관없다.

나는 내 운명의 주인이요,

나는 내 영혼의 선장이다.

_「인빅투스Invictus」

자기 마음의 주인이 되어 마음을 조직하고 '신 앞에 겸손하게' 걸어 나가 명확한 핵심 목표에 바탕을 둔 체계적 노력으로 마음을 표현하면 '자기 영혼의 선장'이 될 수 있다. 헨리가 시 한 편을 더 적어 이 사실을 명쾌하게 드러냈다면 얼마나 좋았을까.

✿ 사실인가,
의견인가

　　자기 영혼의 선장이 되는 일은 신이 모든 인간에게 남긴 특권이다. 이 특권의 거대한 가능성을 부각하기 위해 모든 인간이 완전히 통제할 수 있는 유일한 특권으로 만들었다. 사람은 건강을 포함해 속세에서 가진 모든 소유물을 한순간에 잃을 수 있다. 속고 강요당하거나 중상모략 또는 부당한 투옥으로 신체적 자유를 박탈당할 수도 있다. 하지만 그럴 때조차 사람은 자기만의 생각을 할 수 있고 타인의 동의 없이도 자기 마음의 힘을 사용할 수 있다.

　　인간이 유일하게 완전히 통제할 수 있는 것이 대부분의 사람들이 가장 통제하려고 하지 않는 것이라니 이 얼마나 큰 모순인가. 조직적 사고의 힘이 모든 문제의 해법을 제시하며, 다른 어떤 것도 그렇게 할 수 없다는 사실을 인식하는 순간 이 모순은 더욱 크게 느껴진다.

　　살면서 어떤 상황을 마주하든 이 말이 얼마나 정확하게 작용하는지 확인해 보라. 조직적 사고가 나에게 도움이 된다고 믿으면서 그 힘을 적용하면 당신이 무엇을 원하든 생각하는 힘을 통해 그것을 손에 넣을 수 있다. 믿음을 가지고 생각을 실천하면 굳게 닫혀 있던 문이 열리며 인간에게 자유를 선사한다. 신체 저항력을 키워 퇴치하기 어려운 질병에서 인간을 해방하고, 가난을 풍요로 대체한다. 두려움, 걱정, 낙담을 없애고 그 자리를 희망, 믿음, 마음의 평화로 채운다. 오직 실천으로 옮기겠다는 굳은 의지력만 있으면 모든 것은 빛의 속도로 작용한다.

이때 조직적 사고는 두 가지 중요한 기본 원칙을 기반으로 한다.

- **연역적 추론**: 미지의 사실에 대한 추정이나 사실에 대한 가설에 기초하는 추론법
- **귀납적 추론**: 알려진 사실이나 사실로 여겨지는 것에 기초하는 추론법

앞서 언급한 대로 정확하게 사고를 조직하려면 반드시 두 단계를 거쳐야 한다. 첫째, 사실과 단순한 가설, 의견, 전문 증거를 구분할 줄 알아야 한다. 둘째, 사실을 중요한 것과 중요하지 않은 것으로 구분해야 한다. '중요한' 사실은 당신이 목표와 목적을 달성하는 과정에서 유리하게 이용할 수 있는 사실을 가리킨다.

의견은 생각의 기초를 형성한다. 일반적으로는 신뢰할 수 없으며 아주 위험할 수도 있다. 대개 편향, 편견, 편협, 추측, 전문 증거 혹은 완벽한 무지에 기반하기 때문이다. 정확하게 사고하고 이를 조직하는 법을 배우려는 사람은 누구라도 의견에 관한 몇 가지 사실을 알아야 한다.

의견에 관한 여섯 가지 사실

1. 사실이나 믿음에 기초한 것이 아닌 이상 어떠한 의견도 신뢰할 수 없다. 어떤 주제에 대해서도 사실에 근거했다는 합리적 보장 없이 의견을 표출해서는 안 된다. 누구나 자유롭게 의견을 내놓을 수 있지만 대부분 딱 그만큼의 가치만 있다. 한마디로 무가치하다.

2. 친구, 친지, 우연히 알게 된 지인이 자발적으로 제공하는 자유로운 조언은 대개 고려할 만한 가치가 없다. 그러니 믿을 만한 지침으로 받아들이기 전에 항상 아주 면밀하게 따져야 한다.

3. 조직적으로 정확하게 사고하는 사람은 타인이 그의 생각을 대신하게 방관하지 않는다. 원하는 사실의 출처를 확인하고 생각의 지침으로 삼기 위해 그 출처를 현명하게 이용한다.

4. 추문과 가십을 퍼뜨리는 사람들은 신뢰할 수 없으므로 사실의 출처가 될 수 없다. 그런데도 대다수의 삶에 지대한 영향을 미친다.

5. 소망은 대개 생각의 아버지이며, 많은 사람은 사실을 그들의 소망대로 추정하는 나쁜 버릇이 있다. 자기 자신을 위해 인간의 이러한 보편적 취약점을 신중하게 경계하라.

6. 일반적인 정보는 풍부하고 대부분 무료지만, 사실은 손에 넣기 쉽지 않으며 일반적으로 대가를 지불해야 한다. 사실 확인을 위한 조사에 들어가는 노고가 바로 그 대가다.

✦ 사실, 단순 정보, 추론을 구분하기 위한 질문들

저자가 누구든 책에서 읽은 내용을 모두 신중하게 검토하라. 어떤 저자의 결론도 다음 질문들을 던져보고 답변의 정확성에 대해 스스로 확신하기 전까지는 최종 결론으로 받아들이지 말아야 한다.

1. 책의 주제와 관련해 저자가 공식적으로 인정받는 권위자인가?

2. 정확한 정보를 알리는 것 외에 숨겨진 이기적인 동기가 있는가?

3. 저자가 대가를 받고 여론을 조장하는 선동가인가? 만일 그렇다면 특별히 신중하게 그가 내린 결론을 평가하라.

4. 저자가 책의 주제에 대해 얽혀 있는 금전적 이해관계나 개인적 이해관계가 있는가? 만일 그렇다면 그가 내린 결론을 받아들일 때 이 부분을 고려하라.

5. 저자가 그가 쓴 주제에 극단적이지 않고, 건전한 판단력을 가진 사람인가? 광신자는 사실을 제시할 때조차 과장하는 경향이 있고, 사실을 왜곡하여 독자를 호도할 수 있다.

6. 저자의 주장이 옳은지 확인하고 검증할 수 있는 합리적 출처가 있는가? 만일 그렇다면 그가 내린 결론을 받아들이기 전에 반드시 출처를 확인하라.

7. 책의 내용이 진실한지 저자의 평판을 확인하라. 일부 저자는 진실에 무신경하다. 흔히 절반의 진실이 가장 위험하다.

8. 지나치게 열정적인 나머지 상상력이 과도하게 뻗어나가도록 방치한 사람의 주장을 사실로 받아들이지 않도록 주의하라. 그런 사람들은 보통 '급진적'이라고 알려져 있으며, 그들이 내린 결론으로 쉽게 오도될 수 있다.

9. 누가 당신에게 영향력을 행사하려 해도 신중하게 자신의 판단력을 이용하는 법을 배워라. 당신의 이성에 비추어 판단할 때 어떤 진술이 타당하지 않거나 (제대로 기능하도록 이성을 훈련시켜야 한

다) 당신의 경험에 비추어 맞지 않다면 그 주장을 사실로 수용하기 전에 추가 조사를 위해 보류하라. 특이하게도 누군가 거짓을 말할 때는 목소리나 표정으로 경고 신호도 같이 나타난다. 그러니 이 경고를 알아챌 수 있도록 훈련하라.

10. 당신이 찾고자 하는 사실이 무엇인지 타인에게 알리지 마라. 많은 사람이 과장하거나 거짓을 보태면서까지 상대방의 기분을 맞추려는 나쁜 버릇이 있다.

11. 과학은 사실을 정리하고 분류하는 기술이다. 당신이 사실을 다루고 있다는 확신을 원한다면 어느 곳에서든 과학적 출처를 찾아라. 대개 과학적인 사람에게는 어떤 목적을 위해서 사실을 변경하려는 동기나 경향성이 없다.

12. 감정은 언제나 신뢰할 수 있는 것이 아니다. 일반적으로 사실과 상관없이 감정에 따라 의사결정을 내린다. 감정에 지나치게 많은 영향을 받기 전에 당신의 이성(머리)에 당면한 일을 판단할 기회를 주어라. 머리는 가슴(감정)보다 믿을 만하다. 이 사실을 잊으면 감정을 견제하는 일을 소홀히 한 것을 후회하게 된다.

13. 다음은 건전한 사고를 위협하는 가장 흔한 적으로, 의사결정을 내리기 전에 면밀하게 살펴야 한다.

- **사랑과 섹스의 감정**. 사실을 쉽게 거스르게 할 수 있으며 이성을 무용지물로 만들 수도 있다. 감정이 이성을 망치게 놓아두지 마라.

- **증오, 분노, 질투, 두려움, 배신, 탐욕, 허영, 자만, 꾸물거림,**

'도박 본능'이라고도 알려진 거저먹으려는 욕심. 이러한 감정은 사실을 자주 왜곡한다.

- **통제되지 않은 열정과 상상력.** '영리한' 자기기만 도구이기 때문에 이로운 만큼 위험할 수 있으니 신중하게 경계해야 한다.

마음에 끊임없이 물음표를 달고 살아야 한다. 아무것도 믿지 않는 고집 센 회의주의자가 아니라 정확하게 생각하기를 원하는 신중한 사람으로 살아라. 당신이 다루는 것이 사실임을 스스로 확신할 때까지 모든 것에 의문을 품고 끊임없이 생각하라. 고요한 마음으로 의문을 품어라. 예수의 부활을 의심했던 제자처럼 '의심 많은 도마'로 알려지지 않도록 주의하라. 항상 '좋은 청취자'가 되도록 노력하되 타인이 말하는 것을 듣는 동안 정확하게 사고할 줄 알아야 한다.

명심하라. 당신은 '선전 유포'가 매우 전문화된 시대에 살고 있다. 그 출처나 목적을 알 수 없는 선전이 가장 위험하다. 사실, 출처나 목적이 명백하다면 그것은 선전이 아니라 '단순 광고'다.

이 열세 가지 질문과 더불어 당신의 마음에도 사실을 확인할 수 있는 세 가지 중요한 원천이 있다. **바로 의지력, 이성, 양심이다.** 이러한 원천들은 절제, 훈련, 사용이라는 단계를 지속적으로 거쳐야만 강력해지고 신뢰할 수 있게 된다. 당신이 사실로 받아들이고 싶은 것을 모두 이 원천들이 시험할 수 있게 기회를 주어야 한다. 의지력과 이성, 양심의 결정에 따르는 습관을 키워라. 그렇게 할 수 없다면 절대 정확하게 조직적으로 사고할 수 없다.

마음의 또 다른 세 가지 원천인 오감, 감정, 기억력에서 비롯된 것이 무엇이든 사실로 받아들이고자 할 때는 신중하라. 세 원천 모두 오류를 일으킬 수 있다. 명확하게 사실이라 받아들이기까지 엄격하게 자제하며 다루어야 비로소 신뢰할 수 있다. 실용적인 심리학자는 신체의 오감을 통해 당신을 속일 수 있으며, 분명 당신 또한 이 감각들로 거의 매일 스스로를 속이고 있을 것이다.

가령 검지로 엄지를 가로질러 누르며 그 사이에 작은 물체를 끼어 두 손가락에 모두 닿게 하면 두 눈으로 보기 전까지 당신의 촉각은 한 개가 아닌 두 개의 물체로 인식할 것이다. 익숙하지 않은 손가락 모양으로 '습관'을 방해하면 더 이상 뇌에 정확한 정보가 전달되지 않는다. 이처럼 오감은 모두를 속일 수 있다.

감정도 쉽게 속일 수 있다. 예를 들어 누군가 비상 상황을 겪고 두려움에 사로잡혀 굴복하면 그때의 감정은 시각이나 청각, 후각, 촉각을 속일 수 있다. 의심할 여지 없이 과학적으로 증명된 사실이다. 사람들은 감정 혹은 오감이 남긴 거짓된 인상에 대한 반응으로 '건강 염려증 환자'가 된다. 이런 사람은 보통 정신건강의학과 전문의나 암시요법 전문가 정도만이 치료할 수 있다.

이 논의의 목적은 타인에게 얻은 정보는 물론 자기 자신에게서 얻은 정보를 받아들일 때도 각별히 주의해야 한다는 것을 알려주기 위함이다. 자기 마음에서 비롯된 정보도 주의하라는 경고는 당혹스러울 수 있지만, 많은 사람이 자기 생각에 속아 실패의 길로 들어서기 때문에 이 경고는 정당하다. '자기를 속이는' 기술은 위험하다.

마음의 메커니즘은 기묘하다. 파괴적이든 건설적이든, 정확하든 부정확하든 충동에 따라 작용한다. 역사적으로도 잘못된 생각이 신체 증상을 일으킨 사례가 아주 많았다. 이 경우 자신의 생각 외에 질병에 걸렸음을 뒷받침하는 근거는 없었다.

만일 지배적인 생각이 빈곤에 기반하고 있다면 잠재의식은 그 생각을 논리적으로 실행하려고 할 것이다. 반대로 지배적인 생각이 풍요와 부에 관한 것이라면 마음도 같은 방식으로 작용한다. 그러니 당신의 마음에 대해 스스로 통제력을 가지고, 마음이 당신이 택한 생각을 먹고 자라게 하라. 윌리엄 어니스트 헨리가 그의 시에서 표현한 대로 당신은 '운명의 주인이자 영혼의 선장'이 될 것이다.

✤ 당신의 사고 습관은 유전의 결과다

조직적 사고에 관한 이 장은 모든 인간이 영향을 받거나 통제를 받는 두 가지 중요한 자연법칙을 간략히 설명하지 않고서는 완성될 수 없다. 하나는 '사회적 유전 법칙'이며, 다른 하나는 '신체적 유전 법칙'이다.

조상 대대로 내려온 유전적 특성으로 구성된 신체적 특질을 획득하는 것이 신체적 유전 법칙이다. 이 법칙 덕분에 우리는 영구적이고 고정된 신체적 자산을 얻을 수 있다. 신체적 자산을 이루는 유전적 요인을 바꾸기 위해 할 수 있는 일은 아무것도 없다. 하지만 신은 인간에게 사고방식에 따라 신체적 자산을 어느 정도 극복하고 통제하면서 도움이 되도록 변경할 수 있는 수단을 주었다. 그것이 바로 사회적 유전 법칙이다.

최대한 간략히 말하면 사회적 유전은 환경적 영향, 교육, 경험, 외부 자극에 의한 사고의 충동 등 다음의 원천에 자극받아 구성된다.

- 종교적 훈련
- 교육적 훈련
- 정치적·경제적 훈련
- 사회적 교류
- 부모에게서 자녀로 대물림된 전통
- 사업적·직업적 습관과 영향

이것은 우리의 사고에 영향을 미치는 여섯 가지 주요 원천이다. 우리가 왜 이렇게 생각하는지를 명확하게 이해하려면 이 원천들을 잘 살펴보아야 한다. 대부분은 사회적 유전 법칙을 통해 아이디어, 믿음, 의견, 사고 습관을 얻는다.

우리는 이 진리를 이해해야 한다. 우리가 '자신의 믿음'이라고 말하는 것은 보통 가장 가까운 사람들의 믿음을 반영하거나 그것을 마치 자기 신념처럼 표현한 것에 불과하다. 심리학자들은 사람들이 자신과 밀접한 관계에 있는 사람의 사고 습관을 흡수한다는 사실을 이미 알고 있다. 이런 현상은 심각한 수준이다. 매일 만나는 사람들을 조사해 보면 그 사람에 대해 놀라울 정도로 정확하게 분석할 수 있다.

아이들은 성인보다 사회적 유전의 영향을 훨씬 쉽게 받는다. 아이들의 마음은 개방적이고 예민하며 수용적인 데다 일반적으로 주변 영향을 의심하는 훈련이 되어 있지 않기 때문이다. 그래서 어느 종교 지도자는 "태어나 일곱 살이 될 때까지 한 아이를 완전히 통제할 수 있다면 특정한 종교적 견해를 그 아이의 마음에 깊이 심어 넣어 그 관점이 영원히 사라지지 않게 할 수 있다"라고까지 말했다.

물론 모든 아이가 그런 완전한 통제와 종교, 다른 주제에 대한 의견 형성에 전적으로 취약한 것은 아니지만, 대부분 취약하다. 아주 가끔씩 자기 마음의 주인이 되어 스스로 사고하는 아이가 태어나기도 한다. 그렇다면 세상은 자유로운 사고를 할 수 있는 잠재력을 가진 위대한 사상가를 발견한 것이다.

하지만 어느 시대에도 이런 사람은 극소수였다. 아이와 어른 모두 마찬가지로 대부분은 주변 사람들의 생각, 아이디어, 믿음을 통해 간접적으로 사고한다. 이런 종류의 사고는 믿을 만한 것이 못 되며 전체적으로 볼 때 정확하지 않다는 사실은 자명하다.

인구수나 시스템의 본질과는 상관없이 미국에는 여느 국가보다 정확하게 조직적으로 사고하는 사람이 더 많을 것이다. 미국의 생활양식이 독립적으로 사고할 유인을 많이 제공하기 때문이다.

가령 군국주의적 국가에서 정부는 정권을 쥔 사람들이 바라는 모습으로 국민을 만들 수 있다. 태어날 때부터 정부의 선전 기구 영향력 안에 있던 청소년들은 사회적 유전 법칙으로 인해 그들에게 강제로 주입된 생각밖에 할 줄 모르기 때문에 다른 선택을 할 수 없다. 학교 교육, 종교적 훈련, 독서 그리고 넓게는 가족 및 이웃과의 사회적 교류를 통해서도 생각은 강제로 주입된다.

만일 미국에서도 사회적 유전의 모든 주도적인 영향력이 한 사람의 통제와 지시에 좌우된다면 그 사람 또한 청소년들의 마음을 자기 마음대로 주물러 한 세대 안에 그가 택한 사상, 믿음, 목적 등을 강제로 주입할 수 있을 것이다. 이것이 1인 정부가 가진 모든 죄악 가운데 최고의 죄악이다. 이렇게 되면 한 사람의 생각만을 따르는 국가가 탄생하고, 독립적인 사고와 개인의 진취성이라는 특권은 파괴된다. 국민은 어떤 생활 환경이 주어지든 무조건 복종하고 순응해야 할 것이다.

무엇보다도 가장 큰 비극은 자기 마음의 주인으로서 마음을 자기 생각대로 사용할 천부인권을 태어나자마자 빼앗긴다는 것이다. 인간은 오직 한 가지만 통제할 수 있게 만들어졌다. 그 한 가지가 바로 자기 마음을 좌지우지할 권리다. 이는 인류가 스스로 노력하면 자유를 부여하겠다는 신의 목적과 계획을 명확하게 드러낸다.

인간이 타인의 노예가 되거나 자기 마음의 주인이 되어서 자신의 뜻대로 생각할 특권을 빼앗기는 일은 신이 의도한 바가 아닐 것이다. 자기 마음대로 사고할 수 있는 특권을 앗아가기 위해 사회적 유전 법칙을 이용하는 것은 순전히 인간이 만든 생각이며, 인간 문명에 알려진 가장 비극적인 자연법칙의 남용이다.

미국의 장점 가운데 하나는 우수한 공립학교 시스템이다. 분권화가 이루어진 덕분에 1인 혹은 한 집단이 이 시스템을 장악해서 청소년들의 마음속에 어떤 사상을 영구적으로 주입하는 일은 거의 불가능하다. 미국에서 공립학교는 각 학교 공동체에 있는 지역 주민들이 관리한다. 교육위원회 구성원과 학교 관리자, 교장, 교사들이 최고의 인성과 청렴도, 애국심, 판단력을 갖추게 된 것은 지역 주민들 덕분이다.

미국의 공립학교 시스템에서 청소년은 국기에 대해 예의를 지키라고 배우지만 이는 모든 학교의 청소년에게 요구되는 하나의 생각이지, 명령은 아니다. 아이들이 자신의 이성을 사용해 허용하도록 가르칠 뿐이다. 이처럼 모든 국민은 신문, 라디오, 학교, 책 등 사고를 자극하는 주요 원천을 통해 전달된 생각을 수용하거나 혹은 거부할 수 있다. 자유롭게 생각하는 사람이 되어 신이 의도한 대로 자기 마음을 사용할 모든 기회를 누린다.

만일 누군가의 생각이 잘못되었다면 그것은 그 사람의 잘못이다. 군국주의처럼 무가치한 목적을 위해 사회적 유전 법칙을 왜곡하는 시스템에 의해 부여된 생각이 아니다.

독립적인 사고를 장려한다는 훌륭한 장점에도 스스로 사고하는 특권을 소홀히 하여 가까운 사람들이 만든 그릇된 생각의 희생양이 되는 사람들이 있다. 사회적 유전 법칙에 대한 이해가 부족하기 때문이다. 공립학교 시스템 또한 장점이 많지만 청소년들에게 건전한 사고 과정을 제대로 이해시키지는 못했다. 사회적 유전의 영향이나 생각을 유도하는 매체의 영향에 대해서도 가르친 것이 별로 없다. 이런 취약점 때문에 나는 사회적 유전 법칙을 성공철학을 구성하는 주요 부분이라 설명한다. 자기 생각이 어디서 비롯되었는지를 명확하게 이해하지 않고 스스로 결정할 수 있는 사람은 없다.

♦ 내 생각은
진정한 '내 생각'인가

건전한 전제에 기초하지 않으면 대부분의 '의견'은 무가치할 뿐만 아니라 위험하기까지 하다. 많은 의견이 어디서 비롯되는지 살펴보자.

정치적 성향은 대부분 어린 시절 친지 혹은 친구들과 맺은 관계에서 얻은 인상에 기초한다. 미국 테네시주의 전 주지사였던 밥 테일러Bob Taylor는 한 청년에게 그의 정치적 견해가 어디에서 비롯되었는지 재치 있게 알려준 적이 있다.

테일러가 청년에게 물었다.

"왜 자네는 그토록 확신에 찬 민주당원이 되었는가?"

청년은 번개처럼 빠르게 답했다.

"저는 미국 테네시주에 살고 있고 아버지와 할아버지 또한 민주당원이셨기 때문에 저도 민주당원입니다. 그것이 이유입니다."

익살맞은 테일러가 껄껄거리며 이렇게 말했다.

"자네 아버지와 할아버지가 말 도둑이었다면 자네는 아주 난처할 뻔했군?"

미국의 양대 정당 중 하나를 지지하는 국민 1000명 중 양당의 차이를 논리적으로 설명할 수 있는 사람은 거의 없을 것이다. 대부분은 자신이 속한 정당이 지지할 만한 가치가 있는 유일한 당이라고 아주 굳게 믿고 있다. 두 당의 차이를 설명할 수 있는 사람이라고 해도 자신이 그 당을 택한 이유를 명백히 밝히지는 못한다. 아마도 그의 지지 또한 각 당이 지닌 장점에 따른 건전한 추론에서 나온 것이 아니라 어린 시절부터 노출된 영향의 결과일 것이다.

종교도 마찬가지다. 미국에 있는 다양한 종교와 그 종파의 차이를 명확하게 정의하는 사람은 극소수라고 생각한다. 예를 들어 어느 한 교회에 속한 교인 대부분이 (다른 교회는 말할 것도 없고) 자기 교회의 교리조차 정확하게 설명할 수 없을 것이라고 말해도 과장이 아니다. 그런데도 그들은 자신들의 '의견'이 사회적 유전의 결과이지, 신중하게 고려한 종교적 신념의 결과가 아님을 깨닫지 못한 채 자신이 다니는 교회가 더 낫다고 굳게 확신한다.

대부분 자신의 건전한 믿음을 고려하지 않은 채 가장 가까운 사람이 가진 믿음을 받아들이는 습관이 있다. 사람들이 믿음을 가지게 되는 과정을 영국 시인 알렉산더 포프Alexander Pope가 네 줄로 적절히 정의했는데, 이 글로 범죄 성향이 어떻게 형성되는지도 설명된다.

악惡은 너무도 무서운 표정을 띤 괴물이어서
보기만 해도 혐오하게 되지만
너무 자주 보다 보면 그 표정에 익숙해져
처음엔 견디고, 그런 후 연민을 느끼고, 결국 받아들이고 만다.

우리가 받아들이는 모든 생각도 마찬가지다. 처음에는 그 생각을 받아들이지 않지만, 밀접한 관계를 맺다 보면 점차 무뎌지고, 실제 출처가 어디였는지도 잊은 채 받아들이고 만다.

건전하든 불건전하든, 옳든 그르든 마음은 거듭 제시되는 생각을 흡수한다. 범죄학자들에 따르면 나쁜 습관을 가진 거의 모든 청소년은 그들의 본보기가 된 다른 청소년이나 성인과 가까이 지냈기 때문에 그런 습관이 형성되었다.

예를 들어 음주 문화는 금주법 시행 때 널리 확산되었다. 몰래 술집 뒷문으로 들어가 술을 마시는 것을 '영리한 짓'이라 여겼기 때문이다. 술을 한 모금도 마시지 않던 사람들마저 '누구나 그렇게 하기' 때문에 술을 마시게 되었다.

흡연도 같은 방식으로 '전 국민적인 취미'가 되었다. 흡연을 시작한 사람은 누구나 담배 맛에 대한 선호를 억지로 키워야 했다. 이런 현상은 흡연이 담배에 대한 타고난 선호가 아니라 다른 사람들의 행동을 따라 하려는 일반적인 경향임을 여실히 보여주었다. 이것은 다른 모든 습관에도 적용될 수 있다.

진정한 자신의 삶을 살고, 스스로 생각하고, 자기만의 습관을 키우고, 온전한 자기가 되려고 애쓰는 사람을 발견하기란 쉽지 않다. 대부분은 타인의 생각을 받아들이고 그에 따라 행동하며 누군가가 남긴 자취를 따라간다. 목초지에 이미 나 있는 길을 하나둘씩 따라가는 양 떼처럼 말이다. 아주 가끔씩만 누군가가 무리에서 뛰쳐나와 자기 생각의 길을 내고, 자신만의 습관을 들이고, 스스로 생각하며 온전한 자신이 될 것이다. 그런 사람이야말로 제대로 생각할 줄 아는 사람이다.

우리는 사업, 직업, 미술, 음악 등 여러 분야에서 앞서간 사람들의 발자취를 따를 뿐 스스로 독창적인 생각을 하려는 시도는 조금도 하지 않는다. 예를 들어 법조인들은 대개 판례에 영향을 받는다. 판사들은 선례에 크게 의존하며 그들보다 앞서 다른 판사가 결정한 판례를 근거로 '의견'을 제시한다. 법률 사건에서 보상과 처벌은 보통 그런 의견을 토대로 정해진다. 의사도 판사 못지않게 선례에 크게 구속받는데, 의사도 변호사도 이 점을 아무렇지 않게 인정한다.

"우리가 믿는 것의 절반은 진실이 아니다"라고 말한 사람은 아주 겸손하게 진실을 제시했다. "우리가 믿는 것의 대부분은 일부 진실이 아니다"라고 말했다면 크게 틀리지 않고 그 주장이 맞다는 확률을 높였을 것이다. 신문에 난 기사도 아무 의심 없이 진실처럼 여겨지는 형국이라 그저 오래된 책이라는 이유만으로 책의 내용을 진실로 받아들이는 사람들도 많다. 함부로 믿는 실수를 저지르지 않는 사람을 찾기가 '하늘에 별 따기'다. 알베르트 아인슈타인의 상대성 이론에 어떤 식으로든 '의견'이 없는 사람을 찾기란 어렵지만, 그 이론을 설명하라고 하면 대부분 하지 못한다.

많은 사람이 가진 또 다른 취약점은 '불신'하는 습관이다. 라이트 형제가 하늘을 나는 기계를 제작했다고 발표하고 신문기자들에게 비행장으로 와서 직접 보라고 요청했을 때 몹시 회의적이었던 기자들은 취재하러 가지 않았다. 당시 '하늘을 나는 기계'라는 아이디어가 너무나 생소했던 것이다. 라이트 형제 두 사람을 제외하고는 아무도 믿지 않았다. 한 철학자가 말한 것처럼 '검증 전 무시'는 모든 사고 습관에서 나타나는 공통된 잘못이다.

이탈리아 발명가 굴리엘모 마르코니Guglielmo Marconi가 전선을 사용하지 않고 '에테르'만으로 메시지를 주고받을 수 있다고 발표했을 때 그의 가족들마저 놀랐다. 가족들은 그가 이성을 잃었다고 생각해 전문의에게 진찰도 받게 했다. 그 전에는 이런 방식으로 메시지를 주고받은 사람이 없었다.

그래서 엉터리 사상가들은 마르코니의 주장이 불가능하다고 '추론'했다(이 책이 집필될 당시 과학자들은 에테르라는 눈에 보이지 않는 물질이 대기를 가득 채우고 있다고 믿었으나 후일 결국 에테르가 존재하지 않는다는 사실이 밝혀졌다—옮긴이). 완전히 새로운 무언가를 만든 사람은 모두 마르코니와 비슷한 고초를 겪었다.

사람들은 사고 통제 수단으로 '선례'를 원한다. 직접 사실을 조사하고 정보를 얻어야겠다는 생각은 하지 않는 것 같다. 그렇게 행동하는 사람들은 인류의 진보를 이끈 선구자이자 전위 부대인 토머스 에디슨, 헨리 포드, 알렉산더 그레이엄 벨 박사와 같은 걸출한 인물들, 즉 사상가들뿐이다.

⚜ 조직적 사고를 위해 필요한 것

습관과 사회적 유전이라는 두 가지 중요한 원칙이 결합하면 어떻게 되는지 살펴보자. 모든 생명체에게 그것이 살고 있는 환경의 지배적인 영향을 미치는 법칙이 곧 자연법칙이며, 이를 바꾸기는 어렵다. 이 법칙은 우리가 사회적 관계에서 얻는 영향, 즉 '사회적 유전'이라고 부르는 것을 통해 작용한다. 사실 이것도 강제하기는 어렵지만, '통제된 습관'이라는 원칙과 결합하면 아주 이롭게 이용할 수 있다. 습관은 우리가 통제할 수 있다.

이제 조직적 사고를 살펴보자. 나는 글을 읽을 수 있는 어린아이도 이해할 수 있을 정도로 쉽게 제시하고자 한다. 천천히 읽고, 읽으면서 생각하라. 여기서 가장 위대한 기적인 창조적 사고가 만드는 기적을 분석할 예정이다. 이 창조적 사고로 우리는 생각의 충동을 물리적·재정적·영적 등가물로 변환할 수 있다.

이 철학에서 다른 무엇보다 더 심오한 부분이 바로 지금 내가 제시하려는 사실이다. 우리는 여기서 인간의 성취 이면에 작용하는 진정한 힘을 다루려 한다. 이 힘은 (잘못된 사용을 통해) 인간이 겪는 대부분의 고통을 야기하고, 그 적용 방식에 따라 성공 또는 실패를 안긴다.

보이지 않는 힘을 말로써 제시하려니 어렵다. 그러니 이를 더 잘 설명하기 위해 널리 알려진 비유법을 사용하겠다. 이제부터 우리가 사고의 힘을 실제 사진으로 찍는다고 가정해 보자. 마음을 카메라의 감광판으로, 통제된 습관을 렌즈로 이용하는 것이다.

먼저 카메라의 감광판은 렌즈에 반사된 사물을 기록한다. 좋든 나쁘든 렌즈에 반사된 것을 전부 기록할 뿐 피사체를 고를 수는 없다. 명료한 사진을 얻으려면 렌즈의 초점을 제대로 맞추어야 하고 피사체도 반드시 적절한 양의 빛을 받아야 하는데, 이 모든 것은 카메라를 조작하는 사진사의 기술에 달려 있다.

그러므로 사진사는 통제된 습관을 이용해 작업해야 한다. 감광판에 사진을 기록하는 것은 그가 아니다. 기록은 '빛에 반응하는' 화학물질들이 하지만, 피사체는 사진사가 선택한다. 피사체가 적절한 양의 빛에 노출되도록 시간을 조절하고, 렌즈의 초점을 맞추어 디테일이 사진에 잘 나오도록 한다. 어떤 사진이 나오는가는 이 모든 요소를 통제하는 그의 능력에 달려 있다.

이제 카메라에서 벗어나 인간의 뇌로 이동해 보자. 카메라와 뇌가 작동하는 방식이 서로 얼마나 닮았는지 살펴보라.

인간이 뇌세포에 기록하고 싶은 주제를 선택하면 뇌는 카메라의 감광판 역할을 한다. 선별된 대상이 명확한 핵심 목표다. 인간은 뇌가 그 목표를 명확하게 보여주는 그림을 채택해서 기록하고, 잠재의식으로 보내 목표가 물리적으로 실현되기를 바란다. 통제된 습관을 이용해 원하는 목표를 그린 그림을 다시 의식에 심어둔다. 노련한 사상가처럼 매일 (통제된 습관을 통해) 반복해서 그림을 그린다. 그림이 기록되려면 뇌에 그림을 그리는 과정인 사고 자극에 반드시 (반복 노출을 통해) 적절한 양의 시간이 주어져야 한다. 또 뇌가 명확한 아우트라인을 채택할 수 있도록 적절한 비율의 '빛(감정)'도 수반되어야 한다.

뇌에 목표를 그린 그림을 담는 이 과정에서 의식적으로든 무의식적으로든 당신은 도표 2에서 묘사한 '마음의 메커니즘'을 사용하게 된다. 그러니 이제 다시 도표 2로 돌아가 이 과정에서 취해야 할 단계들을 되짚어 보자.

- **1단계**: 명확한 핵심 목표 채택하기
- **2단계**: 목표 달성을 위한 실용적인 계획 세우기
- **3단계**: 필요한 경험, 지식, 기술, 영향력을 가진 사람과 마스터 마인드 결성하기
- **4단계**: 채택한 계획을 즉시 실행하기

이 네 가지 단계 모두 누구라도 쉽게 통제할 수 있지만, 모든 단계를 꾸준하게 실행하고 논리적으로 결론을 내지 않는다면 아무 일도 일어나지 않는다는 점을 명심해야 한다. 그래서 통제된 습관이 필요하다. 목표를 달성할 때까지 끊임없이 필요한 습관을 적용해야 한다.

여기서 통제된 습관이 사회적 유전에 미치는 효과를 살펴보자. 명확한 핵심 목표를 달성하는 과정에서 자발적으로 계획을 수행하고 나면 사회적 유전 법칙은 그의 행동을 '영구적 습관'으로 고정시킨다. 이때 습관이란 신체 습관과 사고 습관, 둘 다를 말한다. 우리가 의도적으로 좋은 습관을 형성해서 사용하면 마음속 잠재의식은 이 습관을 채택하고 가용할 수 있는 수단을 사용해 논리적 결론까지 내린다.

그렇다고 해서 모두 전적으로 잠재의식의 책임이라는 뜻은 아니다. 잠재의식의 도움을 기대하지 않는다는 듯 스스로 전진해야 한다. 잠재의식은 (상상력을 통해) 목표를 달성할 수 있는 아이디어, 계획, 방법, 수단을 떠오르게 하며, 이것이 우리가 잠재의식에 기대할 수 있는 전부다.

위의 네 가지 단계를 실행할 때 당신은 도표 2에 제시된 원칙을 모두 활용해야 한다. 그 원칙들은 통제된 습관의 일부를 구성한다. 물론 읽

고 이해한다고 해서 효과가 발생하지는 않는다. 실행에 옮겨야 한다. 습관이 자리 잡을 때까지 계속 실천해야 한다. 이 원칙의 실천을 소홀히 하는 순간 곧 패배하기 때문에 나는 여러 방식으로 이 원칙들을 되풀이하고 있다. 통제된 습관은 환경에 따른 습관을 대체할 수 있다.

조직적 사고는 이 원칙들을 결합해서 꾸준히 실천해야 한다. 실천이 없으면 통제된 습관도 없으며, 통제된 습관이 없으면 당신이 소망하는 바에 대한 그림이 뇌에 확실하게 기록되지 않는다. 그러면 잠재의식이 채택해서 실행할 목표도 없을 것이다. 이제 도표 3으로 돌아가 네 가지 단계를 취할 때 관여하는 힘의 원천과 마음의 능력을 살펴보자.

모든 사고의 원천은 무한한 지성이다. 이 무한한 지성은 사람의 뇌가 직접 끌어다 쓸 수 없다(그 이유는 아무도 모른다). 그래서 신은 인간에게 무한한 지성과 뇌를 연결할 수 있는 고리를 주었고, 그것이 바로 잠재의식이다. 잠재의식은 열망을 물리적으로 실현하는 데 필요한 힘을 얻는 '혼합실' 역할을 한다.

그다음은 의지력이다. 이것은 개인이 통제할 수 있으며, 통제된 습관을 형성할 때 사용되는 주된 도구다(개인이 의지력으로 자신의 습관을 형성하지 않는다면 환경의 영향에 따라 '부랑자 같은' 습관이 마음을 지배하게 된다. 부랑자 같은 습관은 사회적 유전 법칙으로 형성된다). 의지력은 마음을 구성하는 다른 모든 부분을 통솔하는 '보스'다. 의지력은 습관을 만들거나 없앨 수 있고, 목표와 목적을 선택하고 바꿀 수도 있다. 어떠한 감정의 욕구를 철회할 수도, 이성이 내린 결정을 보류할 수도 있다. 심지어 양심이 내린 결정도 보류할 수 있다.

의지력은 개인의 소망을 마음속에 명확하게 그리는 도구이며, 의식에 그 그림을 거듭해서 제시한다. 열망이나 목표를 반영한 그림을 적절한 행동으로 수행하는 것이 통제된 습관을 형성하는 방법이다.

의지력이 충분히 강력하면(명확한 핵심 목표가 강박 수준일 때처럼) 마음의 다른 모든 부분을 움직일 수 있다. 의지력이 움직이라고 명령하면 감정은 움직인다. 이성에 주의를 기울이기도 하고, 그렇게 하기를 거부하기도 한다. 상상력에 목표를 달성하는 방법과 수단을 강구하라고 지시하면 상상력은 그렇게 한다. 의지력은 기억의 저장소에 깊이 파고들어 동원할 수 있는 자료(지식, 경험 등)를 모두 끌어낸다. 마음속 잠재의식을 담당하는 부분을 작동하게 해서 무한한 지성이 더 많이 흐르게 할 수 있다.

또 '육감'을 자극하고 직관의 작용을 돕는다. 하지만 오직 명확한 핵심 목표와 같은 강력한 열망이나 동기가 뒷받침되었을 때만 위와 같은 일들을 할 수 있음을 명심하라.

따라서 명확한 핵심 목표는 통제된 습관의 출발점이라 할 수 있다. 목표가 강박 수준이면 의지력은 그 목표를 즉시 채택한다. 목표가 모호하거나 그에 대한 감정적인 소망도 없다면 의지력은 그것을 채택하지 않을 것이고, 그러면 아무 일도 일어나지 않을 것이다. 감정은 의지력이 작동하도록 불을 지피는 수단이기도 하다.

조직적 사고는 의지와 감정이 혼합된 힘으로, 명확한 핵심 목표를 달성하기 위해 두 힘이 적절하게 균형을 이룬 상태다. 조직적이지 않은 사고는 의지력으로 조절되지 않은, 즉 감정이 통제되지 않는 상태에서 오직 감정이 일으키는 생각이다. 이런 사고는 무가치하며 이성으로 조절

2장. 조직적 사고

되지 않았기 때문에 대개 아주 위험하다. 이럴 때 의지력은 감정과 이성 사이의 균형을 이루기 위해 사용할 수 있는 수단이다.

✦ 습관은 어떻게 형성되는가

습관은 두 가지 방식으로 형성된다. 하나는 의도된 생각이나 행동을 자발적으로 되풀이하는 방식으로, 필요한 경우 의지력을 사용한다. 하지만 자발적인 습관 대부분은 명확한 동기에 기반한 열망을 반복적으로 표현함으로써 형성된다. 동기는 습관 형성을 위한 모든 수단 가운데 가장 강력하다.

다른 하나는 비자발적인 습관이다. 환경의 영향을 받는 사회적 유전 법칙으로 형성된다. 이러한 습관은 통제되지 않으며, 최소한의 저항을 따른다. 꾸물거림, 무신경, 불명확성으로 이어지고, 결국 흔히 말하는 '판에 박힌 버릇'에 빠지기 십상이다. 사회적 유전 법칙은 늘 어디서나 작용하며 생각이나 행동 습관에 영향을 준다는 사실을 명심하라.

어떤 습관이든 생각이나 신체적 행동의 반복을 통해 자리 잡으면 자동으로 그 특성에 적합한 신체적 활동으로 나타난다. 모든 사고 습관은 어떤 식으로든 신체 행동을 통해 드러나므로 주의해서 사고 습관을 통제해야 한다. 신체 행동을 통제하려면 생각을 통제하면 된다. 마음에 어떤 생각이 존재하면 그 생각은 몸의 어떤 부분에서 신체 행동을 형성한다.

몸과 마음의 활동 모두 자발적인 통제가 중요하다. 마음속에 어떤 생각이 존재하기만 해도 그에 해당하는 신체 행동이 형성되지만 하나의 경향성에 불과하다. 성공한 사람들은 '경향성'을 따르지 않는다. 그들은 자신이 바라는 결과를 필요한 때와 장소에 가져다줄 믿을 만한 규칙을 채택하고 적용한다. 그러므로 어떤 습관을 키우고 싶다면 자발적으로 시작하고, 그 습관이 저절로 기능하는 수준에 이를 때까지 무한히 반복해야 한다. 바람직한 습관을 들이려면 그 방법밖에 없다. 이 외에 다른 성질의 습관은 통제할 수 없지만, 그 습관이 개인을 통제해 성공보다는 고통, 빈곤, 실패로 이끌 수 있다.

습관을 형성하는 방법은 마차 바퀴가 흙바닥에 바큇자국을 남기는 것과 비슷하다. 바퀴가 한 번 지나가면 흙바닥에 가벼운 흔적을 남긴다. 두 번 지나가면 자국이 깊어지고, 거듭해서 지나가면 바큇자국이 깊게 새겨져 결국 바퀴가 그 자국을 따라가게 된다. 그대로 놓아두면 바큇자국은 작은 도랑이 되어 마차가 지나가는 길을 아예 막아버린다.

마음은 정확하게 이와 같은 방식으로 작동한다. 어떤 주제에 관한 생각 하나는 뇌에 작은 인상을 남길 뿐이다. 하지만 그 생각을 되풀이하면 인상은 깊어진다. 반복에 반복을 더하면 인상이 너무 깊게 새겨져 '생각의 바퀴'가 빠지게 되고, 저절로 그에 따라 움직이게 되는 '정신적 바큇자국'이 된다. 이 바큇자국을 막지 않으면 점차 생각을 둔화시킬 수 있다.

자기 암시 요법의 창시자인 에밀 쿠에Émile Coué가 "나는 매일 조금씩 나아진다"를 날마다 수없이 반복하라고 추종자들을 훈계했을 때, 그는 이러한 사고 습관의 원칙을 염두에 두었을 것이다. 사고 습관이 어떻게 형성되는지 잘 모르는 사람의 눈에는 이 공식이 의미 없어 보일 수 있지만 그것을 이해한 사람에게는 그렇지 않다.

습관이 잘 형성되었는지는 마음 상태와 그로 인한 결과를 보면 알 수 있다. 습관이 적절하게 형성되면 계획과 관련해 지속적인 열망을 느낀다. 이 열망은 의식이 깨어 있는 순간마다 추진력을 제공한다. 심지어 자는 동안에도 잠재의식을 통해 추진력을 제공한다. 그러니 잠재의식이 명확한 핵심 목표 달성에 유용한 아이디어나 계획을 제시하며 당신을 잠에서 깨운다 해도 놀라지 마라. 이런 상태가 되면 일이 힘들거나 지루하지 않다. 배고파서 밥을 열심히 먹듯이 즐거워서 열정적으로 일하게 된다.

아울러 마음 밖에서도 당신에게 용기를 주는 일들이 일어난다. 사람들이 열의를 가지고 당신에게 협조하기 시작한다. 개인적인 관심과 계획을 추진할 수 있는 뜻밖의 기회가 여기저기서 생겨난다. 상상력은 더욱 활성화되고 예리해지며, 장시간 오래 일해도 피곤한 줄 모른다. 오히려 과거 어느 때보다도 더 건강하다고 느낄 것이다. 당신이 쓰고 있던 절망의 어두운 렌즈는 점차 옅어져 온 세상을 희망과 믿음의 투명한 렌즈로 바라보게 해준다. 당신에게서 나오는 모든 파동을 바꾸었으니 그에 따라 재정적·사회적·직업적 지위도 개선될 것이다.

이것은 절대 공수표가 아니다. 여기서 나온 지시를 그대로 따랐을 때 일어나는 변화다. 이 철학을 공부한 수많은 사람이 이미 이런 변화를 경험했다. 누구나 그렇듯 패배에 압도될 수 있다. 하지만 당신은 조직적 사고가 장애물을 디딤돌로 만드는 저항할 수 없는 힘이라는 사실을 깨달았기 때문에 패배를 더 큰 노력을 위한 하나의 도전으로 삼을 것이다.

두려움이나 걱정 같은 감정을 명확한 핵심 목표를 달성하기 위한 건설적이고 긍정적인 추진력으로 전환할 줄 아는 사람이 과연 패배할 수 있을까? 이것이 바로 조직적 사고를 통해 얻는 능력이다.

30여 년 전 나는 '철강왕' 앤드루 카네기와 그의 서재에서 인터뷰를 진행했다. 그는 내가 성공철학을 정립하는 데 많은 도움을 주었다.

성공철학을 배우는 모든 학생은
'주의력'이라는 단어를 의식에 깊이 새겨 넣어야 한다.
이 철학 전체를 관통하는 핵심 단어 중 하나이기 때문이다.
— 앤드루 카네기

*Every student of this philosophy should have
the word action burned into his consciousness,
for it is one of the key words of the entire philosophy.*
— Andrew Carnegie

마음은 또 다른 마음으로 전염된다

힐: 중요한 성공 원칙으로 조직적 사고를 설명하셨습니다. 아울러 사고 습관을 조직하는 능력을 갖추지 않고 성공을 확신할 수 있는 사람은 없다고도 하셨습니다. 그렇다면 '조직적 사고'라는 용어의 의미를 설

명해 주시겠습니까? 대략적으로는 알겠으나 좀 더 구체적인 의미를 알고 싶습니다. 또 이 원칙이 일상생활에서 어떻게 적용되는지도 명확하게 이해하고 싶습니다.

카네기: 사고를 조직하는 일을 논하기 전에 사고하는 일, 즉 '생각' 자체를 살펴봅시다. 생각이란 무엇입니까? 우리는 무엇을 통해 생각합니까? 개인이 생각을 통제할 수 있습니까?

생각이란 뇌 전반에 분포된 에너지의 한 형태지만 다른 모든 형태의 에너지에 없는 특징이 하나 있습니다. 바로 '지성'입니다.

원하는 바를 달성하기 위해 우리는 생각을 통제할 수 있으며 방향을 설정할 수도 있습니다. 사실 생각은 우리가 완전하게 아무런 방해를 받지 않고 통제할 수 있는 유일한 대상입니다. 그만큼 생각을 통제하는 시스템은 너무도 완전해서 누구라도 상대방 동의 없이는 그의 마음을 뚫고 들어갈 수 없습니다.

물론 생각을 해석하는 기술이 뛰어난 누군가가 작정하면 이 시스템이 간혹 느슨해질 때 타인의 마음에 들어갈 수 있기는 합니다. 하지만 이미 많은 사람이 타인이 들어올 수 있게 마음을 활짝 열어두고 자신의 생각을 해석하도록 방치합니다. 또한 말과 행동, 표정 등을 자유분방하게 표현함으로써 자신의 생각을 자발적으로 드러냅니다.

힐: 마음을 열어 타인이 자유롭게 들어오게 방치해도 괜찮을까요?

카네기: 다른 사람들이 자유롭게 접근하도록 마음을 열어두는 것은 집 안에 온갖 귀금속을 두고 문을 잠그지 않는 것과 같습니다. 물론 떠돌이 부랑자가 들어가 그 마음의 주인이 되도록 문을 열어둘 때 겪는 피해는 단순히 귀금속을 잃어버리는 것과는 비교할 수 없을 정도로 더 심각할 것입니다.

아무런 보호 없이 마음의 문을 열어두는 습관은 타인이 들어와 아주 사적인 생각까지 모두 들여다보게 허용하는 것과 같습니다. 게다가 타인의 마음에서 방출된 온갖 종류의 '부랑자 같은' 생각들이 마음에 들어오게 방치하는 일이기도 합니다.

힐: 카네기 씨는 생각이 한 사람의 마음에서 다른 사람의 마음으로 전달된다고 생각하십니까?

카네기: 그렇습니다. 한 사람의 마음은 타인, 특히 매일 만나는 사람들의 마음에서 방출되는 생각의 자극을 끊임없이 받습니다. 부정적인 노동자 한 명이 다른 노동자들과 어울리게 방치하면 설령 그런 마음을 나타내는 말이나 행동을 전혀 하지 않는다 해도 그가 가진 부정적인 생각이 그의 영향력 안에 있는 모든 사람에게 전파됩니다. 이런 현상을 매우 자주 보았기에 확신합니다.

힐: 그렇다면 그 사실이 마스터 마인드에서 구성원들이 조화를 이루어야 한다는 점을 그토록 강조하신 이유입니까?

카네기: 그렇습니다. 제가 조화의 중요성을 강조한 이유 중 하나입니다. 뇌의 '화학작용'은 구성원 사이에 완벽한 '라포', 즉 친밀한 유대관계가 있을 때만 기능하여 여러 사람이 지닌 마음의 힘을 하나로 모으게 합니다.

힐: 사람들이 마음의 힘과 경험, 교육, 지식을 한데 모아 공동의 동기에 따라 행동하게 하는 마스터 마인드가 조직적 사고에서 중요한 단계인 것 같습니다.

카네기: 완벽한 정리입니다. 마스터 마인드가 조직적 사고와 관련해서 개인이 취할 수 있는 가장 중요한 단계는 맞습니다. 하지만 조직적 사고는 개인의 사고 습관을 조직하는 데서 시작합니다. 마스터 마인드의 유능한 구성원이 되려면 우선 명확하고 잘 통제된 사고 습관을 가져야 합니다. 마스터 마인드로 함께 일하는 구성원들은 마음 단련이 아주 잘되어 있어서 자신의 사고 습관을 통제하며 가장 고차원적인 조직적 사고를 보여줍니다. 사실 마스터 마인드 그룹에서 각 구성원이 자신의 생각을 통제할 수 있을 정도로 자율적으로 훈련되지 않으면 그룹 내에서 완전한 조화를 보장할 수 없습니다.

힐: 개인이 실제로 마음을 잘 단련하면 자기 자신의 생각까지 통제할 수 있다는 말씀입니까?

나폴레온 힐 더 마인드

카네기: 그렇습니다. 사고 습관이 명확하게 형성되면 생각도 통제할 수 있습니다. 이미 알고 있겠지만 한번 형성된 습관은 애쓰지 않아도 저절로 작동합니다.

힐: 하지만 명확한 습관을 통해 마음을 작동하게 하는 일은 너무 어렵지 않습니까? 이런 종류의 자제력을 어떻게 발휘할 수 있습니까?

카네기: 아닙니다. 습관을 형성하는 것은 전혀 어렵지 않습니다. 사실 마음은 생활하는 환경의 영향에 반응하며 사고 습관을 끊임없이 형성하고 있지만 이를 의식하기란 어렵습니다. 자제력을 발휘하면 단순히 주변 환경에 영향을 받는 것이 아니라 스스로 택한 주제를 다루도록 마음을 바꿀 수 있습니다. 동기에 기반한 명확한 핵심 목표를 마음속에 설정하고, 그 목표를 강화하면 됩니다.

이를 달리 표현하면 각자의 마음을 아주 흥미롭고 명확한 핵심 목표로 가득 채우는 것과 같습니다. 다른 주제를 생각할 여지가 없을 정도로 말입니다. 인간은 이런 방식으로 명확한 사고 습관을 형성합니다. 마음은 어떤 자극에도 반응합니다. 특정 방향에서 성공하겠다는 강력한 열망에 이끌리면 마음은 그 열망과 관련된 명확한 사고 습관을 형성합니다.

⚓ 목표 달성을 위해
감정을 활용하라

힐: 그렇다면 조직적 사고는 명확한 핵심 목표로부터 시작됩니까?

카네기: 무엇을 성취하든 모든 것은 명확한 핵심 목표에서 시작됩니다. 명확한 계획과 동기에 기반한 목표 없이 성공한 사례는 없습니다. 있다면 한번 말해보십시오.

명확한 핵심 목표와 관련해서 반드시 고려할 것이 있습니다. 목표는 반드시 강력한 행동으로 나타나야 합니다. 이때 감정이 힘을 발휘합니다. 명확한 핵심 목표를 달성하기 위한 열망에 수반된 감정은 그 목표에 생명력과 실천력을 부여하고, 개인을 자발적으로 움직이게 하는 힘이 됩니다. 만족스러운 결과를 얻으려면 명확한 핵심 목표를 강박적으로 추구해야 합니다. 여기에 반드시 목표를 달성하고야 말겠다는 '타오르는 열망'이 뒷받침되어야 합니다. 마음을 완전히 차지한 열망은 타인에게서 흘러나온 부랑자 같은 생각이 들어올 틈이나 기회를 일절 주지 않습니다.

힐: 무슨 말씀인지 알겠습니다. 예를 들어 사랑에 빠진 청년은 사랑하는 대상에 마음을 쏟는 일이 어렵지 않으며, 자신이 택한 사람에게 긍정적인 반응을 얻기 위해 온갖 수단을 동원할 것입니다. 이런 상황이라면 통제된 사고 습관을 형성하기가 어렵지 않을 것 같네요.

카네기: 완벽한 예시입니다. 다른 종류의 목표, 예를 들어 사업이나 직업적 전문성의 발전 혹은 확실한 지위의 획득, 부의 축적으로 옮겨가 봅시다. 그러면 이러한 목표들이 강한 열망을 통해 어떻게 달성되는지 이해할 수 있을 것입니다.

힐: 하지만 보통은 사랑에서 경험하는 수준의 감정적인 열망을 물질적 성취에 쏟아붓기는 어렵습니다.

카네기: 물론 그럴 것입니다. 하지만 물질에 대한 열망을 자극하기 위해 이용할 수 있는 다른 감정들이 있습니다. 아홉 가지 주요 동기를 연구하면 열망의 종류가 무엇이든 그 본질은 감정적이라는 사실을 알게 될 것입니다.

물질적 부, 즉 금전적 이득에 대한 욕구는 보편적이며 많은 사람에게서 일어나는 욕구입니다. 인정과 명예로 이어지는 자기표현 욕구도 있습니다. 자기 보존 혹은 심신의 자유에 대한 욕구도 있습니다. 사랑을 포함한 모든 감정은 목표를 달성하기 위한 열망으로 전환될 수 있습니다. 예컨대 부의 축적에 대한 열망도 사랑과 결합될 수 있습니다. 이때 돈에 대한 욕구는 사랑하는 사람에게 돈으로 살 수 있는 안락함을 선사하려는 욕구와 연관됩니다. 이러한 상황에서는 돈을 모으기 위한 이중 동기가 생기는 것입니다.

힐: 그렇군요. 무슨 말씀인지 알겠습니다. 사실 명확한 핵심 목표의

추진력으로 작용하는 아홉 가지 주요 동기 중 분노와 두려움을 제외한 일곱 가지 긍정적인 동기 모두 사람에게 영향을 줄 수 있을 듯합니다.

카네기: 그렇습니다. 일곱 가지 긍정적인 동기와 감정의 변환을 이용한다면 분노와 두려움이라는 두 가지 부정적인 동기도 영향을 줄 수 있습니다. 물론 긍정적이든 부정적이든 감정은 목표를 향해 방향을 설정하기 위한 행동을 촉구하는 데 '영감'을 줄 수 있습니다. 예컨대 두려움이라는 동기는 대개 행동을 불러일으키는 강력한 영감으로 작용합니다. 여기에서 혜택을 얻으려면 행동 습관이 저절로 나올 때까지 습관을 통제할 수 있어야만 합니다.

힐: 개인이 노력하지 않아도 습관이 자발적으로 기능한다는 뜻입니까?

카네기: 그렇습니다. 그것이 바로 습관이 고정될 때 일어나는 현상입니다.

힐: 방금 "습관이 고정될 때"라고 하셨는데, 구체적으로 어떤 의미인가요? 만일 개인이 그렇게 해야 한다면 습관을 영구적으로 만드는 방법은 무엇입니까?

카네기: 습관은 잠재의식이 사고 자극을 받아들여 자발적으로 수행하게 만드는 어떤 미지의 자연법칙을 따라 고정됩니다. 이 법칙이 습관

을 만든다는 뜻은 아닙니다. 오직 고정시키기만 하고, 고정된 습관은 저절로 작동합니다. 개인은 생각이나 신체 행동을 반복함으로써 습관을 고정시키며, 시간이 지나면(생각으로 발전하는 감정에 따라) 사고 습관을 받아들여 저절로 따르게 됩니다.

♠ 조직적 사고의 열 가지 이점

힐: 개인이 습관 형성을 통제할 수 있습니까?

카네기: 그렇습니다. 습관 형성을 통제하는 일이 조직적 사고에서 중요한 부분임을 다시 한번 강조해야겠습니다. 개인은 자신이 선택한 어떤 습관이든 통제할 수 있습니다. 허리를 펴고 바르게 앉는 문화가 있다고 했을 때 한동안 이를 반복한다면 딱히 의식적으로 주의를 기울이지 않아도 그 습관이 저절로 작동하는 것과 같습니다.

힐: 어떤 미지의 자연법칙이 습관을 고정시켜 영구적으로 지속된다는 말씀입니까?

카네기: 그렇습니다. 이는 정신현상학에서도 중요한 사실입니다. 그것이 바로 우리가 자기 마음의 주인이 되기 위해 사용하는 수단이기 때

문입니다. 자연이 인간의 습관을 고정하는 원리의 비밀을 밝히는 사람은 과학계에 탁월한 공헌을 하게 될 것입니다. 아마도 중력의 법칙을 발견한 아이작 뉴턴보다 더 큰 공헌일 것입니다. 혹시 그 원리가 밝혀진다면 습관을 고정하는 법칙과 중력의 법칙이 실제로 같은 법칙이고, 만일 같지 않더라도 서로 밀접하게 연관되어 있음이 드러날지도 모릅니다.

힐: 호기심을 불러일으키는 가설이군요. 좀 더 상세하게 설명해 주시겠습니까?

카네기: 습관에 대해 우리가 확실히 아는 것은 하나입니다. 어떤 생각이나 신체 행동을 반복하면 어떤 힘의 작용으로 그 습관이 자동으로 지속되는 경향이 있다는 것입니다. 우리는 습관을 고치거나 완전히 없앨 수 있음을 알고 있습니다. 단순히 더 강한 반대 성격의 습관을 자발적으로 채택하는 과정을 겪으면 가능합니다. 예를 들어 많은 사람이 가진 자꾸 미루는 습관은 충분히 강한 동기를 바탕으로 신속하게 일을 추진하는 행동 습관을 형성한다면 극복할 수 있습니다. 이때 새로운 습관이 자동적으로 작동할 때까지 마음속에서 지배적인 영향을 미치도록 하는 것이 중요합니다.

동기와 습관은 쌍둥이 형제입니다. 자발적으로 받아들인 습관은 거의 모두 명확한 동기나 목표가 낳은 결과입니다. 우리는 충분한 자제력으로 좋은 습관은 무엇이든 키울 수 있으며, 나쁜 습관은 무엇이든 없앨 수 있습니다. 자발적으로 습관을 받아들이고 고정하지 않더라도 의식적인 도움 없이 습관이 형성되기도 합니다. 대개의 나쁜 습관이 이런 방식으로 생겨납니다.

힐: 습관을 의도적으로 만든다면 자제력이 꼭 필요한 도구겠네요.

카네기: 그렇습니다. 자제력과 조직적 사고는 동의어나 마찬가지입니다. 엄격한 자제력이 없다면 조직적 사고도 있을 수 없습니다. 사실 조직적 사고란 다름 아닌 신중하게 선택된 생각입니다. 사고 습관은 엄격한 자제력을 통해서만 형성되고, 동기나 강렬한 열망이 있으면 자제력을 발휘하기가 수월합니다. 명확한 동기가 있고, 목표를 달성하겠다는 강렬한 열망이 있다면 사고 습관을 형성하는 일은 전혀 어렵지 않습니다.

힐: 개인적으로 관심이 많은 주제와 관련된 사고 습관을 형성하는 일이 쉽다는 뜻입니까?

카네기: 바로 그렇습니다. 미루는 사람은 특별히 무언가를 하려는 강한 동기가 없기 때문에 평생 실패를 거듭합니다. 그런 사람은 계획이 필요한 구체적인 작업을 시도하지 않으니 조직적 사고도 할 수 없습니다.

힐: 자신의 시간과 능력을 십분 활용하고 싶은 사람의 관점에서 조직적 사고의 주요 이점을 간략하게 설명해 주시겠습니까?

카네기: 너무 많아서 어디서부터 시작해야 할지, 아니면 어디에서 끝내야 할지 어렵지만, 조직적 사고 습관이 가진 뚜렷한 이점 몇 가지는 분명히 말할 수 있겠습니다.

조직적 사고 습관의 이점

1. 조직적으로 사고하며 상황에 따라 감정을 껐다 켰다 할 수 있게 의지력을 훈련한다면 자기 마음의 주인이 될 수 있습니다.

2. 명확한 핵심 목표를 가지고 일하므로 미루기를 방지하는 습관이 생깁니다.

3. 되든 안 되든 운에 맡기는 식으로 무작정 덤벼 실수를 저지르는 대신 명확한 계획을 세워 일하는 습관을 키우게 됩니다.

4. '부랑자 같은' 생각과 환경이 주는 파괴적인 영향력에 잠재의식이 수동적으로 반응하도록 방치하는 대신 바라는 목표를 달성하는 과정에서 잠재의식이 더 훌륭한 행동이나 더 준비된 반응을 하도록 자극할 수 있습니다.

5. 자립심을 키워줍니다.

6. 모든 유능한 사상가가 명확한 핵심 목표를 위해 사용했던 중요한 수단인 마스터 마인드를 통해 타인의 지식, 경험, 교육이 가진 장점을 활용할 수 있습니다.

7. 조직적인 마음은 조직적이지 않은 마음보다 더 많은 것을 생산할 수 있기 때문에 같은 노력이라도 더 큰 물질적 자원과 소득으로 전환할 수 있습니다.

8. 정확히 분석하는 습관을 키워 문제를 걱정하기보다 해법을 찾을 수 있게 해줍니다.

9. 목표 달성을 향해 조직된 정신력은 자기연민이나 망상으로 시간을 낭비할 틈을 주지 않으므로 건강을 유지하는 데도 도움이 됩니다. 게으른 마음은 몸을 병들게 합니다.

10. 조직적 사고는 자기 마음의 주인이 되는 사람만 알 수 있는 영구적인 행복과 마음의 평화로 안내합니다. 시간을 잘 활용하기 위해 '프로그램'을 짜지 않은 사람이 행복해지거나 성공할 수는 없습니다. 이 계획된 프로그램은 조직적 사고에 기반합니다.

앞서 언급한 대로 뇌는 쓸모 있는 작물이 자라도록 계속 바쁘게 정리하고 유지하지 않으면 금방 잡초가 왕성하게 자라는 '풍요로운 정원'과 같습니다. 여기서 잡초는 일상의 환경이 초래한 결과로, 정리되지 않아 게을러진 마음을 점령하는 흐트러진 생각을 의미합니다.

조직적 사고의 이점들을 자세히 살펴보면 결과적으로 모든 이점이 사고 습관을 조직하는 데 들인 노력에 대한 충분한 보상이 됩니다. 이러한 이점들이 결국 성공과 실패의 차이를 만듭니다. 성공은 질서 있는 삶의 결과물입니다. 질서 있는 삶은 조직적 사고와 신중하게 통제된 습관을 통해 얻을 수 있습니다.

힐: 말씀을 듣고 보니 일과 조직적 사고가 본질적으로 연결되어 있다는 생각이 드네요.

카네기: 조직적 사고의 일환으로 일을 대체할 수 있는 것은 어디에도 없습니다. 알다시피 일은 사고력이 신체 행동으로 전환된 것입니다. 조직적 사고가 어떤 형태의 행동으로 표현되기 전까지는 결코 습관이 될 수 없습니다.

♦ 좋아하는 일은 유능한 사람을 만든다

힐: 조직적 사고는 명확한 핵심 목표를 받아들이면서 시작되고, 그 목표에 맞는 계획을 가지고 행동이 습관이 될 때까지 행동으로 표현해야 한다고 하셨습니다. 그렇다면 싫어하는 일을 해야 할 때도 좋아하는 일을 할 때만큼 효과적으로 계획을 실천할 수 있습니까?

카네기: 사람은 가장 좋아하는 일을 할 때 좀 더 유능해집니다. 명확한 핵심 목표를 스스로 직접 선정해야 하는 이유입니다. 단지 먹고살기 위해 좋아하지 않는 일을 하며 정처 없이 떠도는 인생을 사는 사람들은 일을 해도 생계를 유지하는 수준 그 이상으로 벌 수 없습니다. 당연히 강렬한 열망을 가지고 서비스를 제공할 수도 없을 것입니다. 모든 사람이 각자 자기가 좋아하는 일을 할 수 있는 방법을 찾아내지 못했다는 사실은 오늘날 문명의 비극입니다.

힐: 그렇다면 조직된 사고는 명확한 동기로 행동하고 자신의 선택에 따라 일하면서 그 일을 강렬한 열망으로 전환할 때 가장 잘 이루어진다고 말할 수 있겠네요.

카네기: 그것도 한 가지 설명 방식이 될 수 있습니다. 성공한 사람과 실패한 사람을 분석해 보면 성공한 사람은 늘 자신이 좋아하는 일을 했습니다. 시간은 그들에게 아무 의미가 없었습니다. 그들은 노동의 즐거움을 가장 중요한 보상이라 여겼기 때문입니다.

힐: 질서 있는 사회가 되면 누구나 자신이 가장 좋아하는 일을 하게 되리라 생각하십니까?

카네기: 그렇습니다. 저는 그런 때가 오리라 생각합니다. 그런 시스템은 경제적이고, 고용 관계에서 팽배한 오해도 대부분 없애줄 수 있습니다. 자신이 선택한 일에 종사하는 것은 임금의 액수와 상관없이 좋아하지 않는 일을 하는 것보다 훨씬 더 가치가 있습니다.

힐: 모든 노동자를 가장 좋아하는 업무에 배정할 방법을 찾는 것은 고용주의 책임 아닐까요?

카네기: 어쩌면 그럴 수도 있겠지만 현재 산업 시스템에서는 쉬운 일이 아닙니다. 알다시피 한 사업이나 산업에서 업무별로 오직 정해진 수

의 일자리만이 파생됩니다. 그리고 일반적으로 사람들이 좋아하는 일자리 수는 무척 적습니다. 이 문제를 해결하려면 더 개선된 고용 시스템이 필요합니다. 그런 시스템에서는 고용주가 노동자의 타고난 능력, 훈련, 일에 대한 선호를 감안해 각각의 일자리에 맞는 사람들을 선별할 수 있을 것입니다.

기존과 다른 보상 시스템도 필요합니다. 기피하는 일을 할 때 보수를 더 받을 수 있는 기회를 줌으로써 그런 일을 더 열심히 할 동기를 제공하는 시스템 말입니다.

힐: 이 주제를 분석하니 바로 심연으로 빠지는군요. 이 문제는 개인이 스스로 선택한 일을 수행할 수 있도록 준비시키는 교육 시스템을 통해 해결해야 할 것 같습니다. 그렇게 되면 모든 교육 기관은 특정한 일자리에 적합한 인력이 너무 많아지거나 너무 적어지지 않도록 조율해야 할 것입니다. 또한 분야별로 필요한 인력 규모를 판단할 수 있도록 산업별·기업별·직업별 정기적인 설문조사가 실시되어야 할 것입니다.

카네기: 그렇습니다. 시스템은 그런 방식으로 운영되어야 합니다. 현재 학교들은 여러 전문직에서 많은 수의 인력을 양산하고 있습니다. 그 결과 일부는 생계를 유지하는 데 어려움을 겪기도 합니다.

힐: 카네기 씨의 분석을 들으니 교육계에 종사하는 사람과 산업계 지도자, 기업 경영인부터 조직적 사고를 시작해야 할 것 같네요.

카네기: 그런 사람들부터 조직적 사고를 시작해야 하는 것이 맞지만, 조직적 사고 습관은 개인의 책임이기도 합니다. 이 책임을 소홀히 한 사람은 삶에서 그 대가를 감수해야 합니다. 인생에서 더 나은 것들은 항상 조직적 사고 습관을 형성한 사람에게 돌아갑니다. 늘 그래 왔고 앞으로도 그럴 것입니다. 건설적인 사고는 다른 사람에게 넘길 수 없는 각자의 책임입니다.

한계는 스스로 규정한 것일 뿐

힐: 조직적 사고가 개인의 책임일지라도 개인이 사고를 조직할 수 있는 능력을 습득하는 출발점이 있을 듯합니다. 조직적으로 사고할 때 길잡이로 삼을 수 있는 지침이 필요한데, 몇 가지 간단한 규칙을 제시해주시겠습니까?

카네기: 정확하게 조직적으로 사고하는 사람이 되려면 먼저 우리가 생각할 때 사용하는 힘이 '멘탈 다이너마이트'라는 사실을 인식해야 합니다. 멘탈 다이너마이트는 명확한 목표 달성을 위해 건설적으로 조직하여 사용할 수 있습니다. 하지만 통제된 습관을 바탕으로 조직해서 사용하지 않으면 말 그대로 그저 '정신적 폭탄'이 되어 성취에 대한 희망을 날려버리고 필연적인 실패로 이끌 수 있습니다.

다른 방식으로 말하자면 생각하는 힘은 무한한 지성의 일부입니다. 모든 사람은 자신이 선택한 목표를 달성하기 위해 이 힘을 사용할 수 있는 특권을 부여받았습니다. 이 힘을 사용하고 통제하는 수단이 자발적인 습관입니다. 우리는 무한한 지성을 통제할 수 없지만 자신의 정신적·신체적 습관은 통제할 수 있기에 간접적으로 무한한 지성을 사용할 수 있습니다. 무한한 지성이 습관을 고정하여 영구적으로 그 습관이 저절로 작동하게끔 만들기 때문입니다.

다음으로 정확하게 사고하려면 신뢰할 만한 정보의 원천을 이용하는 법을 배워야 합니다. 즉 조직적 사고와 관련해 믿을 만한 사실을 어디서 얻어야 하는지 알아야 합니다. 사실의 정확한 출처 대신 막연한 추측과 소망적 사고(대부분이 가장 흔하게 이용하는 정보의 원천)에 의지해서는 절대 안 됩니다.

여기서 마스터 마인드가 필요합니다. 이 원칙을 적용하면 다른 모든 사람의 지식, 교육, 경험, 타고난 능력으로 자신의 지식을 보완할 수 있습니다. 성공한 재계 및 산업계 지도자들처럼 마스터 마인드 구성원들을 현명하게 선택하면 학교 교육과 경험이 제공하는 가장 신뢰할 만한 지식의 원천을 손에 넣을 수 있습니다. 사고하고 계획하고 조직하는 일에서 개인은 자신의 두뇌뿐만 아니라 마스터 마인드 구성원들의 두뇌까지 길잡이로 삼을 수 있습니다.

조직적 사고를 위해 마스터 마인드를 결성하는 것이 중요한 단계임은 부정할 수 없습니다. 성공한 인물 모두 어떤 식으로든 지식을 자유롭게 끌어올 수 있는 사람들과 손잡았다는 사실이 바로 그 증거입니다. 하나의 두뇌만으로는 결코 완전할 수 없습니다. 그렇기 때문에 그런 연대가 없다면(제아무리 유능하다 할지라도) 효과적으로 조직적 사고를 할 수 없습니다.

우리가 배우자를 '반쪽'이라고 표현하는 것도 이러한 진실을 은연중에 표현하는 것입니다. 이성과 조화로운 연대를 맺지 않고서는 완전할 수 없습니다.

그러므로 모든 남성은 마스터 마인드 그룹에 적어도 한 명 이상의 여성을 포함해야 합니다. 남성과 여성의 마음이 조화롭게 결합하면 개별적으로 작동할 때보다 '영적인 힘'을 훨씬 더 많이 포착하고 이용할 수 있습니다. 이 진실을 놓치는 사람은 마음의 잠재력을 잃게 되며, 그것은 일단 한번 잃어버리면 다시 가질 수 없습니다. 영적인 힘을 대신할 것은 없으니 말입니다.

'영적인 힘'이 실제로 무엇인지 당신에게 설명하기 힘들지만, 간단히 말해 우리가 '영적이다'라고 묘사하는 느낌이 없을 때 이용할 수 있는 것보다 무한한 지성을 통해 이용할 수 있는 것이 훨씬 더 많은 상태라고 추측해 봅니다. 사랑과 신뢰처럼 희열을 더 크게 느끼도록 고양시키는 감정이 있습니다. 마음이 이 자극을 받는 동안 상상력은 더 깨어나고, 말은 뚜렷한 인상을 남기며, 자석 같은 영향력을 띠게 됩니다. 더불어 두려움과 스스로 정한 한계가 사라지며 순전히 열정과 단순한 소망으로만 자극받을 때는 시작할 생각조차 못했던 과업에도 과감히 착수할 수 있게 됩니다.

힐: 그렇다면 마스터 마인드 원칙에 따라 타인과 관계를 맺으면 마음의 일반적인 작용을 뛰어넘어 영적인 힘이 인도하는 대로 따라갈 수 있다는 뜻입니까? 그리고 이 역시 조직적 사고의 일환입니까?

카네기: 맞습니다. '조직적 사고'라는 용어는 그 두 단어가 함축하는 것 모두를 의미합니다. 즉 세상에 알려진 모든 장점과 마음의 자극 그리고 정확한 지식의 원천, 더불어 타고난 능력이든 습득한 능력이든 개인의 능력이든 타인의 마음을 활용할 수 있는 능력이든 가장 고차원적인 능력을 토대로 사고하는 것을 말합니다.

힐: 가벼운 표현일지 모르지만 방금 하신 말씀을 들으니 조직적 사고를 하는 사람처럼 탁월한 능력을 가진 사람은 일종의 '슈퍼맨'이 아닐까 하는 생각이 드네요.

카네기: 솔직히 말하자면 맞는 말입니다. 마침내 제가 하려는 말의 모든 의미를 제대로 이해했다니 기쁩니다. 간단히 말해 사고의 힘은 무적입니다. 사고의 힘이 가진 가능성을 이해하지 못해서든 혹은 이 힘을 조직하고 이용하고 공급하는 방법을 알지 못해서든 스스로 머릿속으로 정한 한계를 제외하고 우리에게는 그 어떤 한계도 없습니다.

♦ 습관으로 표현된
생각의 결과

힐: 조직적 사고에 관해 많은 지식을 습득했으나 남보다 앞서기 위해 그 힘을 부당하게 사용하는 사람은 어떻습니까? 자기 마음을 사용할 줄 아는 능력은 탁월할지 몰라도 타인에 대한 도덕적 의무감이 부족한 사람들이 있다는 사실을 감안한다면 사람들에게 슈퍼맨이 되는 법을 가르치는 데 어떤 위험이 따르지는 않습니까?

카네기: 신은 그런 상황을 예상하여 타인에게 피해를 주거나 파괴하기 위해 마음의 힘을 사용하는 사람은 조만간 그 힘을 잃고 자멸한다는 사실을 보여주었습니다. 또한 아주 현명하게도 이런 힘이 신체적 유전을 통해 한 사람에게서 다른 사람에게로 전달될 수 없게끔 했습니다. 그러니 개인이 이 힘을 스스로 직접 획득하지 않으면 이 힘에서 얻는 특권을 누릴 수 없습니다.

역사 속에서 세계를 정복하려는 사람들의 기록을 살펴보고 그들이 어떤 일을 겪었는지 보십시오. 네로 황제, 알렉산더 대왕, 율리우스 카이사르, 나폴레옹 보나파르트 등 결단력을 지닌 사람은 전 세계를 지배하려는 목표에서 큰 진전을 거두었습니다. 하지만 그 누구도 목표를 완벽히 달성하지 못했고, 아무도 자신의 업적을 유지할 수단을 추종자들에게 전달하지 못했습니다. 그 대신 이기적인 지도자들은 추종자들에게 그들이 쌓은 모든 것을 무너뜨리는 저주를 남겨주었습니다.

어느 시대, 어느 곳이든 이 원칙을 적용해 보면 같은 결과를 낳았음을 알 수 있습니다. 마음의 힘을 이롭게 사용한 사람들이 거둔 업적만이 역사에 남았습니다. 가령 예수가 이룬 업적을 보면 생전에 기독교의 영향력은 미미했지만, 지금까지 살아남아 확산되어 이제는 세계 곳곳에서 명실공히 인정받고 있습니다.

그러니 마음의 힘을 타인에게 해를 끼치는 쪽으로 사용하는 사람에 대한 걱정은 하지 않아도 됩니다. 운명은 뿌린 대로 거두는 것입니다. 그런 악인이 바로 제거되지 않는다 해도 평균적으로 인간이 사는 70년 안에는 제거됩니다. 시대에 따라 때로는 부침을 반복할 수 있지만 크게 보면 문명은 항상 발전하고 있습니다. 현명한 사람은 이 진실을 알고 그에 맞게 적용합니다.

힐: 방금 하신 말씀에 동의합니다. 하지만 현명한 사람이 너무도 적습니다. 이 세상에는 타인과 이로운 방식으로 맺는 관계의 장점을 깨닫지 못한 사람이 너무 많습니다. 또 이를 완전히 무시한 채 자신이 대단히 똑똑해서 자신만의 삶의 규칙에 따라 살 수 있다고 굳게 믿는 사람도 무척 많아 보입니다.

이런 사람들은 어떻게 해야 합니까? 훌륭한 인간관계의 규칙에 순응하도록 가르치거나 강요해야 합니까?

카네기: 그런 사람들을 강제로 순응하게 만들 수는 있습니다. 실제로 인간이 만든 법은 모두 제약 수단이 필요하다는 인식의 증거입니다. 만

일 모두가 자연법칙을 이해하고 지킨다면 인간이 만든 법칙은 필요하지 않을 것입니다. 하지만 힘만으로는 자연법칙을 이해시킬 수 없습니다. 그래서 반드시 교육도 필요합니다. 당신에게 성공철학을 정립해 달라고 한 이유입니다.

이 철학에서는 개인적 이익을 약속하는 형태로 필요한 동기와 유인을 제공하여 사람들이 자발적으로 그리고 자유의지로 이 철학을 적용하도록 영향을 미칠 수 있습니다. 이러한 노력은 강제로 이루어지는 것보다 훨씬 효과적입니다. 사람들은 자신이 하고 싶은 일을 할 때 가장 잘합니다.

힐: 무슨 뜻인지 알겠습니다. 강제로 인간관계의 규칙을 따르게 하는 것보다 그렇게 하게끔 가르치는 것이 타인뿐만 아니라 자신에게도 더 좋다는 말씀이지요?

카네기: 바로 그것입니다. 가령 자녀를 양육할 때도 무언가를 강요하기보다 아이가 그것을 하도록 유도하는 편이 훨씬 좋습니다. 이러한 원리를 이해한 부모들은 아이가 해로운 짓을 하지 못하게 강요하는 대신, 자신에게 도움이 되고 타인에게 해가 되지 않는 것에 관심을 두도록 유도합니다.

어찌 보면 성인도 아이와 비슷합니다. 우리도 어떤 영향을 받아 하고 싶어진 것을 할 때 최선을 다하기 때문입니다. 아울러 무엇이든 하도록 강제하거나 혹은 하지 못하게 강요받을 때 분개합니다. 이것은 타고난 인간 본성이어서 나이와 상관없이 모두에게 존재합니다.

누구나 자발적으로 행동할 자유를 원합니다. 이 자유를 없애면 정신적·영적 성장이 더뎌집니다. 개인의 진취성에 대한 욕구를 파괴하는 것은 재정적 성취를 파괴하는 것입니다.

미국인들이 전 세계에서 가장 높은 생활수준을 향유하는 것은 사실입니다. 이와 더불어 자기 결정권을 가지려는 그들의 타고난 성향 덕분에 미국이 뛰어나다는 사실과 여느 나라 국민보다 더 많은 자유를 누릴 수 있다는 것도 함께 고려해 보십시오. 미국의 자유 기업 시스템은 스스로의 노력을 바탕으로 인간을 성장시키고자 하는 자연의 계획에 가장 가까운 방법입니다.

힐: 조직적 사고와 있는 그대로의 자유로운 진취성이라는 특권은 서로 밀접하게 관련되어 있습니까?

카네기: 맞습니다. 조직적 사고는 조직적 행동 계획을 통해 표현되어야 합니다. 수동적으로 생각한다면 정신적·영적으로 성장할 수 없습니다. 성장은 자발적으로 습득하고 명확하게 통제되는 행동 습관을 통해 표현된 생각의 결과입니다.

힐: 그렇다면 그것이 바로 이론적 지식을 실제로 적용해 본 사람이 이론만 아는 사람보다 더 유능한 이유입니까?

카네기: 정곡을 찌른 분석입니다. 가장 뛰어난 능력은 명확하게 조직된 행동으로 표현되는 건전한 이론에 기초합니다. 그렇기 때문에 대졸자들은 학교 교육에서 얻은 지식을 적용하는 실무 경험을 쌓아야 유능해질 수 있습니다.

힐: 그렇다면 사고란 지식과 그 지식을 표현하는 조직화된 행동의 결합이라고 할 수 있습니까?

카네기: 바로 그렇습니다. 지식은 조직적 행동으로 표현될 때까지 아무런 가치가 없습니다. '책으로만 배운' 사람이 정작 지식을 적용할 때는 실용적이지 못한 것도 이 때문입니다.

힐: 하지만 책으로 배우는 것도 도움이 되지 않습니까?

카네기: 그렇습니다. 책을 통한 배움은 교육의 기초로, 반드시 필요합니다. 하지만 그것은 오직 기초일 뿐입니다. '교육받은' 사람은 지식과 지식의 표현을 결합해서 마음을 계발한 사람입니다. 그는 원하는 바를 얻기 위한 요건을 충족시키고자 상황을 바꿀 수 있습니다. 이런 능력은 이론과 실천으로 구성되지만, 후자의 비중이 큽니다.

공학에 관한 모든 책을 읽을 수는 있지만 이론적 지식을 실용적 경험과 결합하기 전까지는 도면을 그리고 교량을 건설할 수는 없습니다. 물론 이론상 교량을 건설할 수야 있겠지만 그렇게 세운 교량이 얼마나 튼튼할지는 장담할 수 없습니다. 그러나 실용적인 엔지니어는 교량이 얼마큼의 하중을 견딜 수 있는지 정확히 알고 교량의 건설을 감독하기 때문에 그가 만든 교량은 믿고 건널 수 있습니다.

힐: 독서만으로 유능한 영업 사원이 될 수는 없습니까?

카네기: 이론과 실무를 결합하라는 원칙은 교량 건설과 마찬가지로 영업 기술에도 적용됩니다. 이 원칙은 기본입니다. 따라서 조직적 사고에 반드시 필요합니다. 법학, 치의학, 의학 같은 분야에서 학위를 받았다고 해서 유능한 변호사, 치과의사, 의사가 되지는 않습니다. 유능해지려면 학교에서 배운 이론을 실제 경험에 적용할 수 있어야 하며 다른 방법은 없습니다.

인류 역사상 '경험'이라는 오래된 명문 대학교에 맞먹는 학교는 없으며, 이곳에서는 '남의 것을 베끼는 일'이 불가능합니다. 실력으로 졸업하거나 아예 졸업을 못 하거나 둘 중 하나입니다. 부정행위도 불가능합니다. 이 학교의 교사는 바로 나 자신입니다. '경험대학교'에 입학하면 마침내 상품이 명확하게 표시된 카운터 앞에 서게 되는데, 그때는 판매자이자 구매자가 됩니다. 원하는 상품을 얻으려면 인생이 정한 대가를 치러야 합니다.

⚘ 준비되지 않았다는
핑계

힐: 말씀하신 조직적 사고에 관한 모든 설명을 고려할 때 두 가지 결론에 도달했습니다. 조직적 사고는 명확하게 통제된 습관을 통해 마음의 능력과 신체 간의 조화로 계발되고, 명확한 핵심 목표 달성을 위해 마스터 마인드 원칙에 따라 구성원과의 조화로 계발된다는 것입니다.

카네기: 그 설명은 조직적 사고의 작동 원리에 아주 가깝습니다. 한 가지 놓친 것이 있다면 바로 실행의 필요성입니다. 이것을 강조해야 합니다. 조직적 사고가 마음의 능력과 생각을 표현하는 신체적 수단의 조화로 시작된다는 말은 옳습니다.

하지만 기술과 완벽성은 행동 습관을 명확하게 통제하고 고도로 계발해야지만 달성된다는 사실을 잊지 말아야 합니다. 이 점을 거듭 강조하게 되는데, 당신이 이해하지 못했다고 생각해서가 아닙니다. 사람들이 행동의 중요성을 인식하기까지 얼마나 오래 걸리는지 수천 명을 통해 알게 되었기 때문입니다.

'행동을 의식하지' 않으면 조직적으로 사고할 수 없습니다. 하루 종일 생각할 수는 있지만 행동으로 옮기지 않으면 백일몽에 지나지 않습니다. 이론을 정립할 수는 있으나, 교량을 건설하거나 어떠한 실용적인 서비스를 행하는 법도 깨우치지 못할 것입니다. 바로 이 지점에서 많은 사람이 스스로를 속이며 자신이 '생각하는 존재'라고 믿습니다. 저는 사람들이 "이것저것 생각해 보았지만 지금까지 방법은 못 찾았어"라고 말하는 것을 자주 들었습니다. 그들은 생각에서 한 가지 중요한 요인을 빠뜨렸습니다. 바로 실행입니다.

만일 무언가를 하고 싶다면 준비하는 일에 매몰되지 말고 그 자리에서 당장 시작하여 실천에 옮기십시오.

이렇게 질문할 수도 있습니다.

"어떤 도구를 사용해야 할까요?" "필요한 자금은 어디서 구하나요?" "누가 저를 도와줄까요?"

대답해 보자면 무언가 가치 있는 일을 이루는 사람들은 항상 필요한 것을 모두 손에 넣기 전에 이미 시작합니다. 저 역시 무엇이든 완전히 준비된 상태에서 시작한 적이 없습니다. 그런 사람이 과연 있을지도 의문입니다. 주어진 상황에서 무언가를 시작하고 모든 수단을 동원해서 최선을 다하면 조만간 목표 달성을 도와줄 더 좋은 수단을 발견한다는 것이 '기묘한 현상' 가운데 하나입니다. 신기하게도 이런 사람은 그런 도구를 마음대로 사용할 수 있습니다.

아직 준비되지 않았다는 말은 대개 자신을 속이는 변명에 불과합니다. 당신 또한 세계 최초로 가장 실용적인 성공철학을 정립하는 일에 착수할 준비가 되어 있지 않았습니다. 학교를 더 다녀야 했고, 20년간 무보수로 연구하기 위한 금전적인 지원이 필요했습니다. 연륜과 성숙한 사고, 여러 분야에서의 실용적인 경험도 필요했습니다. 세상에 신뢰할 만한 성공철학을 제시하기 전까지 당신에게는 많은 것이 필요했습니다. 하지만 제가 그런 철학을 정립할 기회를 주었을 때 당신은 어떻게 했습니까? 당신은 그 제안을 듣고 29초 만에 기회를 잡았고, 그 일에 바로 착수했습니다. 죽음 외에 어떤 것도 당신이 이 일을 끝내는 것을 막을 수 없다는 데 제 목숨을 걸겠습니다. 자신에게 기회가 주어졌을 때 바로 시작하는 사람은 대개 자신이 하고 싶은 일을 완수할 방법도 기어이 찾아내고야 맙니다.

저는 아이디어나 기회에 대한 사람들의 반응 속도를 재기 위해 책상에 시계를 두고 있습니다. 이 시계는 제가 스스로 발전할 기회를 준 수백 명의 운명을 알려주었습니다. 시계는 절대 거짓말하지 않습니다. 결정을 내리는 데 필요한 모든 정보를 제공했을 때 그 사람이 결심하기까지 얼마나 걸리는지, 얼마나 신속하게 행동하는지를 정확히 말해줍니다. 당신의 반응 속도는 29초였습니다. 만일 당신이 답하기까지 31초가 더 걸렸다면 기회를 잃었을 것입니다. 전에 말한 대로 당신이 '네 혹은 아니요'로 답할 수 있는 시간을 60초만 주었으니까요. 의도적으로 당신에게 아주 짧은 시간 안에 결정하게 했습니다. 그 일을 하려면 아주 많은 '끈기'가 필요하기 때문입니다. 경험상 한 사람의 인내력, 즉 '끈기'의 질은 어떤 일을 하기로 마음먹을 때 걸리는 반응 속도에 정확히 비례합니다.

힐: 설명을 듣고 보니 조직적 사고를 하려면 실천뿐만 아니라 단호한 결정력도 필요하군요.

카네기: 제아무리 길다고 해도 인생은 짧습니다. 시간은 화살처럼 쏜살같이 흘러갑니다. 모든 주제에서 항상 신속하고 명확한 의사결정을 내

리는 습관을 들이는 것도 자제력의 중요한 부분입니다. 머뭇머뭇하는 사람은 결정을 내리는 데 필요한 모든 정보가 눈앞에 있어도 절대 결정하지 못하며, 신속하게 사고하는 사람들보다 뒤처집니다. 이것이 성공한 사람과 실패한 사람을 가르는 차이입니다. 성공한 사람이 때때로 실패한 사람보다 능력, 교육, 경험 면에서 뒤처질 수 있지만 단 하나는 우세한데, 실패한 사람보다 더 많이 실행합니다.

힐: 성공은 교육보다 올바른 마음가짐의 문제라는 생각이 점점 더 강하게 드네요.

카네기: 그것이 제가 하고 싶은 말입니다. 평생 받을 수 있는 교육을 다 받아도 명확하고 결단력 있는 행동을 하지 못하면 소용이 없습니다. 만일 누군가의 생각이 그런 행동으로 옮겨 가지 못한다면 그는 조직적 사고를 하지 않는 것이 분명합니다.

조직적 사고는 댐의 물과 같습니다. 바퀴를 향해 흐르도록 끌어온 물만이 유용합니다. 댐 아래로 목표 없이 마구 쏟아지는 물은 바퀴를 움직이지 못하며 어떠한 서비스도 수행하지 못합니다. 그저 정처 없이 흘러 바다로 다시 돌아갈 뿐입니다.

모든 사람은 생각의 저장소를 가지고 있지만 대부분은 백일몽으로 이 힘이 흩어지게 방치합니다. 시간을 들여 그것이 명확한 핵심 목표를 향하도록 동원하지 않습니다. 댐 아래로 쏟아져 내리는 물처럼 어떤 유용한 서비스도 제공하지 못한 채 그 힘을 분산시키고 맙니다.

✦ 조직적 사고에
영향을 미치는 조건

힐: 사고력을 활용하는 법을 아는 사람이 왜 그리 적을까요? 조직적 사고에 관한 말씀에서 딱히 어려운 점은 발견하지 못했는데, 많은 사람이 자신이 필요로 하거나 원하는 것을 가져다줄 수 있는 힘을 사용하지 못한 채 빈곤과 고통 속에서 살아가는 어떤 근본적인 이유가 분명히 있다는 생각이 듭니다.

카네기: 주요한 이유가 딱 하나 있습니다. 한 문장으로 표현하면 명확한 핵심 목표가 없기 때문입니다. 대부분 마음의 힘을 이용하지 않고 얻을 수 있는 것만 받아들이며 인생을 표류합니다. 명확한 핵심 목표가 없다는 것은 자신이 정한 한계 중 가장 치명적인 한계입니다. 명확하고 일관되게 원하면 누구라도 그것을 얻는 방법과 수단을 발견한다는 것이 분명히 기록되어 있습니다. 실행이 끈기에서 가장 중요한 부분입니다. 제가 말하는 실행은 시작 그 자체로의 행동이자 상황이 어려울 때도 포기하지 않고 계속하는 행동이요, 일시적으로 패배했을 때 새로이 시작하는 행동입니다. 중요한 것은 행동, 행동, 행동입니다. 이 단어가 마치 한여름 내리쬐는 태양처럼 빛날 때까지 의식에 완전히 새겨 넣으십시오.

당신이 누구인지, 어떤 사람이 되는지, 무엇을 얻는지는 모두 당신이 하는 행동의 결과입니다. 생각, 교육, 지식, 타고난 능력, 기회는 행동으로 전환되지 않는 한 공허한 말에 불과합니다. 이 점을 명심하고 성공철학 전반에 걸쳐 강조하십시오. 이 철학을 공부하는 사람은 누구라도 '행동'이라는 단어를 의식에 단단히 새겨 넣게 하십시오. 성공철학 전체를 관통하는 핵심 단어입니다.

한 거대 생명보험 회사에서 최연소 직원이 영업 부서 전체를 이끌고 있었습니다. 그러나 그의 보험 판매량은 다른 영업 사원들의 4분의 1에도 미치지 못하고, 인품도 그들보다 떨어졌습니다. 게다가 생명보험에 관한 지식도 상대적으로 적었습니다. 그런데도 그가 최고의 판매 실적을 올린 단 하나의 이유는 바로 남들에게는 없는 불굴의 의지와 과감한 행동 때문이었습니다.

그가 자신의 의식을 행동으로 표현하는 방법을 살펴봅시다. 그는 영업할 때 구매자에게 잠재고객 명단을 제시하도록 유도합니다. 또한 종종 고객들과 사적으로 어울리며 친구들을 소개받기도 합니다. 그의 전부는 아닐지언정 탁월한 영업 실적은 대부분 이러한 행동에 달려 있다고 생각합니다. 보다시피 그는 고객들을 끝없는 조력자의 줄에 동참시켰습니다. 사실상 직원 명부에 이름을 올리지 않고서도 그가 실적을 올리도록 지원해 줄 사람들을 확보한 셈입니다.

힐: 왜 다른 영업 사원들은 그를 본받아 똑같이 하지 않습니까?

카네기: 그 질문에 답할 수 있다면 제 이름을 앤드루 카네기에서 솔로몬으로 바꾸고 모든 인간 문제의 해결사임을 자처하겠습니다. 저는 이 생명보험 설계사와 그의 동료뿐 아니라 제가 운영하는 조직과 관련해서

도 그 질문을 이미 숱하게 던졌습니다. 그중 일부가 가장 지위가 낮은 노동자 신분에서 시작해 책임자 자리까지 오른 일은 잘 알려진 사실입니다. 그들이 스스로의 힘으로 승진했다는 것도 모든 노동자에게 널리 알려져 있습니다. 그들의 성공에는 특단의 노력을 기울이는 원칙이 한몫했습니다. 하지만 이 간단한 방법을 사용해 자력으로 발전하기를 택한 사람은 극히 적습니다.

모든 것을 고려해 보면 결국 명확한 핵심 목표라는 원칙으로 귀결됩니다.

그 생명보험 설계사가 최고의 판매 실적을 올린 것은 그렇게 하겠다는 의지가 있었기 때문입니다. 그것이 그의 명확한 핵심 목표였고, 그 목표를 이루기 위해 부단히 노력했습니다. 다른 사원들은 그에 비해 의지력과 명확한 핵심 목표가 없었습니다. 그들 자신조차 그 이유를 설명하기 어려울 것입니다. 그들에게는 강력한 욕구가 부족했습니다. 강한 열망에 도달하지 못한 것입니다.

힐: 말씀을 듣다 보니 자제력도 성취에서 중요한 요인이라는 생각이 듭니다.

카네기: 물론입니다. 그 최고의 보험 설계사는 명확하게 수립된 행동 습관을 통해 스스로를 단련했습니다. 그는 다른 직원들이 골프를 칠 때 영업 전화를 돌렸고, 다른 직원들이 자는 동안에 보험을 판매했습니다. 시간 계획을 명확하게 짜고 엄격한 자제력으로 계획을 따랐습니다.

그를 직접 만난 적은 없지만 그에 관한 중요한 사실은 말씀드릴 수 있습니다. 그는 생명보험 영업이라는 일을 강박 수준으로 끌어올렸습니다. 그의 잠재의식은 그가 자는 동안에도 보험을 영업하고 있으리라 확신합니다. 그가 늦은 밤 자다 일어나 '잠재고객'에게 전화를 걸어 다음 날 아침에 고객을 회의 장소에까지 모시고 갈 특권을 누려도 되는지 물었다는 일화를 전해 들었습니다. 생명보험에 관한 이야기는 한마디도 하지 않았지만, 궁극적인 목표를 명확하게 마음속에 품고 있었습니다. 잠재고객에게 호의를 베푼 일은 그가 보험을 영업하기 위한 명확한 계획의 첫 단계에 불과합니다. 사람이 이런 강박을 마음에 품으면 잠재의식이 그 강박을 채택해서 물리적 현실로 전환하는 일을 돕습니다.

힐: 강박적인 열망도 조직적 사고의 중요한 일부입니까?

카네기: 그렇습니다. 행동을 시작하고 계속 유지시키는 역할을 하는 아주 중요한 부분입니다. 자신이 바라는 일을 할 때는 어려움이 없습니다. 강박적인 열망은 예상치 못한 비상사태로 패배를 마주하게 될 때 그를 구하고, 자신감을 잃지 않고 새롭게 시작할 수 있도록 돕습니다. 아울러 미루는 습관에 굴복하지 않도록 계속 움직이게 합니다. 강박적인 열망을 가지면 일할 때 지루함과 단조로움을 느끼지 못합니다.

힐: 이 문제는 다시 동기에 기반한 '마음가짐' 문제로 돌아가는군요. 강박적인 열망은 명확한 동기가 있어야 가질 수 있는 마음가짐입니까?

카네기: 완벽한 설명입니다. '마음가짐'은 개인이 어느 시점에 가지는 감정의 총량을 나타냅니다. 자제력을 통해 그가 느끼는 감정 가운데 무엇을 완전히 표현하고, 무엇을 변형시켜 조절하고 통제해서 방향을 재설정할지 결정할 수 있습니다. 마음가짐은 명확한 동기에 기초하여 확립된 습관으로 통제됩니다. 여기서 다시 행동의 문제가 등장합니다. 마음가짐을 통제하는 습관은 신체적 행동을 통해 감정을 적절하게 표현해야만 생길 수 있습니다.

힐: 야심이 없고 상상력도 별로인 사람은 어떻게 이런 취약점을 극복할 수 있습니까?

카네기: 의식했는지 모르겠지만 그 질문은 많은 사람이 처한 실제 상황을 묘사합니다. 야심 부족은 흔히 실패의 최우선 원인으로 손꼽힙니다. 야심이 부족한 사람은 충분한 야망으로 불타올라 자신이 가지지 못한 것을 원하게 되기 전까지는 성공할 가망이 없습니다. 우리가 수차례 말했듯이 명확한 동기에 기초한 열망이야말로 모든 성취의 출발점입니다. 여기서 전에 언급하지 않은 중요한 사실을 강조하고 싶습니다. 바로 모든 성공한 사람은 대개 자신이 성공한 이유를, 살면서 어디선가 마주친 다른 누군가의 영향 덕분이라고 말했다는 것입니다.

가령 당신을 한번 봅시다. 처음에 당신은 제 업적에 관한 이야기를 쓰기 위해 저를 인터뷰하러 왔습니다. 그런데 저는 인터뷰를 다 끝내기도 전에 당신이 변호사가 되려던 인생 계획을 바꾸어 이 세상에 성공철학을 제시하도록 당신에게 영향을 주었습니다.

마찬가지로 모든 성공한 사람은 상상력을 자극하여 그에게 강박적인 아이디어를 심어주는 누군가의 영향을 받습니다. 때로 이 외부에 있는 영감의 원천은 독서를 통해서도 얻을 수 있습니다. 항상 모든 성공한 인물의 삶에는 전환점이 있기 마련이며, 이 전환점에서 그는 타인의 영향을 받아 더 높고 고귀한 목표로 마음을 채웁니다.

대개 성공한 인물들은 영감의 최초 원천이 무엇이었는지 잊어버립니다. 세상이 그들의 성취를 온전히 스스로 이루었다고 믿게 만들고 싶기 때문입니다.

힐: 아주 새로운 생각이군요. 하지만 타당한 관점으로 보입니다. 그렇다면 더 높고 고귀한 목표를 가지도록 영감을 주는 사람들과 가까이 지내려는 의도적 노력이 조직적 사고의 중요한 부분이지 않습니까?

카네기: 맞습니다. 현명한 사람은 어떠한 보탬도 되지 못하는 사람이나 어떤 식으로든 가치 있는 무언가를 줄 수 없는 사람과 어울리며 시간을 낭비하지 않습니다. 물론 사적인 인간관계는 중요합니다. 누구나 가깝게 어울리는 사람들의 철학, 인성, 마음가짐을 닮아가게 마련이기 때문입니다. 앞서 말한 대로 이것을 관장하는 자연법칙도 있습니다.

힐: 이와 똑같은 규칙에 따라 부정적인 마음가짐과 같은 파괴적 특성도 타인과의 교류에서 얻게 되지 않습니까?

카네기: 맞습니다. 어떤 청년이 심각한 문제에 빠졌다면 그 문제는 십중팔구 바람직하지 않은 사람들과의 관계에서 비롯된 것입니다. 인간 관계는 인생의 성공과 실패에서 매우 큰 역할을 합니다. 현명한 사람이라면 부정적인 마음을 가진 사람과 가까운 친구가 되는 일이 오염된 우물에서 물을 떠 마시는 일과 다를 바 없음을 알 것입니다. 인간의 특성은 좋든 나쁘든 전염되기 때문입니다.

힐: 조직적 사고라는 이 주제에 대한 설명을 듣다 보니 관련된 조건과 상황에 끝이 없어 보입니다.

카네기: 그렇습니다. 조직적 사고에 영향을 미치는 조건은 실제로 모든 인간 상호작용에 관여하는 사실만큼이나 많습니다. 사람들이 서로 주고받는 말과 생각은 어떤 식으로든 그들의 사고 습관에 영향을 줍니다. 고귀한 생각과 칭찬받을 만한 행동을 하도록 영감을 주는 사람과만 어울리면 당연히 생각의 본질을 개선하는 데 이롭습니다. 부주의하거나 무신경해서 부정적인 마음을 가진 사람들과 어울리면 반대의 상황이 벌어집니다.

힐: 그렇다면 이로운 대상이나 자신이 무언가 가치 있는 것을 기여할 수 있는 대상을 제외한 사람들과의 교류를 거절해도 이기적이라고 말할 수 없겠네요?

카네기: 그렇게 부를 수도 있겠지만 정당화할 수 있는 이기심입니다. 그것을 어떻게 부르든 조직적 사고를 통해 성공하려면 필수적입니다. 사람은 자신의 몸을 위해 주저 없이 최고의 음식을 찾는데, 비록 세상에 먹을거리가 없어 굶주린 사람들이 있다는 사실을 알더라도 그렇습니다. 그런데 왜 '마음이 먹을 음식'에 대해서는 덜 신경 씁니까? 이 점에 대해 착각하지 마십시오.

타인과의 교류가 미치는 모든 영향력은 당신의 마음이 먹을 정신적인 음식입니다. 저는 부랑자들이 쓰레기통에서 버려진 음식을 건지는 모습을 본 적 있지만, 부랑자가 아닌 사람들이 쓰레기통의 버려진 음식보다 그들의 '웰빙'에 훨씬 더 해로운 '음식'을 주변인들의 마음에서 가져오는 모습을 더 많이 보았습니다. 이것은 단순한 비유가 아니라 그 무엇보다도 정확한 사실입니다.

힐: 매일 만나는 사람들이라고 할 때 사업상 혹은 사교상의 동료들을 언급하시는 것입니까?

카네기: 친밀한 관계를 맺는 모든 주변인을 말합니다. 한 사람의 주변인들이 그에게 미치는 영향력 관점에서 중요도에 따라 순서를 매기면 첫째가 가족이고, 둘째가 사업상 혹은 직업상 동료이며, 셋째가 사적인 친구이고, 마지막이 오가다 알게 된 지인입니다.

인생에서 만나는 모든 인간관계 중에서 가족관계보다 더 중요한 관계는 없습니다. 대부분의 사람이 가정 내 관계의 특성에 따라 성공하거나 실패합니다. 이 관계는 한 사람의 인생에 지대한 영향력을 행사하며, 태어나면서부터 평생에 걸쳐 지속됩니다.

영리한 사람은 배우자가 목표를 높이 잡고 그것을 달성하도록 영감을 주며 실제로도 대개 그렇습니다. 자신에게 영감을 주는 건설적인 영향력을 가진 배우자를 선택한 사람은 실로 행운아입니다.

힐: 물론 사업상 혹은 직업상의 성취에서 중요한 요인인 마스터 마인드를 일부러 언급하지 않으신 것은 아니겠죠? 이들이 다른 모든 영향보다 더 중요하지 않습니까?

카네기: 사업상 성취에 관한 한 그렇습니다. 하지만 한 사람의 인생에서 전반적인 성공의 관점으로 본다면 가족관계가 중요합니다. 가족관계야말로 가장 친밀한 관계이며 가족관계에서 마음의 평화를 얻거나 잃기 때문입니다. 물론 이상적인 관계는(유부남일 경우) 아내가 남편의 마스터 마인드의 구성원이 되는 경우입니다. 아내가 마스터 마인드의 다른 구성원들과 가지는 사업상 회의에 참석하지는 못하더라도, 회의에 가기 전 남편의 '마음가짐'에 많은 영향을 줄 수 있습니다. 그런 방식으로 그에게 영향을 미치는 집단 전체에도 강력한 영향력을 행사합니다.

♦ 모든 문제에는 해법이 있다

힐: 자신의 마스터 마인드 그룹의 구성원을 잘 아는 것이 중요하다고 강조하셨습니다. 제 생각에 카네기 씨는 적을 제대로 알면 절반은 통제했다는 이론을 펼치시는 것 같습니다.

카네기: 그렇습니다. 적에 대해 많이 알면 적을 친구로 만들 가능성이 꽤 높습니다. 적이나 경쟁자를 과소평가하는 습관은 큰 출혈을 초래합니다. 조직적 사고를 할 줄 모르는 사람들이 흔히 그런 실수를 저지릅니다. 조직적 사고를 하는 사람은 그의 방앗간에 들어오는 것을 모두 찧을 수 있는 곡식으로 받아들이지만, 제분 과정에서 밀과 왕겨를 신중하게 분리합니다. 왕겨를 잘 파악해서 분리해 두면 유용하게 쓸 수 있습니다.

힐: 그 비유는 무슨 뜻입니까?

카네기: 예를 들어보겠습니다. 한때 나와 가까운 사업 파트너가 아내가 아닌 다른 여성에게 마음을 주는 바람에 가정생활이 위태로운 적이 있었습니다. 그의 아내가 제게 달려와 하소연하며 남편의 바람을 말려달라고 부탁했습니다. 저는 그에게 직접 말하는 대신 바람이 난 상대 여성을 설득하기로 했습니다.

한 달 동안 저는 그 여성에게 둘의 관계가 얼마나 부적절한지, 관계를 중단하지 않으면 제 사업 파트너가 어떤 피해를 볼지 납득시켰습니다. 자세한 사정을 일일이 말할 수 없지만 사업 파트너의 부부 관계는 다시 회복되었고, 그 덕에 많은 사람이 낭패를 보지 않을 수 있었습니다. 처음에 이 사실을 알게 되었을 때 모르는 척했다면 유능한 파트너를 잃었을 테고, 그의 아내는 남편을 잃었을 것입니다.

힐: 조직적 사고를 하면 방금 말씀하신 것과 같은 비상사태가 인생의 목표 달성을 방해하려 할 때 평소 루틴에서 벗어나도록 하는군요.

카네기: 바로 그렇습니다. 사업 파트너의 사생활에 간섭하는 일이 제가 맡은 바는 아니었지만 그렇게 하는 것은 제 특권이었고, 그 상황에 관련된 모두에게 최선이 되도록 그 특권을 행사했습니다.

힐: 그 여성을 설득하는 데 실패했다면 그 문제를 포기하셨을까요?

카네기: 조직적 사고를 하는 사람은 모든 노력을 다 해볼 때까지 중간에 결코 포기하지 않습니다. 이것을 조직적 사고의 또 다른 필수 요소라고 적어도 좋습니다.

설령 첫 노력이 실패했더라도 포기하지 않았을 것입니다. 아마 다른 계획을 시도하고, 그것도 실패하면 또 다른 노력을 시도했을 것입니다. 최후의 수단으로 파트너가 잘못을 깨달을 때까지 그와의 관계를 단절하고, 그가 깨달은 후에 다시 관계를 회복했을 수도 있습니다. 마음에 드는 해법이 아닐지언정 모든 문제에는 해법이 있기 마련입니다. 조직적 사고를 하지 못하는 사람들의 문제는 반대에 부닥쳤을 때 이내 포기하고 중단하는 것입니다. 중단하면 어떤 문제도 해결할 수 없습니다.

힐: 그렇다면 끈기 역시 조직적 사고에서 중요한 요인입니까?

카네기: 사실 끈기는 개인이 달성하는 모든 성취의 핵심입니다. 끈기가 없으면 어떤 일에서도 큰 성취를 이룰 수 없습니다. 끈기는 행동과 함께 중요한 요인입니다. 둘은 불가분의 관계입니다.

힐: 끈기는 어떻게 얻을 수 있습니까?

카네기: 의지력을 키우면 됩니다. 끈기는 불굴의 의지에 행동을 불러일으키는 명확한 동기가 더해진 것입니다. 동기, 행동, 의지력이라는 세 가지 요인을 결합하면 끈기가 생겨납니다.

힐: 명확한 열망이나 동기를 행동으로 표현하면 의지력을 같은 방식으로 키울 수 있겠다는 생각이 드네요.

카네기: 의지력은 오직 동기에 반응하지만 사용할수록 더 강해집니다. 사람이 자신의 의지력을 장악하면 그는 마음의 다른 모든 능력까지 통제할 수 있게 됩니다. 의지력이 이 모든 것의 주인이기 때문입니다.

힐: 그럼 의지력을 통제할 수 없으면 조직적 사고를 할 수 없겠네요.

카네기: 정확합니다. 의지력이 명확한 동기에 기반한 통제된 습관에 반응한다는 사실을 잊지 마십시오. 의지력을 통제하는 방법은 의지력의 행사와 관련된 행동 습관을 키우는 것과 같다는 뜻입니다.

힐: 조직적 사고를 구성하는 요소들과 그 중요성을 상세하게 설명해 주셔서 감사합니다.

원하는 것을 얻을 수 없다면 열망을 바꾸어 얻을 수 있는 것을 원하라.

If you cannot get that which you want,
you can change your desires and want something you can get.

명확한 핵심 목표에 마음을 집중시키는 동기를 알고 싶다면
사랑에 빠진 사람들의 행동을 관찰하라.
강렬한 감정에 기초한 강박적인 열망은 모든 천재성의 원천이다.

If you wish to know the 'motive' which inspires one to concentrate his mind
on definite purpose, observe the actions of those who are in love.
Obsessional desire, based on intense emotion, is the source of all genius.

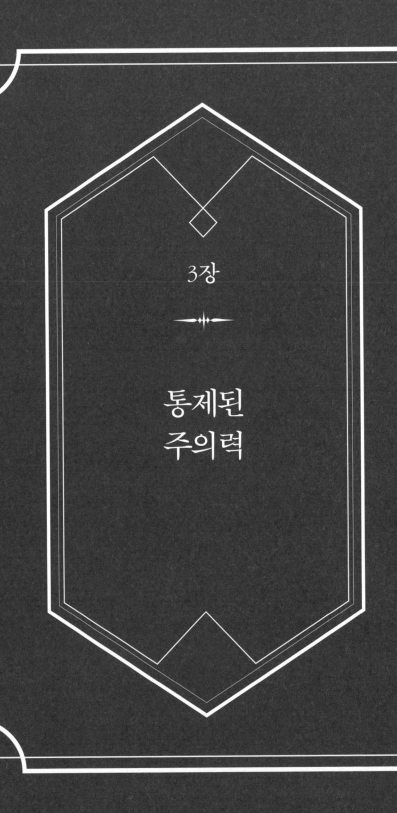

3장

통제된
주의력

모든 노력과
주의를 한곳에
집중하라

How to

Own Your OWN MIND

'통제된 주의력'이라는 단어에는 평생을 구속해 온, 스스로 정한 한계를 모조리 없앨 수 있는 기묘한 힘이 숨어 있다. 그 힘은 스스로 정한 한계의 원인을 날려버리고 자기 마음의 주인이 될 수 있게 하므로 그야말로 '멘탈 다이너마이트'다.

이 장을 완전히 익힌다면 성공에 왜 명확한 핵심 목표가 필요한지를 좀 더 확실히 이해하게 될 것이다. 아울러 왜 명확한 핵심 목표를 적고 암기하며 수시로 반복해야 하는지도 알게 된다. '마음가짐'이 크고 작은 목표를 손에 넣는 데 그토록 중요한 역할을 하는 이유도 이해할 수 있다.

❖ 내 머릿속을 지배하는 감정을 선택할 수 있다

통제된 주의력을 다르게 부를 수도 있지만, 어떤 이름으로 부르든 간에 숱한 종교의 근간이다. 강력한 군사 지도자들이 사용하는 주된 무기이기도 하다. 그러나 늘 건설적으로 사용된 것만은 아니다.

이 장을 통해 우리는 과학자들을 당황하게 하고, 평범한 사람들을 몹시 놀라게 한 마스터 마인드 원칙을 더 깊이 이해할 수 있다.

마스터 마인드는 두 사람 이상의 마음이 명확한 핵심 목표를 달성하기 위해 완벽한 조화로 만들어진 연대다. 그렇기 때문에 마스터 마인드는 그 그룹에 속한 개개인의 마음을 자극하는 효과가 있다. 때로는 구성원이나 일부 개인에게 그들의 지식을 합친 것을 뛰어넘는 지식의 원천을 제공하기도 한다.

전 세계적으로 많은 연구실이나 다양한 분야의 위원회에서 이와 같은 현상이 거의 매일 벌어지기 때문에 우리는 이런 결과에 익숙하다. 여러 마음이 결합하면 개인이 독립적으로 활동할 때는 절대 얻을 수 없던 창조적 비전과 용기, 상상력, 추진력을 얻을 수 있다는 증거를 도처에서 찾을 수 있다. 문명이 세상에 선사한 '최고의 선물'을 파괴하겠다고 하는 사람들마저도 이 힘을 이용한다.

앤드루 카네기는 통제된 주의력을 성공 원칙 가운데 하나로 포함했으나 이 '위대한 철강왕'조차 이 원칙을 문명을 발전시킬 수 있는 수단과 연결하지는 못했다. 그는 이것을 경제적 혹은 개인적 문제에 대한 해법을 찾는 과정에 필요한 힘으로 보았을 뿐, 이 점을 넘어서 통제된 주의력이 가진 가능성까지는 언급하지 않았다.

카네기는 그가 가진 막대한 부가 오직 강철을 생산하고 마케팅하려는 목적으로 그와 함께 마스터 마인드 그룹을 구성한 약 스무 명의 결합된 마음이 축적된 결과라고 순순히 인정했다. 그에게는 구성원들이 조화의 정신으로 그와 협력하도록 유도하는 기술이 있었다. 카네기는 마스터 마인드를 통해 발생하는 창조적 비전, 상상력, 진취성, 영감이 위대하다는 사실을 알았지만, 그러한 특성들이 그에게 준 '슈퍼 파워'의 원천을 설명하지 않았다.

카네기가 처음 이 원칙을 내게 설명한 뒤 25년이 넘는 세월 동안 이 힘의 원천에 대해 집중적으로 연구했다. 수천 명의 마음을 탐색하고, 사고 자극에 대한 그들의 반응을 조사한 끝에 인간관계 문제에서 지금의 세대와 미래 세대에게 가장 중요할 수 있는 결론에 도달했다.

지금부터는 나를 따라 유기화학에 관한 간략한 기초 수업을 들어보자. 여기에서 둘 이상의 마음이 하나의 목표를 달성하기 위해 조화롭게 결합할 때 무슨 일이 벌어지는지 설득력 있는 첫 번째 단서를 발견할 수 있다.

화학을 공부할 때 우리는 성격이 완전히 다른 요소가 둘 이상 결합하면 그 둘과는 완전히 다른 새로운 무언가가 생성된다고 배웠다. 일례로 H_2O로 알려진 물은 두 개의 수소와 하나의 산소 원자로 구성된 혼합물이지만 그 결과물은 산소도 수소도 아니다. 여러 화학 요소는 완전히 새로운 결과물을 낳는다. 아울러 우리는 무해한 약물들이 결합해서 치명적인 독성 물질이 될 수 있는 한편, 다른 방법으로 결합하여 독에 더해지면 그 독성을 없앨 수도 있다고 배웠다.

　우리는 자연에서 물질을 구성하는 모든 원자와 에너지가 그 주변의 존재 때문에 뚜렷하게 변형되는 모습을 종종 본다. 땅에서 자라나는 식물은 영양을 공급하는 땅속 성분 때문에 그 모습이 분명하게 바뀐다. 이 사실은 모든 농부와 원예가에게 널리 알려져 있다. 물질을 구성하는 원소는 '이웃'의 존재에 따라 영향을 받으며, 이는 사람도 마찬가지다. 우리가 살고 있는 세상과 우리가 관찰 가능한 우주는 '전자'로 구성된다. 전자는 에너지의 양성 단위와 음성 단위로 구성되며 두 힘은 서로 균형을 이룬다. 사실상 이 두 힘은 세상에 알려진 어떠한 과학적 방법으로도 분리할 수 없다.

　우주의 물질적인 부분은 에너지와 물질로만 구성된다. 엄격하게 기술적으로만 설명하자면 물질의 전자는 아무것도 아닌 두 에너지의 상반된 형태로 알려져 있기 때문에 우주의 물질적인 부분은 전부 에너지일 뿐이라고 주장할 수 있다. 물질을 이루는 전자들은 서로 '밀어내거나' '끌어당기는' 두 개의 반대되는 에너지이고, 둘을 결합하면 밀어내거나 끌어당기는 힘이 사라진다고 알려져 있다.

　화학에서 얻은 단서를 가지고 이제 사고력을 분석해 보자. 분명 생각은 에너지다. 생각 혹은 그 원리에 대해 과학이 밝혀낸 모든 사실을 종합해 볼 때 생각은 전자의 반대되는 두 힘을 하나로 묶는 것과 같은 종류의 에너지일 수 있다. 만일 이것이 진실이라면 '생각 에너지'는 물질을 구성하는 요소의 성질을 변화시키는 것과 같은 영향력에 반응하는 것이 틀림없다. 그 가운데 하나는 앞서 살펴본 물질을 구성하는 원자들이 결합하는 방식이다.

이때 확실한 두 가지 사실이 있다. 첫째, 물질의 성질은 다른 물질을 구성하는 요소들과 결합하면 바뀔 수 있다. 둘째, 생각의 본질 또한 둘 이상의 마음이 연대해서 조절하면 바뀔 수 있으며, 연대의 성격이나 목적과는 상관없다. 평범한 사람들도 당연하게 받아들일 만큼 아주 잘 알려져 있는 사실이다.

우리는 일정 유형의 마음이 서로 어떤 교류를 통해 접촉할 때 분명히 적대적으로 변한다는 사실을 알고 있다. 이런 정황으로 우리는 뇌의 화학과 다른 분야에 속한 물질의 화학이 같음을 알 수 있다. 그리고 뇌의 무해한 화학 성분들을 결합하는 것만으로도 치명적인 독성을 만드는 바로 그 자연법칙이, 특정 조합으로 생각이 섞일 때의 파동을 바꾸어 적대적인 영향력을 만들 수 있다는 가설이 타당함을 알 수 있다.

달리 말하자면 생각 에너지가 서로 접촉한 순간 '싸우게 되는' 특정 결합이 있다. 이 사실은 둘 이상의 관계에서만이 아니라, 한 개인의 마음에서도 볼 수 있다. 접촉하자마자 서로를 '물리치는' 유형의 생각이 있다는 것은 널리 알려진 사실이기 때문이다. 가령 두려움과 믿음은 서로 너무 맞지 않아 뇌에 동시에 공존할 수 없다. 반드시 둘 중 하나가 뇌를 지배한다. 개인은 이 두 가지 감정 가운데 하나가 뇌를 지배하도록 결정할 수 있는 특정 수단들을 가지고 있는데, 이러한 방법 중 하나가 바로 통제된 주의력이다.

♦ 원하는 것만 끌어당기는
뇌를 만드는 방법

이러한 설명의 연장선에서 이제 비슷한 사람끼리 끌어당기는 자연 법칙을 소개하겠다. 우리는 이 법칙을 '조화로운 끌어당김의 법칙'이라고도 부른다. 이 법칙이 작용하면 위대한 계획에 따라 서로에게 잘 맞는 것들이 자연스럽게 서로 뭉치고자 하는 경향성이 발휘된다.

이 법칙은 땅에서 자라는 초목에도 작용하는데, 어떤 기묘한 미지의 과정을 통해 흙의 화학 성분을 모아 공기를 구성하는 요소가 가진 에너지와 결합시켜 땅에서 자라는 모든 살아 있는 것들을 생산한다. 여기에는 어떠한 반목도 없다. 물질을 구성하는 요소나 에너지 사이에 '다툼'도 없다. 서로 부딪치지 않고서 조화로운 끌어당김의 법칙에 따라 자기 역할을 한다.

사람들 사이의 관계를 들여다보면 조화로운 끌어당김의 법칙이 자주 무시되고, 생각 에너지의 부정적인 힘이 조화로운 관계를 깨뜨리는 경우를 볼 수 있다. 더러 이런 상황은 사람들이 조화로운 끌어당김의 법칙을 모르기 때문에 발생한다. 또는 그 법칙의 영향력을 파괴하는 부정적 사고를 의도적으로 받아들인 결과다.

이 철학을 완전히 익혀서 모든 관계에 조화로운 끌어당김의 법칙을 적용하는 습관을 들인 사람은 반드시 혜택을 얻을 수 있다. 뇌를 조건화시켜 원하는 사람과 물질만을 끌어당기기 때문이다. 이제 이 법칙이 가진 영향에 적응할 수 있도록 뇌를 조건화하는 과정을 살펴보자.

1단계: 명확한 핵심 목표

자신이 원하는 바를 정확하게 정하고, 그것을 얻기 위한 계획을 세우고, 자신의 생각과 행동을 그 목표에 집중시키고, 생각 후 적절한 행동을 한다. 그다음 통제된 주의력을 적용하는데, 이 원칙에 조화로운 끌어당김의 법칙이 주는 혜택을 두 가지 방식으로 선사하는 효과가 있음을 간과하지 말아야 한다. 첫째, 마음에 조화를 싹트게 하는 긍정적인 마음가짐의 힘을 끌어온다. 둘째, 목표의 성질과 조화를 이루는 사람과 물질을 끌어온다.

이 방법만으로 열망, 목표, 계획의 성격을 잠재의식에 새길 수 있으며, 잠재의식 안에서 조화로운 끌어당김의 법칙이 곧바로 열망, 목표, 계획과 접촉하는 것으로 보인다.

2단계: 마스터 마인드

명확한 핵심 목표를 채택해서 통제된 주의력이라는 습관을 들이는 첫 단계를 진행하고 나면, 그 목표를 달성하는 데 도움이 되는 경험, 지식, 타고난 능력을 갖춘, 동기를 부여받은 사람들과 마스터 마인드를 결성해야 한다.

마스터 마인드는 통제된 주의력을 강화한다. 마스터 마인드가 자립심, 상상력, 열의, 진취성, 이기겠다는 의지를 끌어올리는 강력한 '집단 심리'를 낳기 때문이다. 자신을 도와주고 격려해 주는 타인들과 교류하면 명확한 핵심 목표를 향해 계속 전진할 수 있다. 홀로 일한다면 속도가 더뎌지거나 목표에 대한 관심이 분산될 수 있다.

3단계: 실행하는 믿음

명확한 핵심 목표를 채택하고 마스터 마인드를 결성해서 열심히 연대의 목표를 추구하는 사람은 자신에게 목표를 달성할 능력이 있다는 믿음을 보여준 것이다. 신뢰는 통제된 주의력이라는 원칙을 적용하는 데 관여해서 집중력을 한층 더 강화한다. 이 단계에 이르면 통제된 주의력이라는 습관을 키우는 과정에서 마음가짐이 확연하게 긍정적으로 변한다. 스스로 정한 한계뿐 아니라 의심과 좌절이 사라지고 자립정신이 생기며 모든 일에 단호하게 움직인다. 마음에 실패를 떠올릴 여지가 없다. 명확한 핵심 목표를 달성하기 바빠서 주저하거나 꾸물거릴 시간도 없다. 애초에 그럴 마음조차 없다.

여기까지 명확한 핵심 목표를 달성하는 과정에서 마스터 마인드 구성원들과 교류하며 마스터 마인드를 강화하고 적극적으로 목표 달성에 관여하면 높은 수준의 통제된 주의력이 된다. 이러한 과정은 인생의 명확한 핵심 목표를 달성하는 것을 돕는다.

통제된 주의력을 키우는 세 가지 단계만으로도 성공을 보장하기에 충분하지만, 이 철학을 완전히 익히고 활용하는 사람이라면 여기서 멈추지 않는다. 다음 단계로 나아가 이제까지 얻은 것을 '확고히' 할 것이다.

4단계: 특단의 노력 기울이기

보수 이상으로 많이 그리고 훌륭하게 일한다는 이 원칙을 적용하면 계속 행동하게 된다. 투입한 노력이 몇 배가 되어 돌아오는 수확체증의 법칙이 작용하기 때문이다. 개인과 그의 마스터 마인드 구성원들 그리고 명확한 핵심 목표와 관련된 사람들에게 영감을 주며, 그들의 노력에 추진력을 부여한다. 또한 더 긍정적인 마음가짐을 가지는 데도 도움이 된다.

이 원칙이 적용되는 모든 상황에서 물질적인 이득을 직접 받지는 않더라도 호의를 불러일으키고 타인의 친절한 조력을 이끌어내는 효과가 있다. 그러므로 이 원칙은 통제된 주의력에 불을 지피는 연료와도 같다.

5단계: 개인의 체계적 노력

이 원칙을 적용하면 개인은 마스터 마인드 구성원들의 도움을 받아 계획을 분석하고 시험해서 건전한 계획을 확보할 수 있다. 이즈음이면 개인은 그의 믿음에 대한 건전한 근거를 확립한 상태다.

실제로 반대 의견을 물리칠 수 있는 자기 확신을 가지고 움직인다. 더 이상 우유부단함과 의심 때문에 머뭇거리지 않는다. 자신이 원하는 것을 정확히 알고 있고, 그것을 획득하기 위한 명확한 계획도 가지고 있다. 아울러 그의 신뢰를 받으며 그 자신과 그의 계획에 더 큰 신뢰를 가지게 하는 마스터 마인드 구성원들의 도움을 받으며 계획을 적극적으로 실행한다. 하지만 그는 여기서 멈추지 않는다. 이 철학의 또 다른 중요한 원칙을 적용해서 이제껏 얻은 것을 확고히 하고자 6단계를 취한다.

6단계: 자제력

이 원칙의 도움을 받으면 필요할 때 감정을 동원하고 통제할 수 있다. 긍정적인 감정이 지나치게 넘쳐나거나 부정적인 감정을 표출해서 에너지를 소진하는 일이 사라진다. 마음이 완벽하게 제작된 기계처럼 작동해서 잘못된 동작도 에너지 소실도 없다. 감정을 변형하는 기술을 습득함으로써 부정적인 감정을 긍정적인 행동으로 전환할 수 있다.

의지력을 완벽하게 통제한 덕분에 마음을 구성하는 다른 부분을 통솔해서 건설적인 의무를 수행할 수 있다. 통제된 주의력을 발휘하는 기술이 정점에 도달한다.

이제 개인은 모든 것을 통제할 수 있지만, 자신의 성취와 명확한 핵심 목표 달성에 영향을 미치는 주변 환경과 그가 얻은 것을 통합하는 일을 마무리하기 위한 단계가 아직 남았다. 앞선 단계들에서 얻은 것이 있기 때문에 이제부터 좀 더 신속하게 다음 단계로 이동한다.

7단계: 창조적 비전

앞의 여섯 단계를 다 거치고 나면 상상력이 아주 예리해져 저절로 기능하며 통제된 주의력이라는 습관을 키우려는 노력을 한층 더 강화시킨다. 이 무렵 잠재의식도 스스로 왕성하게 활동하며 '직감'의 형태로 나타나는 계획과 아이디어로 자신을 표현한다. 신기하게도 새로운 기회들이 나타나고 뜻밖에도 다른 사람들이 새로운 조력을 제공한다. 모든 것이 명확한 핵심 목표를 추구할 수 있는 '손안에 든 도구'처럼 보일 것이다. 심지어 운의 법칙마저 자신에게 유리하게 작용하는 것처럼 보인다. 친구들에게 '행운아'라고 불릴 것이다. 하지만 여기서 분명히 짚고 넘어가야 할 점이 있다. 사방에서 보이는 이러한 유리한 상황 이면에는 명확한 원인이 있다. 이 철학을 완전히 숙지한 사람이라면 이 '원인'을 여기서 언급한 일곱 가지 원칙을 적용해서 설명할 수 있을 것이다.

8단계: 조직적 사고

이 철학을 완전히 숙지한 사람은 이 지점에 도달하기 훨씬 전에 이미 '막연한 추측'을 중단하고 알려진 사실이나 합리적 가설에 기반하여 계획을 세우는 습관을 들였을 것이다. 사실 명확한 핵심 목표를 채택함과 동시에 조직적 사고도 시작했을 것이다.

그러므로 조직적 사고의 원칙을 적용하려고 8단계에 이를 때까지 기다리기만 했다고 생각해서는 안 된다. 이 시점에서 이 원칙은 이미 통제된 주의력이라는 습관을 계발하는 과정에서 반드시 필요한 것이 되어 있다. 명심하라. 우리는 지금 통제된 주의력이라는 습관을 이야기하고 있다. 통제된 주의력은 명확한 핵심 목표의 채택과 함께 시작되는 조직적 사고를 적용해야 놓을 수 있는 초석이다.

9단계: 패배로부터 배우기

이 철학을 공부하는 사람이라면 이즈음 삶의 모든 경험을 명확한 이득으로 전환하는 습관을 들였을 것이다. 실패를 더 단호하고 더 많은 노력이 필요하다는 신호로 여겨라. 이제는 모든 형태의 패배 이면에 숨어 있는 '성공의 씨앗'을 찾는 습관을 들였을 것이다. 그러므로 패배는 의지력에 불을 지피는 유용한 연료가 될 것이다. 현재의 패배를 더 큰 노력에 대한 필요로 전환할 뿐만 아니라 기억을 되짚어 과거의 모든 패배에서도 이득을 취하는 습관을 들였을 것이다. 몇 달마다 자신의 과거를 성찰하며 이 과정을 이루어낼 것이다. 이를 통해 패배가 남긴 상처가 사라지기에 충분한 시간이 경과하면 패배를 제대로 분석할 수 있게 된다.

이 무렵이면 이 철학을 완전히 숙지한 사람은 이전과 비교할 때 그야말로 '힘의 거인'이 되어 있을 것이다. 그의 뇌에는 두려움, 좌절, 걱정 혹은 스스로 정한 한계 따위가 발붙일 공간이 없다. 자신이 무엇을 원하는지, 삶이 어느 곳을 향해 가는지 알며 목적지를 향해 잘 가고 있다고 인식한다. 그의 앞에 놓인 길은 분명하다. 비록 굽은 길이 많아 그 너머는 볼 수 없지만 그는 목적지를 향해 길이 계속 뻗어 있음을 안다. 이것은 괄목할 만한 성취를 경험한 사람이면 누구나 증명할 수 있다.

10단계: 영감

여기서 설명한 아홉 가지 단계의 원칙을 적용해서 이득을 얻으면 열정이라는 습관, 즉 남의 말을 듣고 행하는 대신 주도적으로 행동하는 습관이 계발될 것이다. 열정이라는 고무된 감정이 생기면 일에서 단조로움과 지루함이 사라지고 신체 행동이 즐거운 경험으로 전환되어 통제된 주의력이 쉽게 계발된다. 어떤 계획, 목표 혹은 동기에 대해 열정을 가지면 그 주제에 대해 저절로 집중된다. 영감이라는 원칙을 통해 한 사람의 지배적인 생각이 빠르게 잠재의식에 새겨지며, 이를 바탕으로 행동이 촉진된다. 따라서 열정이 마음을 지배하는 사람은 의식과 무한한 지성 사이의 연결 고리에서 직접 도움을 받는다. 통제된 주의력을 아주 효율적으로 적용하게 된다.

11단계: 호감 가는 성품

통제된 주의력이라는 습관을 키우는 열한 번째 단계로 소개하지만, 이 철학을 공부하는 사람이라면 명확한 핵심 목표를 채택한 직후부터 이미 이 원칙을 적용하기 시작했을 것이다. 호감 가는 성품의 특성을 적용하면 타인의 반대를 대부분 없앨 수 있고, 마스터 마인드 구성원들 외에도 많은 사람에게서 친절한 조력을 이끌어낼 수 있다. 또한 마음가짐을 개선해서 통제된 주의력이라는 습관을 비롯해 바람직한 습관을 계발하는 길이 열린다.

통제된 주의력은 위에서 언급한 모든 원칙을 적용한 결과이지, 우연히 거저 얻어지는 것이 아니다. 아울러 통제된 주의력이라는 습관을 기르는 방법은 보통 사람의 능력을 넘어서는 특별한 노력을 요구하지 않는다. 여기서 언급한 것 외의 어떤 특별한 훈련이나 교육도 필요 없다. 통제된 주의력은 보통 능력을 가진 사람이라면 누구나 손에 넣을 수 있는 성공 자질이다. 말도 안 되는 희생이나 노고가 필요한 것도 아니다. 이기겠다는 의지와 성공 원칙을 정직하게 적용한다는 관점에서 성취의 대가를 기꺼이 지불하겠다는 마음에 기반하면 충분히 계발할 수 있다.

체계적으로 적용하고 사용해서 이러한 열한 가지 원칙을 익히면 통제된 주의력을 계발하는 마지막 열두 번째 단계에 이른다. 열한 가지 원칙을 완전히 숙지하면 열두 번째도 저절로 계발될 테니 이제 자기 자신의 주인으로서 '자기 운명의 주인이자 영혼의 주인'이 될 것이다.

그렇다. 이를 완전히 익히고 활용하는 사람은 이제 자기 마음의 주인이다. 자신이 원하는 것을 분명히 알고 그것을 얻기 위한 계획도 있다. 명확한 핵심 목표를 획득하는 과정에서 도움을 줄 신뢰할 만한 조력자들도 주변에 있다. '퍼스널 파워'를 느끼며, 이 힘을 현명하게 사용하기 위해 필요한 자제력도 갖추었다. 이 힘의 영향을 받는 모든 사람에게 이로운 건설적인 방식 외에 퍼스널 파워를 사용할 마음이 전혀 없다.

또한 자기 결정권과 개인의 자유를 파괴하려 드는, 감지하기 힘든 세력의 영향을 전혀 받지 않는다. 타인에게 해를 끼치지 않으면서 자신의 니즈를 충족시키는 법을 터득했다. 필요한 것을 얻는 더 나은 방법을 터득했기에 더 이상 무언가를 거저먹으려 하지 않는다. 자신의 마음 안에서 평화와 조화를 발견했다. 있는 그대로의 삶을 받아들이고 최대한 이용하는 법을 터득했다. 모두에게 이로운 방법으로 타인과 관계를 맺는 평화롭고 조화로운 협상의 기술을 익혔으리라.

이제 통제된 주의력이 가진 또 다른 특징을 살펴보자. 그러면 성공 원칙을 결합해서 퍼스널 파워에 이르는 길을 알게 될 것이다.

✤ '기적'을 만드는 다섯 가지 원칙

앞서 말했듯이 개인이 가진 마음의 힘은 뇌의 화학작용을 통해 하나의 마음이 다른 마음에 미치는 영향력에 따라 변화한다. 이 사실은 정신현상이나 성격을 연구하지 않는 보통 사람들의 눈에도 명백해 보인다.

앞서 우리는 유기화학 분야에서 무해한 요소들이 결합해도 치명적인 독이 될 수 있음을 보았다. 이러한 관찰을 통해 우리는 물질을 구성하는 개별 원자부터 인간에 이르기까지 모두가 다른 존재에 의해 어떤 식으로든 변화한다고 가정할 수 있다.

따라서 마음속에 여러 생각이 결합되어 존재하면 개별 생각과 다른, 어떤 힘으로 전환되며 그 힘은 단순히 여러 생각을 합친 것보다 훨씬 크다고 어렵지 않게 가정할 수 있다. 예컨대 우리는 관찰과 경험에서 다음 원칙이 여러 생각과 결합하여 마음에 모이면 '기적'에 가까운 정신력을 낳을 수 있음을 안다.

- 명확한 핵심 목표
- 감정을 통제하는 자제력
- 통제된 주의력
- 목표를 향한 자기 암시
- 적극적으로 발휘되는 의지력

이 원칙들이 여러 방법으로 결합되면 거의 모든 문제를 해결할 수 있는 충분한 힘이 생긴다. 그 힘은 개별 원칙이 아닌 조합에서 나온다. 원칙들이 어떻게 적용되어 힘을 만들어내는지 살펴보자.

어떤 사람이 우리가 살면서 겪는 가장 흔한 문제, 가령 어떤 목적을 위해 특정 시간 내에 특정 액수의 돈이 필요하다고 치자. 이 문제에 대처하는 두 가지 방법이 있다. 첫째, 문제를 걱정하기만 하고 돈을 구하기 위해 아무것도 하지 않는다. 이런 문제에 대처하는 일반적인 방식이다. 둘째, 위에서 언급한 다섯 가지 원칙을 결합해서 돈을 구하기 위해 최선을 다한다.

그는 필요한 금액을 알고 있고 그 돈을 구하기로 마음먹었다. 이것이 바로 명확한 핵심 목표다.

다른 모든 문제는 제쳐두고 (상상력을 동원해서) 돈을 구하는 일에만 온 마음을 쏟는다. 이것이 바로 통제된 주의력이다.

돈을 구하지 못하리라는 두려움과 의심을 마음속에서 지워버린다. 두려움이라는 감정을 통제하면 마음이 믿음을 행할 준비를 한다. 이것이 바로 자제력이다.

(상상력을 동원해서) 돈을 얻는 대가로 혹은 돈을 잠시 사용하는 대가로 주어야 할, 그에 상응하는 가치의 무언가를 떠올리는 데 온 마음을 쏟는다. 구체적인 아이디어가 하나 떠오를 때까지 마음이 계속 작동한다. 이것이 바로 자기 암시다.

어떤 대가를 치러야 하든 혹은 어떤 조건에 맞추어야 하든 원하는 금액을 구하겠다고 되풀이해서 암시하니 마음이 확고하고 집요해진다.

이것이 바로 의지력의 작용이다.

이 다섯 가지 원칙을 결합하고 각기 다른 상황에 맞도록 변화를 주어 이러한 방식으로 적용하면 잠재의식이 작동하여 돈을 구할 수 있는 계획을 세운다.

실패를 경험했다면 이 원칙들 가운데 한 가지 이상을 적용하지 못했기 때문이다. 나는 원칙들이 제대로 결합했을 때 만들어지는 놀라운 결과를 직접 보았다. 또 큰 성공을 거둔 사람들이 이러한 원칙들의 조합으로 초인적인 힘이 생겨났다고 증언하는 것도 들었다.

♣ 비상사태일수록 통제된 주의력을 활용하라

이 다섯 가지 원칙을 결합하면 개별 원칙에서는 찾아볼 수 없는 힘이 발생한다. 위대한 성취를 이룬 인물들의 경험이 이를 증명한다. 우선 토머스 에디슨을 보자. 이 주제에 대한 그의 설명을 기억하는 그대로 옮긴다. 에디슨이 말했다.

"당신은 발명할 때 가장 중요한 요소가 무엇인지 물었는데, 이와 관련해 아주 간단하게 설명할 수 있습니다. 우선 달성하고 싶은 대상을 명확하게 알아야 합니다(명확한 핵심 목표). '불가능'을 모르는 끈기를 가지고 그 목표에 온 마음을 쏟아야 합니다. 그리고 자신과 타인의 경험을 백분 활용해서 그 주제에 대한 모든 축적된 지식을 이용해 원하는 것을 찾아야 합니다(마스터 마인드, 통제된 주의력, 자기 암시). 그 과정에서 자주 막다른 길에 부딪힌다 해도 계속해서 찾아야 합니다(의지력). 다른 누군가가 같은 생각을 시도했으나 성공하지 못했다는 사실에 영향을 받지 말아야 합니다(자제력, 두려움과 의심 통제). 해법은 꼭 존재하며 그것을 찾겠다는 생각에만 '열중'해야 합니다(자기 암시)."

그러고 나서 에디슨은 이렇게 말을 이어갔다.

"어떤 문제를 해결하기로 마음먹었을 때 처음에는 큰 반대에 부딪힐 수 있습니다. 하지만 계속해서 답을 찾으려고 노력하면 틀림없이 해법을 발견하게 됩니다. 저는 실패하는 계획이 무엇인지 모릅니다(다섯 가지 원칙 모두가 결합되어 적용된 기적). 대부분 시작도 하기 전에 포기하는 것이 문제입니다."

물론 그의 말은 스스로 정한 한계 때문에 많은 사람이 시작조차 하지 못하며, 올바른 마음가짐으로 꾸준히 노력하면 쉽게 완수할 수 있는 일조차 해결하지 못한다는 사실을 의미했다.

에디슨은 또 이렇게도 말했다.

"제가 겪은 모든 경험을 돌아보아도 축음기를 제외한 발명의 첫 시도에서 해법을 찾은 적은 단 한 번도 없었습니다. 제가 찾으려 했던 해답은 일반적으로 늘 닿을 수 있는 거리에 있었고, 끈기와 이겨내겠다는 의지가 있을 때만 그것을 발견할 수 있었습니다."

이제 전화기를 발명한 알렉산더 그레이엄 벨 박사의 이야기를 들어보자.

"저는 청력이 손상된 아내를 위해 보청기를 만들 방법을 찾다가 우연히 전화기를 떠올리게 되었습니다. 그리고 여생을 전부 바쳐야 한다고 해도 제가 찾던 것을 찾고야 말겠다고 결심했습니다. 숱한 실패를 겪은 뒤 마침내 그동안 찾던 원리를 발견했고, 그 단순함에 무척 놀랐습니다. 그 원리가 보청기를 만드는 데도 도움이 될 뿐만 아니라 소리를 전송하는 수단으로 사용될 수 있다는 사실에 더더욱 놀랐습니다."

벨 박사는 여기서 설명한 다섯 가지 원칙을 모두 사용했지만 무의식적으로 사용했을 수도 있다.

"저는 연구를 통해 사람이 자신의 뇌에 어떤 명확한 결과를 만들라는 명령을 내리고 뇌가 그 명령을 고수하면, 그에게 '제2의 시각'을 부여하여 평범한 문제들도 꿰뚫어 볼 수 있게 하는 효과가 있다는 사실을 발견했습니다. 안타깝게도 그 힘이 무엇인지 정확하게 설명할 수는 없습니다. 다만 그런 힘의 존재와 자신이 무엇을 원하는지 정확히 알고, 그것을 손에 넣고야 말겠다는 결심이 섰을 때만 그 힘을 사용할 수 있음을 알 수 있을 뿐입니다."

미국 펜실베이니아주의 '필라델피아 백화점왕' 존 워너메이커John Wanamaker는 이렇게 말했다.

"사업 초기에 운영 자금이 많이 필요했지만 일반적인 상업적 경로나 은행을 통해서는 자금을 조달할 수 없었습니다. 저는 공원으로 나가 걸으면서 문제를 해결할 새로운 접근 방법을 생각했습니다.

한번은 쇼핑 시즌이 아닌데 바로 현금화할 수 없는 물건들로 재고가 너무 많이 쌓여 이를 해결하기 위한 거액이 필요한 적이 있었습니다. 이 문제의 해법을 찾기 전까지 백화점으로 돌아가지 않겠다고 다짐했고, 매초마다 다짐을 반복했습니다. 두 시간이 지날 무렵 불현듯 이를 해결할 아이디어가 떠올랐고, 15분 만에 필요한 자금을 구할 수 있었습니다. 정말 기묘하게도 처음에는 그 생각을 전혀 떠올리지 못했습니다."

통제된 주의력에 명확한 핵심 목표가 더해지며 그가 문제를 해결하게끔 도운 것이다. 아마도 그가 사용한 원칙들의 결합에는 믿음도 포함되었을 것이다. 워너메이커는 이렇게도 말했다.

"해법을 찾겠다는 굳은 결심으로 자신이 처한 문제에 온 마음을 쏟는 법을 터득한 사람에게 해결할 수 없는 문제는 없습니다."

이 말은 믿음을 이용할 줄 아는 사람에게 해결할 수 없는 문제란 없다는 의미다.

엘머 게이츠 박사의 설명을 들어보자. 그는 저명한 과학자이자 발명가로, 이 성공철학을 집대성하는 데 도움을 주었다.

"숨겨진 힘의 원천이 있습니다. 이것은 명확한 핵심 목표에 마음을 집중하고, 그것을 얻고야 말겠다고 결심할 때 비로소 도움을 줍니다. 저는 이 힘의 도움을 받아 200건이 넘는 발명 비법을 발견했습니다. 연구를 시작할 시점에는 그 어떤 것도 제가 가진 지식에 존재하지 않았습니다. 주어진 문제에 집중하고 계속 생각하다 보면 갑자기 어디선가 문제의 해법이 생겨나 마음속으로 들어옵니다. '내면을 들여다보는 시야'라는 이 신비한 원천을 이용할 수 있을 만큼 충분히 오랫동안 한 가지 목표에 마음을 집중하는 의지력을 유지하는 것은 무척 어렵습니다."

'내면을 들여다보는 시야'가 무슨 뜻인지 설명해 달라고 요청하자 게이츠 박사는 이렇게 답했다.

"그것은 육감을 말합니다. 오랫동안 한 가지 목표에 집중하는 의지력이 가득할 때 잠재의식은 육감을 통해 문제에 대한 답을 내놓는 듯 보입니다."

미국의 제28대 대통령이었던 우드로 윌슨Woodrow Wilson의 말을 들어 보자.

"1918년 독일군으로부터 휴전 요청을 받았을 때 백악관에서 보낸 두 번의 임기 동안 가장 크고 심오한 문제에 맞닥뜨렸습니다. 저는 결정을 내려야 했습니다. 그 결정에 수천 명의 목숨이 달려 있다는 것도 알았습니다. 휴전 요청을 잠시 제쳐두고 몇 분간 눈을 감은 채 이성보다 더 훌륭한 원천으로부터 계시를 받아야겠다고 결심했습니다. 그리고 얼마 뒤 휴전 요청서를 집어 들고 백악관 뒤편 현관으로 걸어가 손에 휴전 요청서를 쥔 채 그곳에 서서 다시 눈을 감고 계시를 청했습니다. 제 판단력에만 의지하지 않기로 했습니다.

5분이 채 지나지 않아 답이 왔습니다. 매우 명확하고 확실하며 타당했기에 바로 서재로 돌아가 속기로 답장을 작성했습니다. 그 이후의 상황은 제가 올바른 답을 했다는 것을 증명했습니다. 답장을 보내고 얼마 후 독일 제국의 황제가 국민의 손에 축출되어 망명길에 올랐습니다."

윌슨 대통령이 답을 얻기 위해 의지했던 '기묘한 힘'은 무엇이었을까? 그가 그 힘을 무엇이라고 믿는지 추측해 볼 수도 있겠지만, 한 가지는 확실하다. 윌슨 대통령은 중대한 문제에 대한 해법을 찾도록 그의 마음을 강제했고, 마음이 그가 바라던 결과를 낳은 것이다. 그는 가장 심오한 성격을 띤 통제된 주의력을 경험했다.

통제된 주의력은 어떤 명확한 문제에 대해 생각을 모두 집중해야만 하는 비상사태일 때 더 효과적이다. 통제된 주의력이 두려움으로 인해 동기 부여될 때 큰 힘을 발휘한다는 점을 잊지 마라. 단, 그 힘은 물리적으로 표현되는 수단에 국한되는 듯하다. 사람은 겁을 먹으면 모든 노력을 특정 방향으로 집중시키기 때문에 엄청난 물리적인 힘을 가질 수 있다. 하지만 이런 힘의 효과는 믿음이라는 감정을 통해 이용할 수 있는 영적인 힘과 비교하면 아주 미미하다.

믿음이 끌어낸 통제된 주의력은 두려움으로 인해 발생하는 힘과 전혀 다르다. 만일 윌슨 대통령이 두려운 마음으로 독일의 휴전 요청에 대한 답을 구하는 데에 집중했다면 계시를 받지 못했을 것이다. 그 계시 덕분에 그는 독일 황제를 폐위시키는 데까지 기여하는 답장을 보낼 수 있었다.

벨 박사는 아내의 청력 문제로 인한 비상사태에 대처하다가 전화기의 원리를 발견했다. 이처럼 비상사태가 벌어지면 평상시보다 더 집중해서 주의력을 통제할 수 있다. 자기 마음에 의지한 사람들이 경험했던 이 '기적' 같은 결과들은 명확한 목표에 고도로 생각을 집중시킬 수밖에 없는 비상사태에서 스트레스를 받아 발생했다.

이런 상황에서는 두 가지 요인이 항상 존재한다. 첫째, 비상사태는 생각의 진동을 강화해서 매우 강렬한 감정 상태로 만든다. 둘째, 그 감정이 하나의 명확한 핵심 목표에 집중시킨다.

통제된 주의력의 목적과 그 의미는 마음을 구성하는 모든 부분을 하나로 모으고, 결합된 힘을 확고한 목표를 위해 쓰는 데 있다. 통제된 주의력은 다음과 같은 능력들을 통해 협력적인 행동을 자극한다. **의지력, 감정, 이성, 양심, 기억력, 상상력, 육감 그리고 마음에서 잠재의식을 담당하는 부분에 따라 조율된 행동을 촉진한다.** 마음을 구성하는 이러한 부분들의 결합된 힘이 모두 동시에 작용하게 만드는 상황에서 통제된 주의력이 무한한 지성과 직접 접촉한다는 추정은 합리적인 가설로 보인다.

에이브러햄 링컨의 마음은 강철 조각과 같았다.
너무 단단해서 무언가를 그 위에 새기는 것이 너무 어려웠지만,
일단 새겨진 후에는 지워서 없애는 것이 거의 불가능했다.

Abraham Lincoln's mind was like a piece of steel very hard
to scratch anything on it and almost impossible,
after you get it on, to rub it out.

♠ 500명의 대가가 증언한 통제된 주의력의 '기적'

이 가설은 토머스 에디슨, 엘머 게이츠 박사, 알렉산더 그레이엄 벨 박사, 우드로 윌슨 대통령을 비롯해서 앤드루 카네기 등 깊이 있는 주제에 대해 논리적인 결론을 내릴 수 있는 이들이 우리와 같은 용어로 지지했기에 더더욱 논리적일 수밖에 없다.

한 가지 예외를 제외하고 이 가설의 토대가 되는 사실들은 정확하다

고 알려져 있다. 마음의 여덟 가지 구성 요소가 통제된 주의력으로 조정되고 행동으로 표현될 때 그 결합된 힘은 '기적'에 가까운 업적을 수행할 수 있게 한다. 이를 가능하게 하는 힘의 원천은 명확하게 규명되지 않았지만 그 결과 자체는 너무나 놀라워서 무한한 지성의 힘 외에는 달리 설명할 길이 없다.

하지만 이 강의의 목적은 그 원천을 정의하는 것이 아니라 그것을 끌어와 일상의 문제를 해결하는 데 사용할 수 있도록 실행 가능한 방법을 제시하는 데 있다. 이 책임을 수행하기 위해 나는 가설에 의존할 필요가 없다. 이미 관련된 공식들을 신중하게 시험하고 정확하게 증명했기 때문이다. 이 공식들은 탁월한 성취를 이룬 인물들이 성공적으로 사용한 만큼 건전하고 실용적이다. 이 철학을 집대성하는 데 오랫동안 협조한 500여 명의 위인들에게 나는 통제된 주의력이라는 문제에 관한 질문을 구체적으로 던졌다. 그 대답 가운데 일부를 간략하게 옮겨 적었다.

"대중의 주의를 '코카콜라'라는 이름에 집중시키는 단 하나의 목표를 위해 우리 회사가 해마다 어마어마한 돈을 쓰는 것을 보면 노력을 하나로 집중시킴으로써 얻는 가치가 얼마나 큰지 알 수 있습니다. 이 이름은 수백만 달러의 가치가 있지만, 대중의 주의를 코카콜라에 집중시키는 일을 소홀히 한다면 그 가치는 분명 순식간에 사라져 버릴 것입니다."

— 아사 캔들러Asa Candler
코카콜라 창립자

"제가 평생 해온 일을 보면 행동을 집중시키는 것의 가치를 어떻게 생각하는지 알 수 있습니다. 우리의 재산과 유능한 인재들 그리고 그 밖의 자산은 모두 대중에게 최소한의 비용으로 가장 많은 교통 서비스를 제공하고자 하는 하나의 목표를 위해 동원됩니다. 크게 볼 때 이 목표를 위한 정책에서 절대로 한눈팔지 않아야만 우리 사업도 성공할 수 있습니다."

— 헨리 포드
포드자동차 창립자

"모든 시간을 바쳐 제작하고 유통시킨 5센트짜리 껌을 자세히 살펴보면 제가 노력의 집중을 어떻게 생각하는지 쉽게 알 수 있습니다. 다양한 유혹이 제 관심과 자산을 이 5센트짜리 껌을 만들어 전국으로 유통하는 일이 아닌 다른 곳으로 돌리려 했지만 저는 가장 먼저 정한 명확한 핵심 목표를 고수했습니다. 에너지를 쪼개어 여러 방향으로 주의를 분산시키고서 성공할 수 있는 사람은 없다는 사실을 일찌감치 깨달았기 때문입니다."

— 윌리엄 리글리 주니어 William Wrigley Jr.
미국 '껌의 황제'

"제가 가진 모든 생각과 재산을 안전한 면도기 제작에 쏟아부은 결과 저는 인생의 과업을 달성했습니다. 그 덕에 큰 만족감과 많은 재산을 얻었을 뿐만 아니라 이 제품을 사용하는 수백만 명에게 값진 서비스도 제공할 수 있었습니다. 저는 삶이 한 가지 핵심 목표 이상을 달성할 만큼 충분히 길지 않다는 사실을 깨달았기 때문에 이 명확한 핵심 목표 하나만을 고수했습니다."

— 킹 질레트King Gillette
'안전면도기' 최초 제작자

"저는 에디슨이 발명한 구술 녹음기 '에디폰'의 판매와 유통에 모든 노력을 쏟아부었습니다. 에디슨에게서 노력을 집중할 때 얻는 이득을 일찌감치 배웠기 때문입니다. 제가 본 에디슨은 한 번에 한 가지에만 주의를 집중합니다. 그는 많은 발명품을 만들었지만 '발명' 그 자체에만 모든 관심을 쏟았고, 항상 한 번에 하나의 발명에만 주의를 기울였습니다. 아마 다른 무엇보다도 이 습관 덕분에 그는 발명가로서 눈부신 성공을 거두었을 것입니다."

— 에드윈 반스Edwin C. Barnes
에디슨의 유일한 사업 파트너이자 에디폰 유통자

"하나의 목표에 통제된 주의를 쏟아붓는 것은 인간이 이룬 모든 성취의 비결입니다. 이 기술을 노련하게 적용하는 사람은 다른 방법으로는 이용할 수 없는 힘의 원천에 다가서게 됩니다. 이 힘이 무엇인지, 그것을 어떻게 하면 가장 잘 이용할 수 있는지는 제가 답할 수 있는 질문이 아닙니다. 하지만 저는 모든 사업상 경험으로 그 힘을 사용했기 때문에 그 힘의 원천이 존재한다는 사실을 압니다. 그 힘은 어떤 상황에서는 인간이 겪는 모든 문제를 해결할 수 있는 무적의 힘이 됩니다."

—존 워너메이커
미국 펜실베이니아주 '필라델피아의 백화점왕'

"에너지를 여러 일에 분산시키는 사람은 눈을 가린 채 목표를 겨냥하고 총을 쏘는 사람에 비유할 수 있습니다. 그렇게 하면 목표는 맞히지 못한 채 여기저기 난사하게 됩니다. 통제된 주의력은 제가 가진 가장 훌륭한 자산입니다. 성인이 된 이후 거의 항상 그것을 사용했고, 특히 그레이트노던 철도 회사를 설립하고 운영할 때 그랬습니다."

—제임스 힐
그레이트노던 철도 회사 설립자

"첫 직장에서 경리로 일한 첫날부터 지금 이 순간까지 항상 한 번에 하나에 집중한다는 계획을 따랐습니다. 통제된 주의력을 발휘하면 일을 관리할 때 탁월한 지혜를 주는 힘의 원천을 만나게 됩니다. 여러 사업과 산업에 거액을 투자했지만, 생각을 쏟아부었던 정유업에서만 돈을 벌었습니다. 물론 다른 분야에도 투자하긴 했지만, 정유업 외의 어떠한 산업에도 주의를 빼앗기지는 않았습니다."

—존 록펠러John D. Rockefeller
스탠더드오일 창립자

"동생 오빌 라이트와 저는 항상 한 가지 목표에 주의를 집중하는 습관을 따랐습니다. 우리의 목표는 공기보다 무거워도 하늘을 날 수 있는 기계를 완성하는 것이었습니다. 우리가 다른 곳에 주의를 빼앗겼다면 그 기계를 결코 만들지 못했을 것입니다."

— 윌버 라이트
라이트비행기 공동 발명가

"현대적 상점에 대한 계획을 처음 구상했던 날부터 저는 제 상점을 운영하겠다는 명확한 핵심 목표에 모든 주의를 집중했습니다. 통제된 주의력은 다른 어떤 요인보다 사업이 성공하는 데 훨씬 더 중요한 역할을 했습니다. 우리 상점을 모방한 사람들이 비슷한 계획을 가지고 이 바닥에 뛰어들었고 일부가 꽤 잘해냈음에도 우리는 최초의 계획을 굳건히 밀고 나갔습니다. 그것이 우리가 오랫동안 이 분야에서 선두주자인 이유입니다."

— 프랭크 울워스Frank W. Woolworth
울워스의 파이브앤드텐센트 잡화점 창립자

"모두가 사업 성공에 마음을 집중해야 비로소 번성할 수 있음을 깨달았을 때 우리 회사는 '진짜' 성공하기 시작했습니다. 이 사실을 깨닫기 전에 우리는 서로 다른 생각을 하며 일했습니다. 명확한 핵심 목표, 황금률, 통제된 주의력을 결합해서 스러져가는 회사를 모든 직원에게 충분한 몫을 지급할 수 있는 회사로 탈바꿈시켰습니다. 이 세 가지 원칙을 결합하자 전에는 사용해 본 적 없는 힘의 원천에 접근할 수 있었습니다."

— 아서 내시 Arthur W. Nash

내시 주문 제작 의류 창립자

"뭔가를 잘하려면 한 번에 하나만 해야 한다는 사실을 깨달은 뒤 제경제적 사정은 달라졌습니다. 저는 평생을 풀먼침대차를 업그레이드하는 데 바쳤습니다. 다른 무엇보다 이것이 우리가 이룬 성공의 비결입니다."

— 조지 풀먼

최초의 최고급 기차 침대칸 사업가

"통제된 주의력을 명확한 핵심 목표, 황금률, 창조적 비전과 결합하자 우리 회사는 통신 판매 분야에서 누구나 인정하는 선두주자가 되었습니다. 명확한 핵심 목표, 황금률, 창조적 비전 가운데 저는 첫 번째 원칙인 명확한 핵심 목표를 강조합니다. 그것이 없으면 나머지 두 원칙은 경제적 의미를 상당 부분 상실하기 때문입니다."

— 줄리어스 로젠월드 Julius Rosenwald

세계 최초 통신 판매 회사의 전 소유주

"몸을 쓸 수 없게 된 뒤 저는 모든 정신력을 하나의 생각, 즉 리틀피그소시지 생산에 쏟아부었습니다. 그러자 놀랍게도 마비되기 전 몸 전체를 사용하면서 성취할 수 있었던 것보다 훨씬 더 많은 것을 통제된 주의력만으로도 이룰 수 있음을 깨달았습니다. 마스터 마인드 원칙의 도움을 받아 가족들의 신체적 능력을 이용해서 사업을 경영할 수 있었습니다. 하지만 가장 필요한 계획은 그 하나의 목표에 마음을 집중함으로써 이룰 수 있었습니다."

—마일로 존스

신체 마비에도 부를 축적한 농부

"모든 알을 한 바구니에 담고 그 바구니를 지키는 것이 건전한 정책이라는 카네기의 생각에 동의합니다. 저는 인생의 대부분을 좋은 자동차를 생산하고 판매하는 데 바쳤습니다. 모든 에너지를 이 하나의 명확한 핵심 목표에 집중시켰습니다. 한 번에 한 가지에 주의력을 집중시키는 자제력이 생겼을 때 무엇을 성취할 수 있는지를 보면 정말 놀랍습니다. 제가 거둔 성공은 모두 명확한 핵심 목표, 마스터 마인드, 창조적 비전, 개인의 체계적 노력, 자제력, 통제된 주의력을 활용한 결과입니다. 저는 특히 마지막 원칙인 통제된 주의력을 강조하고 싶습니다."

—월터 크라이슬러Walter C. Chrysler

크라이슬러자동차 설립자

이 철학을 정립하도록 영감을 주고, 그 초기 단계를 이끌었던 장본인인 카네기가 즐겨 사용하는 문구가 있다. 바로 이것이다.

"모든 알을 한 바구니에 담아라. 그러고 나서 아무도 걷어차지 못하도록 가까이서 지켜라."

물론 이 말은 단 하나의 명확한 핵심 목표에 모든 주의를 쏟아부으라는 뜻이다. 그는 철강업을 키우고, 거대한 재산을 축적하는 과정에서 정확히 그렇게 했다. (우연하게도 리글리 주니어는 성공철학이 정립되고 검증된 후 그것을 배운 첫 학생이었다.)

에디슨은 사실상 학교 교육을 받지 못했지만,
모든 주의력을 한 번에 한 가지 일에 집중하는 법을 터득했기 때문에
세계 최고의 발명가가 되었다.

Thomas A. Edison became the world's greatest inventor,
with practically no schooling,
solely by learning to concentrate his full attention on one thing at a time.

✦ 목표에 의지를 집중하는 순간 모든 난관은 사라진다

많은 사람이 1933년을 기억할 것이다. 그해 프랭클린 루스벨트 Franklin Roosevelt가 대통령으로 첫 임기를 시작했다. 당시 경기 침체로 미국인들의 마음속에는 두려움이 확산되었다. 경제는 대혼란에 빠졌고, 은행

은 망했고, 기업 활동은 중단되었으며, 무수한 사람이 해고되었다. '경제 공황'을 다루는 무시무시한 헤드라인이 신문을 도배했고, 모두가 두려움과 의심에 휩싸여 말하고 생각하고 행동했다.

심리학을 공부한 노련한 정치가였던 루스벨트 대통령은 이 두려움이 걷잡을 수 없이 퍼지는 것을 막기 위한 조치를 취했다. 그의 첫 조치는 소수가 아닌 전 국민을 대상으로 통제된 주의력 원칙을 활용하는 것이었다. 여기서 그의 행동을 분석해 보면 우리는 미국 역사상 최악의 비상사태였던 시기, 이 철학의 여러 원칙이 실제로 다양한 곳에 작용하는 모습을 보게 될 것이다.

루스벨트 대통령은 우선 상하원의장을 백악관으로 불러 회의를 열었다. 당파 관계를 잊고 국민의 신뢰를 되살리는 일에 모든 노력을 쏟아붓자고 설득했다. 그러고 난 뒤 신문사 대표들을 소집해서 비슷한 일에 전념하도록 요청했다. 종교 지도자들에게도 종파를 초월해서 같은 일을 해달라고 요청했고, 그들은 기꺼이 그렇게 하겠다고 했다. 라디오 아나운서들도 같은 일을 위해 동원되었다. 그들은 아메리카니즘을 국민의 마음에 심고자 최선을 다했다. 대통령 자신도 그 유명한 '노변정담爐邊情談'을 통해 국민에게 직접 메시지를 전했다.

이 외에도 일일이 다 언급할 수 없을 정도로 그는 많은 노력을 기울였다. 미국의 제도, 무엇보다 미국 국민인 자신에 대한 신뢰를 회복하기 위해 단 하나의 목표에 통제된 주의력이라는 원칙을 적용한 조치는 미국인들을 다시 하나로 뭉치게 했다.

결과는 마법과 같았다. 거의 하룻밤 사이에 '경제 공황'에 대한 무시

무시한 헤드라인이 사라졌다. 대신 '경기 회복'에 관한 헤드라인이 등장했다. 하지만 정말 애석하게도 이 신속한 변화를 발생시킨 힘의 중요성을 제대로 이해하는 사람은 극소수에 불과했다. 이 변화를 만든 힘이 바로 명확한 핵심 목표에 집중하게 한 통제된 주의력이었다.

나라에 비상사태가 닥쳤다. 이는 사실 누구도 전에 경험한 적 없는 수준의 위기였다. 사태의 심각성을 깨달은 국민들은 인종, 신조, 정치적 성향 등 편견을 버리고 '신뢰 회복'에 마음을 총집중했다. 그 결과 경제 전반이 실패에서 성공으로 전환되기 시작했다. 마음을 합쳐 통제된 주의력을 가지고 명확한 핵심 목표를 뒷받침하면 무슨 일이 벌어지는지 보여주는 인상적인 사례다.

이처럼 미국이라는 나라 전체에 통했듯 이 원칙은 개인에게도 잘 통한다. 평범한 뇌를 통제된 주의력으로 명확한 목표를 향하게 만들면 소소한 문제는 말할 것도 없고, 인생의 주요 문제를 해결할 만큼 충분한 힘을 이용할 수 있다. 그러니 통제된 주의력이라는 습관을 따르면 당신이 가진 소소한 문제들은 대부분 사라질 것이다.

성공한 사업가뿐만 아니라 이 주제에 대해 생각해 본 적이 있는 사람들은 곤란한 문제에 대처하는 최선의 방법을 오래전부터 알고 있었다. 그 방법은 용감하고 지체 없이 모든 주의를 그 문제에 쏟아붓고 마음을 집중시켜 해결하는 것이다. 반드시 해결하고야 말겠다는 의지로 주의력을 가장 힘든 문제에 집중시켰을 때 깜짝 놀랄 정도로 순식간에 문제가 사라짐을 경험할 것이다.

하지만 보통 사람들은 이런 식으로 문제에 대처하지 않는다. 게으른 사람들이 먼지를 카펫 밑으로 숨겨버리듯이 사소한 문제를 신경 쓰지 않고 방치함으로써 큰 문제로 키운다.

한 유명한 심리학자가 통제된 주의력에 대해 이렇게 설명했다.

"결연한 의지로 뒷받침하면, 통제된 주의력은 가장 복잡하고 어려운 문제의 핵심을 관통한다."

그는 통제된 주의력이 문제의 핵심을 관통할 뿐만 아니라 뚫린 구멍 주변으로 남은 것이 모두 사라질 때까지 계속 구멍을 낼 것이라고 덧붙였을지도 모른다.

잡지《더 새터데이 이브닝 포스트The Saturday Evening Post》의 전 소유주였던 사이러스 커티스Cyrus H. K. Curtis는 통제된 주의력에 대해 이렇게 말했다.

"제가《더 새터데이 이브닝 포스트》를 인수할 당시엔 이름과 부채밖에 없었습니다. 제 명확한 핵심 목표는 이 잡지를 미국에서 가장 훌륭한 잡지로 만드는 것이었습니다. 이 목표를 뒷받침하기 위해 주의력과 돈, 친구들 사이에서 제가 가진 영향력을 모두 집중시켰습니다. 더불어 이 잡지의 미래에는 한계가 없다고 믿었습니다.

그러나 운영 자본이 많이 부족했습니다. 첫해에는 이 믿음이 저보다 조금이라도 덜한 사람이었다면 그 누구라도 낙담시킬 만큼 우여곡절이 많았습니다. 이 회사를 포함해서 가진 것을 모두 매각하여 마련할 수 있는 금액보다도 더 많은 빚을 지던 때도 있었습니다. 채권자들은 우리의 사정을 이해해 주지 않았습니다.

친한 친구들은 제게 이 잡지를 포기하고 운영 자본과 수고스러움이 덜한 일을 찾으라고 설득했습니다. 하지만 저는 목표를 세우고 그것을 달성하기로 다짐한 만큼 아무리 오래 걸린다고 해도 혹은 그 어떤 노력을 쏟아부어야 한다고 해도 이 일을 꼭 해내야겠다고 생각했습니다.

수년간 이런 일을 겪었고, 간혹 극심한 적자에 빠지는 바람에 탈출구가 없는 것처럼 보이기도 했습니다. 엄밀히 말해 저를 제외한 모두의 눈에 그렇게 보였을 것입니다. 그런 고난의 시간을 보내는 동안 눈앞의 일에만 마음을 집중했습니다. 제가 포기하기를 바라는 친구들의 간청에는 마음 쓰지 않았습니다. 저는 늘 포기하는 사람들, 특히 최선의 노력을 해보기도 전에 포기하는 사람들을 경멸했습니다.

이제 큰 싸움은 끝났고, 마침내 저는 이겼습니다. 제가 처음에 의도했던 회사로 만드는 데 성공했습니다. 이것은 제 경쟁자들도 인정했습니다. 만일 같은 싸움을 다시 해야 한다면 그렇게 할 것입니다. 어려운 싸움 끝에 승리한 사람이 얻는 보상이 있기 때문입니다. 안타깝게도 다른 사람은 절대 알지 못할 보상입니다."

《더 새터데이 이브닝 포스트》를 볼 때마다 속으로 생각하라. 이 잡지가 바로 통제된 주의력이 명확한 목표와 결합될 때 결코 패배할 수 없음을 보여주는 증거라는 것을.

괄목할 만한 성공을 이룬 사람들의 성공담은 모두 이런 식이다. 앤드루 카네기의 표현을 빌리자면 그들 모두 나름의 '시험 기간'을 거친다. 그 과정에서 그들이 어떤 패기를 가졌는지 드러난다. 나는 어려움과 불쾌한 경험을 겪지 않고도 큰 성공을 거두었다는 말을 들어본 적이 없다.

통제된 주의력은 시험 기간 동안 가장 두드러지게 나타나는 특성이다.

《더 새터데이 이브닝 포스트》는 이제 미국 최고의 잡지 가운데 하나로, 출판업계로부터 부러움을 사고 있다. 하지만 과연 매주 이 잡지를 읽는 수많은 사람이 잡지의 초창기 역사에 대해서도 알고 있을까? 혹은 이 잡지가 마음, 즉 불굴의 용기를 가진 한 사람의 마음, 즉 어려운 시기에도 계속해 나가기 위한 비전과 상상력, 열정, 진취성이 낳은 결실임을 알고 있을까? 아울러 이 잡지가 창간된 이래로 나타났다 사라진 수많은 잡지와 비교할 때 이 잡지의 위대함은 초창기 커티스가 이 잡지를 키우며 겪은 어려움에 거의 정확히 비례한다는 사실을 얼마나 많은 사람이 깨달았는지도 궁금하다.

내가 굳이 《더 새터데이 이브닝 포스트》를 예로 든 까닭은 많은 사람이 이 잡지를 알기 때문이다. 이러한 사례는 거의 모든 산업에서 찾을 수 있다. 온 마음을 명확한 핵심 목표에 쏟아부어 '시험 기간' 동안 사업을 잘 이끌어 결국 성공을 이룬 사람 혹은 그런 사람들로 구성된 작은 집단은 어디에나 있다.

✤ 역경은 성공의 씨앗을 품고 있다

노력을 한곳에 집중할 때 얻는 힘에 관해서는 미국의 역사 속 사례보다 더 훌륭한 예를 찾기 어렵다. 오늘날 미국은 우리가 좀처럼 경험하기 힘든 투쟁과 역경 그리고 개인의 희생을 통해 탄생했다.

　미국의 초기 역사에서 독립선언으로 시작되는 부분을 읽으려면 며칠 밤이 걸릴 것이다. 당시 56인의 용감한 인물들은 우리에게 자유를 선사하기 위해 세상에서 가장 중요한 문서에 서명했다. 이들 모두 이 행동으로 인해 교수형에 처해질 수 있음을 알고 있었다.

　오늘날 미국인들을 포함한 대부분 국가의 국민은 개인의 자유가 주는 모든 축복과 권리 그리고 풍요로운 기회를 파괴하려는 전 세계적인 비상사태에 직면해 있다.

　우리는 모두 이 중대한 결정이 내려진 '그날'을 알고 있다. 하지만 국민의 결속을 파괴하는 일이 왜 일어나는지 조사하며 나는 우리가 그날의 역사가 가르쳐주는 교훈을 왜 배우지 못했는지 도무지 알 수 없었다. 아울러 1933년 프랭클린 루스벨트 대통령이 명확한 핵심 목표와 결합한 통제된 주의력의 원칙을 활용해 두려움의 확산을 막고, 일시적으로라도 신뢰를 되살리기 위해 동원한 방법을 사람들이 왜 그렇게 금세 잊어버렸는지도 알고 싶다.

　과거에 이러한 원칙들이 통했던 것처럼 분명 오늘날에도 똑같이 통할 수 있다. 165년 전 압제로 고통받을 때 도움이 되었던 국민적 단합은 오늘날 당면한 위기에도 똑같이 도움이 될 것이다. 만일 이 원칙이 나라 전체에 도움이 된다면 마스터 마인드 원칙에 따라 바람직한 목표를 달성하려 애쓰는 소수의 사람들에게도 똑같이 도움이 될 것이다. 국민들이 명확한 핵심 목표 달성을 위해 조화의 정신으로 힘을 합쳐 노력하면 그 노력에 추진력을 더해주는 신비한 힘의 도움을 받게 된다. 특히 박해받아 하나가 된 순교자들이라면 어떤 기묘한 이유에서인지 그들이 사용할 수 있는 힘이 더 뚜렷하게 증가한다.

약 100년 전 조지프 스미스Joseph Smith가 모르몬교를 창시했다. 스미스와 그의 추종자들이 사는 공동체에서 종교 전쟁이 발발했고, 그 결과 스미스와 그의 형제 하이럼 스미스Hyrum Smith가 미국 일리노이주에 소재한 교도소에 수감된 뒤 살해당했다. 그 후 브리검 영Brigham Young이 지도자가 되어 대다수 신자를 당시 미국 유타주의 황무지로 이주시켰다. 그들은 굶어죽지 않기 위해 겨우 먹을 만큼의 식량과 파종용 씨앗, 살림살이를 가지고 원주민과 비바람을 이겨가며 그곳에 정착했다.

가지고 간 씨앗으로 파종을 했으나 싹이 자라기 무섭게 메뚜기 떼가 습격해서 먹어치웠고, 설상가상으로 미국 정부가 일부다처제를 단속한다는 명분으로 군대를 보냈다. 그러나 신자들은 버텨냈다. 세월이 흘러 신자들은 자급자족할 수 있게 되었다. 모르몬교는 심하게 배척당했지만, 경제 공황 때 그들은 자급자족과 스스로 결정하는 삶을 사는 길을 찾았다.

지금 우리는 모르몬교나 그 신자들에게 관심이 있는 것이 아니다. 그들처럼 한 집단의 사람들이 '순교자'가 될 때 무슨 일이 벌어지는지에 주목하고자 한다. "역경은 그에 상응하는 성공의 씨앗을 가져온다"라는 앤드루 카네기의 명언이 얼마나 타당한지 보여주는 설득력 있는 예시다.

모르몬교도들은 거의 인간의 인내심을 넘어서는 수준의 역경을 겪었다. 그들의 종교 또는 대의명분 등에 대해서는 전혀 관심이 없지만, 그들이 어떻게 자신들의 재산과 노력을 결합하여 각 개인이 공적 부조를 받지 않고도 삶의 필수품을 얻을 수 있었는지, 그 비결을 배우고 싶다.

그들이 보여준 자기 결정의 '비결'은 생존을 위해 싸우는 동안 계발된 인내의 정신이다. 그들은 자신들을 없애려는 사회에 대항해서 스스로를 지키기 위해 얼마 되지 않는 경제적·영적 자원을 한데 모았다. 그러는 동안 그들은 통일된 목표와 조율된 물리적 노력에서 강력한 힘이 발생한다는 사실을 깨달았다. 마스터 마인드 원칙을 발견했을 뿐만 아니라 전멸 그리고 공적 부조를 수락하는 굴욕에서 스스로를 구했다.

모르몬교도들은 통제된 주의력의 원칙을 이해했을 뿐만 아니라 아주 성공적으로 사용했다. 그 덕분에 그들을 파괴하려고 혈안이 된 세상에서 패배하지 않고 승리를 거두었다. 상황상 명확한 핵심 목표에 주의를 집중해야만 했고, 그러지 않으면 전멸당할 처지였기에 처음에는 이 원칙의 적용은 필수적이었을 테지만 이 원칙이 가진 거대한 힘을 깨닫게 되면서 아마도 그 후에는 선호에 따라 사용했을 것이다.

어디서 발견하든 진리를 깨닫자. 아울러 그 원천이 무엇이든 진리를 끌어와 이용하자. 적어도 우리 자신에게는 공정하자. 그리고 100년 전 습관이 아닌 현재의 습관으로 그것을 분석하자.

✦ 믿음에 기반한 통제된 주의력, 기도

온 세상이 부조화의 상태에 빠져 있다. 미국을 비롯한 모든 나라에서 인간관계가 파괴되며 문명을 위협하는 수준에 처해 있다. 그러므로 우리는 삶과 조화롭게 관계 맺는 법을 발견한 개인이나 집단이 사용하는 방법을 관찰할 필요가 있다.

설령 오직 한 사람만이 세상과 조화롭게 사는 법을 발견했다 해도 우리는 그의 철학을 연구해야 한다. 그에게 다가갔다 실망할지언정 남아서 간절히 바라는 것이 더 이로울 수 있기 때문이다.

통제된 주의력은 사물과 사람이 겉보기와는 다르게 어떤 본질을 가지고 있는지 꿰뚫어 볼 수 있게 한다. 지금 세상에는 이런 분석이 필요하다. 우리는 대개 사물과 사람의 겉모습과 물질적인 측면만을 보려는 경향이 지나쳐서 그 안의 실체를 놓치고는 한다. 이 통탄할 습관 때문에 전세계가 영적으로 몰락하기 일보 직전이다.

이 철학은 원래 개인의 성취에 관한 철학으로 타인의 권리를 침해하지 않고서 삶에 필요한 물질을 얻을 수 있는 능력을 갖추게 하기 위해 고안되었다. 앤드루 카네기는 이 점을 염두에 두고서 이 철학을 위한 연구를 제안했다. 하지만 카네기가 살던 시대 이후로 세상이 변했다. 이제 완전히 새로운 세상을 마주하고 있다. 영적으로 부유한 세상이자 더 세련된 인간관계 기술이 나타난 세상이다. 나는 이 장을 읽는 당신이 더 큰 이해의 정신을 가질 수 있기를 바란다.

나는 통제된 주의력과 평범한 노력을 집중하는 것이 서로 다름을 보여주고자 했다. 이 차이의 본질과 정도를 확실히 이해하고 넘어가자. '통제'라는 단어가 이 차이를 설명하는 핵심이다. 통제된 주의력은 마음의 모든 능력을 조율하고, 그렇게 결합된 힘이 주어진 목표를 향하도록 하는 행위다. 가장 높은 수준의 자제력이 필요하다. 또한 통제된 습관도 계발해야 한다. 사실 잘 계발된 사고 습관의 영향력이 뒷받침되지 않으면 주의력을 통제할 수 없다.

이제 통제된 주의력이 적용되는 몇 가지 상황을 살펴보자.

기도하는 사람이 기도의 진정한 의미를 이해하고, 두려움과 의심이 없는 상태에서 기도한다면 그는 자신의 이성, 의지 그리고 기타 모든 마음의 능력을 제쳐두고 오직 감정의 능력만을 사용하여 기도하게 된다. 마음을 통제하여 모든 긍정적인 감정, 특히 믿음을 기도의 대상에 집중시켜 그 성취에 대해 깊은 신념을 가짐으로써 이미 그것을 손에 넣은 자신을 볼 수 있다. 이런 통제된 주의력 상태에서 무한한 지성과 직접 연결된다. 기도에 대해 긍정적인 응답을 받으면 그 응답은 영감을 받은 아이디어, 계획, 방법의 형태로 나타난다. 이를 통해 자신이 기도한 것을 노력하여 얻게 된다.

기도할 때 사용하는 말은 중요하지 않다. 마음가짐이 중요하다. 반드시 믿음이 있어야 한다. 기도의 대상을 얻을 수 있다는 사실에 일말의 두려움이나 의심 혹은 우유부단함을 가진다면 부정적인 결과를 초래한다. 자신의 마음에서 기도의 대상을 제외한 다른 생각은 지워야 하며, 원하는 결과가 나올 때까지 계속해야 한다. 더러 몇 초 안에 결과가 나타나기도 하지만, 기도의 성격과 그것을 이루는 데 필요한 것에 따라 몇 시간, 며칠, 몇 달 혹은 몇 년이 걸릴 수도 있다.

마음이 두려움에 사로잡혀 있으면 도움이 아주 절실하더라도 기도는 좀처럼 원하는 결과를 내지 못한다. 자연법칙을 중단하거나 우회 혹은 위반하는 것을 위한 기도 또한 부정적인 결과를 가져온다. 다른 사람이 망하기를 바라는 기도도 효과가 없다. 그도 그럴 것이 그런 것을 바라는 사람의 마음속에는 복수심, 탐욕, 이기심 등 그 기도의 효과를 없애는 여러 부정적인 감정이 섞여 있기 때문이다.

기도가 이루어지려면 그것을 표현하기 위해 마음의 준비를 충분히 해야 한다. 여기서 말하는 마음의 준비가 바로 믿음에 기반한 통제된 주의력이다.

30년간 록펠러 연구소에서 생물학을 연구한 생물학자이자 『인간의 조건』을 집필한 저자, 알렉시스 카렐Alexis Carrel은 《리더스다이제스트》에 기도를 분석한 글을 다음과 같이 실었다.

기도는 단순한 숭배가 아닙니다. 보이지 않는 방식으로 발산된 숭배 정신이기도 합니다. 기도는 사람이 발산할 수 있는 에너지 가운데 가장 강력한 형태입니다. 기도가 인간의 몸과 마음에 미치는 영향은 확실하게 증명할 수 있습니다. 기도가 가져오는 결과는 신체적 고양, 지적 활력의 증가, 도덕적 힘의 증가, 인간관계의 근간을 이루는 현실에 대한 이해 심화로 측정될 수 있습니다.

진심 어린 기도를 하는 습관을 들인다면 삶이 눈에 띌 정도로 심오하게 바뀔 것입니다. 기도는 우리의 행동과 태도에 지울 수 없는 흔적을 새깁니다. 따라서 내적인 삶이 풍요로운 사람들에게서 태도의 평온함, 즉 얼굴 표정과 신체의 평온함을 관찰할 수 있습니다.

의식 속에서 불길이 타오릅니다. 그 안에서 자기 자신을 마주하고, 진정한 자신을 발견합니다. 자신의 이기심, 어리석은 자존심, 두려움, 탐욕, 실수를 발견합니다. 도덕적 의무감과 지적인 겸손함이 생기며, 은총을 향한 영혼의 여행이 시작됩니다.

기도는 중력처럼 실재하는 힘입니다. 의사로서 저는 사람들이 여러 치료법을 거친 후 결국 마지막 수단으로 차분하게 기도한 끝에 질병과 우울에서 벗어나는 모습을 목격했습니다. 기도는 이른바 '자연법칙'을 극복하는 유일한 힘으로 보입니다. 기도가 자연법칙을 극적으로 극복하는 상황을 '기적'이라고 부릅니다. 하지만 기도가 일상에서 지속적인 힘을 꾸준히 제공한다는 사실을 발견한 사람들의 마음속에서는 이 기적이 매시간 더 차분하고 지속적으로 발생합니다.

많은 사람이 기도를 그저 말로 하는 정형화된 루틴, 약자들의 도피처 혹은 물질적인 것을 바라는 유치한 청원으로 치부합니다. 안타깝게도 기도를 저평가하는 생각입니다. 마치 내리는 비를 정원의 새 물통이나 채워준다고 저평가하는 것과 같습니다. 기도의 의미를 제대로 이해하면 기도는 인간이 가진 최고의 능력이 궁극적으로 통합되는 활동이자 인격의 완전한 계발을 위해 없어서는 안 되는 성숙한 활동이 됩니다. 기도 안에서 우리는 연약한 인간 갈대에서 흔들리지 않는 강인함을 주는 몸과 마음, 영혼의 완전하고 조화로운 결합으로 나아갈 수 있습니다.

"구하라, 그러면 너에게 주어질 것이다"라는 말은 인류의 경험으로 입증되었습니다. 물론 기도가 죽은 아이를 되살리거나 신체 고통에서 완전히 벗어나게 할 수는 없습니다. 하지만 기도는 라듐처럼 빛이 나는, 스스로 발생하는 에너지의 원천입니다.

기도가 그 역동적인 힘으로 우리를 어떻게 강화하는지에 답하기 위해 (인정하건대 과학의 영역 밖에서 찾아야 합니다) 저는 모든 기도에 하나의 공통점이 있음을 지적하지 않을 수 없습니다. 웅장한 성가극 속 우렁찬 찬미의 외침이든 사냥에 행운이 따르기를 간청하는 이로쿼이족 사냥꾼의 소박한 간청이든 모두 같은 진실을 보여줍니다. 모든 에너지의 무한한 원천에 청함으로써 인간이 자신의 유한한 에너지를 키우고자 한다는 것입니다.

우리는 기도할 때 스스로를 우주를 돌아가게 하는 원동력과 연결합니다. 필요를 충족하기 위해 이 힘의 일부를 할당해 달라고 청합니다. 심지어 청하기만 해도 인간의 결함을 최소화하며, 이로써 우리는 강인해지고 회복됩니다.

하지만 단순히 기분을 만족시키기 위해 신을 찾아서는 안 됩니다. 한낱 청원이 아닌 신의 모습에 좀 더 다가가게 해달라는 간청으로서 기도를 이용할 때 가장 큰 힘을 얻을 수 있습니다. 기도는 신의 실재를 실천하는 수단이라 여겨야 합니다.

한 늙은 농부가 동네 교회의 맨 뒷자리에 홀로 앉아 있었습니다. 그에게 "무엇을 기다립니까?"라고 묻자 이렇게 대답했습니다.

"저는 신을 바라보고 있고, 신도 저를 바라보고 있습니다."

이처럼 신에게 인간을 기억해 달라고 기도할 뿐만 아니라 인간이 신을 기억하기 위해서도 기도합니다.

기도를 어떻게 정의할 수 있을까요? 기도는 신에게 도달하려는 노력이자 보이지 않는 존재이며 만물과 궁극의 지혜, 진리, 아름다움, 강인함이고, 모든 인간의 아버지이자 구원자인 존재와 소통하려는 인간의 노력입니다. 기도의 이런 목표는 드러나 있지 않기 때문에 우리는 알지 못합니다. 말과 생각으로 신을 묘사할 수 없기 때문입니다. 하지만 우리는 열렬히 기도하며 신을 찾을 때마다 몸과 마음이 더 좋아짐을 느낍니다. 누구든 한순간이라도 기도하면 좋은 결과를 얻을 수 있습니다. 랠프 월도 에머슨Ralph Waldo Emerson은 "기도하면 누구나 반드시 무언가를 배우게 된다."라고 말했습니다.

어디서든 기도할 수 있습니다. 조용한 자기 방이나 교회에 모인 신자들 사이에서뿐만 아니라 거리, 지하철, 사무실, 상점, 학교에서도 기도를 할 수 있습니다. 정해진 자세도 없으며 시간과 장소의 구애도 받지 않습니다.

스토아학파의 철학자 에픽테토스는 "숨 쉬는 것보다 더 자주 신에 대해 생각하라"라고 말했습니다. 진실로 인격을 수양하려면 반드시 기도를 습관화해야 합니다. 아침에 기도하고 하루 종일 야만인처럼 산다면 소용없습니다. 참된 기도는 또 다른 삶의 방식이며, 가장 진실된 삶은 기도하는 또 한 가지 방법입니다.

최고의 기도는 재능 있는 연인들이 주고받는 즉흥시와 같습니다. 항상 같은 것을 기도하지만 같은 말을 두 번 하지 않습니다. 신에 대한 흠모를 신비로울 정도로 아름다운 말로 전한 테레사 수녀나 성 베르나르만큼 창의적일 수는 없겠지만, 다행히도 우리는 그들처럼 유려하게 기도할 필요가 없습니다. 기도하고 싶다는 아주 작은 충동만 있어도 신은 압니다.

설령 우리가 애석하게도 말을 못 하거나 허영심 혹은 기만이 혀를 덮고 있다 해도 신은 작은 음절까지도 모두 받아주며 우리에게 강렬한 사랑을 보여줍니다.

그 어느 때보다 개인과 국가의 삶에 기도가 필요합니다. 애석하게도 힘과 완벽함의 가장 깊은 원천이 계발되지 않은 채 남아 있습니다. 우리는 일상생활에서 가장 기본적인 영적 행위인 기도를 적극적으로 실천해야 합니다. 방치되었던 인간의 영혼이 다시금 제 모습을 찾을 수 있게 충분히 강화해야 합니다. 기도의 힘이 다시 풀려나 평범한 사람들의 삶에서 사용된다면, 영혼이 그 목적을 명확하고 담대하게 선언한다면 더 나은 세상을 바라는 우리의 기도가 응답받을 희망이 아직 남아 있기 때문입니다.

♦ 통제된 주의력이 만드는 조화와 사랑, 영적인 힘

우리는 앤드루 카네기가 마스터 마인드 그룹의 모든 구성원의 마음이 완벽한 조화를 이루어야 한다고 강조한 이유를 완전하게 이해해야 한다. 그룹에 속한 단 한 명만 조화롭지 못해도 마스터 마인드가 가진 통제된 주의력은 파괴된다. 집단보다는 개인이 통제된 주의력을 더 쉽게 달성할 수 있다. 여러 사람을 한데 모아 공동의 목표 달성을 위해 개인적인 욕구나 동기를 모두 양보하게끔 하는 일은 무척 어렵기 때문이다.

모르몬교도들은 모든 동기 가운데 가장 강력한 자기 보존 욕구에 따라 그렇게 할 수 있었다. 행동과 정신으로 동료와 함께 노력하느냐 마느냐에 내 목숨이 달려 있다면 동료의 이익을 위해 내 욕구를 양보하기란 아주 쉽다.

카네기는 마스터 마인드 그룹이 완벽한 조화를 이루어야 할 필요성을 거듭해서 강조했다. 마스터 마인드 구성원들과의 관계를 조화롭게 유지시킨 것은 그가 이룬 탁월한 성취의 주된 비결이었다.

그는 마스터 마인드 구성원과의 관계를 잘 조정하여 그들 모두가 그의 도움 없이는 달성할 수 없었을 법한 수준을 훨씬 뛰어넘는 부를 쌓을 수 있게 했다. 인간 본성에 대한 예리한 판단력을 가진 터라 그는 다른 어떤 이유보다 충분한 동기가 있으면 인간이 주의력을 통제한다는 사실을 간파했다. 카네기는 그의 마스터 마인드 구성원들에게 완벽한 조화의 정신으로 그에게 협력할 동기를 많이 제공했는데, 특히 금전적 이득에 대한 욕구를 이용했다.

실용적인 심리학을 이해하는 영업 관리자들은 영업 사원들에게 보너스, 상, 특전 같은 형태로 추가 보수를 제공하여 그들을 더 노력하게 만든다. 성공한 영업 관리자들은 항상 추가 보상 시스템을 운영한다. 사람들이 자기 마음의 주인으로서 조화의 정신으로 공동의 목표를 향해 일하게끔 유도하는 가장 좋은 방법이 보상임을 경험을 통해 깨달았기 때문이다.

반면 경험이 부족한 영업 관리자들은 실적 향상을 위해 해고 위협 같은 다른 방법에 의존한다. 해고하겠다고 으름장을 놓는 방법은 더러 만족스러운 결과를 보이기도 하지만, 실은 일시적일 뿐이다. 어떤 인간관계에서든 영구적인 성공은 상호 신뢰와 조화의 정신을 바탕으로 한다. 다른 것에 기반한 인간관계는 어떤 성격이든 어떤 목적으로 형성되었든 실패할 수밖에 없다. 모두 이 점을 명심하라.

세상은 현재 대부분 조화로운 인간관계의 중요성을 간과하는 비상 사태를 겪고 있다. 전 세계가 너무도 뚜렷하게 이기심, 탐욕, 시기, 복수, 증오, 욕정, 욕심, 두려움, 의심, 우유부단함 등 거저 얻으려는 욕구로 지배된 상태에서 인간관계의 조화가 나타나기는 어렵다. 이러한 부정적 마음에 지배당한 개인에게 마음의 평화나 영구적인 성공 또한 있을 수 없다. 통제된 주의력은 모든 부정적인 마음 상태를 없앨 수 있는 주요한 원칙 가운데 하나다.

교황 비오 11세는 라디오를 통해 제1차 세계대전은 죄악에 찌든 세상에서 죄를 없애기 위한 하느님의 방법이라는 의견을 피력했다. 상식에 비추어 볼 때 이 세상 사람들(물론 예외는 있다)은 세계대전이 시작된 이래로 잘못된 방식을 통해 서로 관계를 맺고 있으니 교정되어야 하는 것은 맞다.

사랑은 사람들 사이에 조화로운 관계를 맺을 때 가장 효과적인 인간의 감정이자 마음 상태다. 사랑은 영혼에 관한 것으로, 신에게서 비롯되었다. 가장 고귀한 형태로 작용하는 통제된 주의력을 보고 싶다면 사랑의 정신으로 서로를 이해한 남녀를 관찰하라. 아울러 이런 마음 상태가 마음에서 다른 모든 생각을 얼마나 쉽게 지우는지도 주의 깊게 살펴보라. 참된 사랑이 자리를 잡으면 연인들의 마음에 시기, 탐욕, 복수심, 욕정, 이기심 등 거저 얻으려는 욕구가 파고들 자리가 없다.

나는 지금 '풋사랑' 같은 일종의 감상주의나 사랑으로 자주 오해되는 성욕을 말하는 것이 아니다. 사람들을 한데 뭉치게 하는 영적인 힘을 말하고 있다. 개개인이 (영적으로) 상대방의 일부가 되는 그런 관계 말이다.

사랑은 두 사람 사이의 영적인 조화다. 이 관계는 남녀에게만 국한되지 않는다. 참된 정신이 자리 잡은 곳이라면 어디든 사람들 사이에 그런 관계가 존재한다. 이것은 종교적 신조나 교리와 아무런 관련이 없다. 그저 가장 고귀한 형태의 인간 교류일 뿐이다. 인간관계가 사랑으로 이루어지면 조화와 이해가 자리한다. 사람들 사이에 존재하는 명확한 핵심 목표를 향한 통제된 주의력이다. 사랑의 영향을 받는 사람은 기꺼이 자신이 '형제의 수호자'라고 인식한다.

자유가 국민들이 공통으로 누리는 특권이 되도록 독립선언문에 서명했던 인물들이 자신의 삶을 기꺼이 자발적으로 저당 잡힌 것도 바로 이 신성한 사랑의 정신에서 비롯되었다. 그들의 동기에는 이기적인 면이라고는 전혀 없었다. 조금의 두려움도 없었다. 그들이 가진 명분의 정당성을 확신했기에 처음부터 승리하리라 예상한 56인이 공유했던 지속적 믿음이 낳은 결과다. 사람들이 주의를 통제하고 이를 명확한 목표에 맞추어 집중할 때, 그들은 반대 세력에 성공적으로 맞설 수 있는 힘의 원천을 사용할 수 있다. 폭군은 이런 힘을 절대 사용할 수 없다. 영적인 힘을 파괴적으로 사용하는 일은 불가능하기 때문이다. 영적인 힘은 결코 무언가를 파괴하지 않는다.

✦ 위대한 인물들이 말하는 통제된 주의력

통제된 주의력은 어떤 노력에서든 숙달로 이끄는 원천이다. 마음의 힘을 명확한 목표에 집중시키고 자기 의지에 따라 그 방향을 유지할 수 있게 하기 때문이다. 통제된 주의력은 최고 수준의 자기 통제다. 자기 마음을 통제할 수 있는 사람이 자신의 길을 막는 모든 방해물을 통제할 수 있다는 것도 인정받은 사실이다.

자신이 무엇을 원하는지 정확히 알고 거기에 주의력을 쏟아부으며 반드시 이기겠다는 의지까지 더하는 사람은 대개 실망하는 법이 없다. 더 강력한 반대 의지를 제외하고 무엇도 그를 무너뜨릴 수 없기 때문이다. 그러한 집중된 노력은 극복할 수 없을 것처럼 보이는 장애물마저 해결할 방법을 찾게 한다. 해리엇 비처 스토Harriet Beecher Stowe가 글을 쓸 때 염두에 두었던 의지력은 바로 이런 종류였다.

마음의 힘을 연구한 위대한 인물들은 모두 마음이 어떤 문제에 부닥치든 해결하기에 충분한 특성을 갖고 있음을 발견했다.

"당신이 어려운 상황에 처하고 모든 것이 당신에게 불리하게 돌아가서 단 1분도 더는 버틸 수 없을 것처럼 느껴진다고 해도 결코 포기하지 마라. 물결이 곧 그 장소와 시간을 뒤엎을 것이다."

— 해리엇 비처 스토

"제일이자 최고의 승리는 자신을 이기는 것이다. 자신에 의한 패배는 무엇보다도 가장 수치스럽고 불쾌하다."

— 플라톤Plato

"깨우친 마음은 속지 않는다. 자신이 세운 감옥의 벽이 우주의 한계이며, 손발을 묶은 사슬이 닿는 곳이 지성의 끝이라고 생각하지 않는다."

— 헨리 워즈워스 롱펠로Henry Wadsworth Longfellow

"이 짧은 생에서 위대한 일을 하려는 사람은 즐거움만을 추구하며 사는 한가한 구경꾼들의 눈에 정신 이상으로 보일 정도로 가지고 있는 모든 힘을 끌어모아 일해야 한다."

— 프랜시스 파크먼Francis Parkman

"지식은 정복을 위해 필수적이다. 무지에 비례하여 우리는 무력해진다. 생각은 인격을 만들고, 인격은 상황을 지배할 수 있다. 의지는 상황과 환경을 만든다."

— 애니 베전트Annie Besant

"살면 살수록 사람 사이의 차이, 즉 약자와 강자, 훌륭한 자와 형편없는 자를 구분 짓는 것이 에너지, 불굴의 결단력, 일단 목적을 정하면 죽거나 승리할 때까지 그것을 추구하는 마음가짐이라는 확신이 깊어진다."

— 토머스 파월 벅스턴Thomas Fowell Buxton

"한 줄기 빛, 하나의 소중한 단서가 사람의 전체 정신을 명료하게 하고 활기차게 하는 방식은 지적인 현상 가운데 가장 놀랍고도 신비롭다. (⋯) 나는 무엇이든 할 만한 가치가 있는 일을 해내려면 의지력을 철저하게 준비해야 한다고 생각한다. 의지력이야말로 사람과 모닥불 옆 고양이를 구별하는 주된 특성이다."

— 아널드 베넷Arnold Bennett

"용기와 인내의 마법 앞에서는 어려움과 장애물이 사라진다."

— 존 퀸시 애덤스John Quincy Adams

"위대한 마음에는 목적이 있지만 다른 마음에는 단순한 소망만 있다. 보잘것없는 마음은 불운 때문에 길들여지고 짓눌린다. 하지만 위대한 마음은 그것을 밟고 올라선다."

— 워싱턴 어빙Washington Irving

"굳건하고 결의에 찬 정신을 가졌다는 사실을 깨달으면 신기하게도 주변에 공간이 생기고, 여유와 자유를 누리게 된다."

— 존 포스터John Foster

"누군가를 이해하는 열쇠는 그가 가진 생각이다. (⋯) 신이 이 지구에 언제 사상가를 풀어놓을지 주의해서 관찰하라."

— 랠프 월도 에머슨

그렇다. 해리엇 비처 스토가 말한 것처럼 마음의 상태는 '물결'과 관련이 많다. 물결이 자신에게 유리하게 바뀌는 모습을 보리라 결심한 사람에게 물결은 항상 그렇게 움직이는 것처럼 보인다.

훌륭한 사상가들의 생각을 들여다볼 때마다 그들이 저항할 수 없는 어떤 힘을 깨달았다는 증거를 발견한다. 그 힘은 명확한 핵심 목표를 향하도록 조직할 때 생긴다. 위대한 마음은 불운을 딛고 올라선다. 위대한 마음을 만드는 특성 가운데 하나가 집중된 노력이 뒷받침된 명확한 핵심 목표라는 진리를 잊지 말자.

나는 자신이 어디로 가는지 알고 있는 사람의 결연한 모습을 보면서 그 진실을 여러 번 목격했다. 사람들이 어깨 너머로 그를 뒤돌아보며 어리둥절해했지만, 재빨리 옆으로 비켜 그에게 길을 내주는 모습을 실제로 보았다.

이처럼 결의에 찬 마음은 영향력을 투사하고 그 영역 안에 있는 모든 사람이 그 영향력을 느낄 수 있게 한다. 사람들로 붐비는 방 안에 그런 마음을 지닌 사람이 들어오는 순간, 설령 대놓고 그를 보지 못하더라도 그 마음을 알아챌 수 있다.

이제 앤드루 카네기가 통제된 주의력을 어떻게 분석했는지 소개할 차례다. 이 분석은 1908년 내가 카네기를 처음 만나 인터뷰했던 그의 서재에서 시작된다. 통제된 주의력이라는 습관을 가장 잘 계발하는 방법은 이 장의 첫 부분에 이미 설명했다. 카네기는 이 바람직한 습관을 습득하는 방법이 아니라 주로 그 효과를 다룬다.

인간은 환경의 피조물이 아니라 환경의 창조자다.

인간은 상황과 기회를 스스로 만든다.

Man is not a creature of circumstances, but a creator of circumstances.
He makes his own circumstances, his own opportunities.

♠ 인생을 허비하는 사람 vs. 인생을 준비하는 사람

힐: 카네기 씨, 일상생활에서 통제된 주의력을 어떻게 적용할 수 있습니까?

카네기: '통제된 주의력'의 의미를 정확히 이해하기 위해 일단 용어를 정의해 보겠습니다. 주의력을 통제하는 일은 마음의 모든 능력을 결합해서 명확한 핵심 목표 달성에 집중시키는 행위입니다. 생각을 집중하는 데 걸리는 시간은 목표의 성격과 그에 대한 개인의 기대에 달려 있습니다. 저를 예로 들면 예나 지금이나 제 마음은 강철 제작 및 마케팅에 집중되어 있습니다. 같은 목표에 생각을 집중하는 동료들이 있기에 집단적으로 통제된 주의력이 주는 이점을 누립니다. 이것은 많은 사람의 개별적인 마음으로 구성되며, 모두가 조화의 정신으로 동일한 목표를 향해 일하고 있습니다.

힐: 카네기 씨가 동시에 다른 사업에 진출했다면 철강업에서처럼 성공할 수 있지 않았을까요? 마스터 마인드 덕분에 가능하지 않았을까요?

카네기: 물론 마스터 마인드의 도움을 받아 서로 무관한 여러 가지 사업을 성공적으로 운영하는 사람들을 압니다. 하지만 저는 항상 그들이 하나의 사업에만 오롯이 집중했다면 훨씬 더 잘했으리라 생각합니다. 주의를 분산시키면 힘도 분산될 수밖에 없습니다. 그러니 누구에게나 그가 가진 모든 에너지를 특정 분야에만 쏟는 것이 최선입니다. 이렇게 집중하면 그 분야에서 전문가가 될 수 있습니다.

힐: 하지만 일반 진료를 하는 의사들은 어떻습니까? 하나의 특정 의학 분야를 다루는 전문의보다 더 많은 수입을 거둘 기회가 있지 않습니까?

카네기: 그렇지 않습니다. 정반대입니다. 만일 저처럼 맹장을 제거하는 전문의를 고용할 일이 생긴다면 한 분야의 의학에서 전문의가 되는 것이 이득이라는 사실을 깨달을 것입니다.

어린 시절 우리 동네에는 사람들의 건강을 보살피는 나이 든 가정의가 있었습니다. 그는 25달러에 맹장을 제거했지만, 저는 그가 열 배 이상을 요구하는 전문의 못지않은 실력을 지녔다고 생각했습니다. 그런데도 저는 전문의를 불렀습니다.

힐: 소매업의 상품 판매에도 같은 규칙이 적용될 수 있습니까?

카네기: 그렇습니다. 이 원칙은 모든 사업 분야와 직업에 두루 적용될 수 있습니다. 지금의 상품 판매 시스템 때문에 실제로 예전 시스템으로 운영되는 일반 상점은 구닥다리가 되어버렸습니다. 장사가 잘되는 상점들은 백화점과 같은 방식이라 일반 상점과 달리 모든 시간을 해당 부문에만 쏟아붓는 전문가가 관리합니다. 현대의 백화점은 고도로 전문화된 상점들이 한데 모인 집단과 다름없습니다. 하나의 지붕 아래에서 하나의 일반 관리비로 운영되지만, 더 큰 구매력을 보유했기 때문에 규모가 작은 상점들보다 엄청난 이점을 누립니다.

힐: 그렇다면 백화점이 통제된 주의력이라는 원칙에 따라 운영된다는 말씀이십니까?

카네기: 성공철학 가운데 통제된 주의력과 다른 원칙들이 함께 적용됩니다. 특히 마스터 마인드 원칙과 명확한 핵심 목표가 적용됩니다.

힐: 은행은 어떻습니까? 그것도 통제된 주의력의 원칙을 적용해 운영됩니까?

카네기: 물론 그렇습니다. 사실상 대형 은행에서 각 부서의 개별 직책은 고도로 전문화되어 있습니다. 철도업도 마찬가지입니다. 철도 사업에서 모든 직책은 전문화되어 있습니다. 직원들은 아래에서 위로 승진하므로, 대개가 하위 직급에서 충분히 훈련받은 뒤에 더 막중한 책임을 가

진 직급으로 올라가게 됩니다. 하지만 그들은 결코 동시에 두 가지 임무를 맡지 않습니다.

철강업에서도 마찬가지입니다. 특화된 업무에 집중함으로써 고도의 기술을 갖추게 됩니다. 철강업에서도 직원들은 맨 밑바닥부터 시작해서 올라가고, 모든 십장이 하위 업무를 맡은 직공들이 맡은 일을 잘할 수 있도록 가르칩니다.

힐: 그렇다면 전문 분야에 집중하는 사람들이 미래에 더 좋은 기회를 얻으리라 생각하십니까?

카네기: 항상 그래 왔고 앞으로도 그럴 것입니다.

힐: 가르치는 직업은 어떻습니까? 교수가 다양한 과목을 가르칠 준비를 할 수는 없습니까?

카네기: 물론 가능합니다. 하지만 권하고 싶지 않습니다. 대학교는 특정 분야에 특화된 단과대학이 모여 있는 집합체와 같습니다. 한 교수가 다양한 과목을 섭렵해서 실제로 더 잘 가르칠 수 있다면 대학교는 이미 오래전에 그렇게 했을 것입니다.

힐: 평생 직업을 준비하는 학생들은 어떻습니까? 학교에서 한 분야를 전공해야 합니까?

카네기: 그렇습니다. 자신의 명확한 핵심 목표가 무엇인지 안다면 그렇게 해야 합니다. 그렇지 않으면 목표를 정해야 하는 때가 올 때까지 일반 교육과정에 집중해야 합니다. 목표를 정하고 난 후 전문적인 훈련을 통해 계속 배워야 합니다.

예를 들어 변호사는 보통 일반 교육과정을 들은 뒤 법학을 전문적으로 공부합니다. 의사도 마찬가지입니다. 일반 교육과정은 조직적 사고, 자제력, 자립심을 얻는 법을 가르쳐줍니다. 어떤 직업에서든 성공하려면 꼭 갖추어야 할 요소들입니다.

힐: 속기사는 어떻습니까? 속기사도 한 분야에 주력해야 합니까?

카네기: 분명 속기사도 일자리를 얻으려면 분야를 특화해야 합니다. 일단 일자리를 구하고 나면 한동안 일반 업무에 종사해야 할지도 모르지만, 그런 일에 머물고 싶지 않은 속기사라면 일반 업무를 하는 동안 그가 가진 기회를 면밀히 살펴본 뒤 그 기회를 살려 조만간 특정 부서에서 전문성을 키워야 합니다. 그러면 더 좋은 직책으로 승진할 수 있습니다. 성공한 재계와 산업계 지도자들 가운데 다수가 속기사로 커리어를 시작했습니다. 속기사로 일하는 동안 그들은 상사를 연구할 수 있었습니다. 경영자 역할을 위한 준비에 속기사는 최고의 사무직입니다. 그야말로 '고도로 숙련된 경영자들이 가르치는 학교'에 돈을 받고 다니는 셈이니까요.

힐: 농부는 어떻습니까? 농부도 한 분야에 특화되어야 합니까?

카네기: 농부도 마찬가지입니다. 하지만 보통 그러지 않습니다. 이것이 바로 농업이 가진 취약점입니다. 농업으로 돈을 많이 버는 사람들은 밀, 귀리, 보리, 옥수수와 같이 특정 작물만 특화해서 기르는 농부들입니다. 모든 작물을 조금씩 키우는 농부는 많은 돈을 벌지 못합니다.

힐: 경리는 어떻습니까?

카네기: 평생 경리로 남고 싶지 않다면 특화되어야 합니다. 설령 경리로 사는 데 만족한다 해도 특정 분야의 회계에서 전문성을 갖추면 더 많은 돈을 벌 수 있습니다. 급여를 많이 받는 사람들은 대개 일반 경리 업무에서 시작해 감사와 회계 등으로 특화된 사람들입니다. 1인 기업이 아닌 이상 모든 사업에는 거래에 관해 신뢰할 만한 기록이 필요하므로 이 분야에 속한 영리한 사람은 이 일이 꽤 돈이 된다는 사실을 압니다. 보통 이것저것 다 하는 사람치고 하나라도 잘하는 사람은 없습니다.

모든 사람이 사회 구조에서 적절한 역할을 맡을 수 있습니다. 유용한 서비스를 제공하고 그에 합당한 보상을 받을 수 있습니다. 어떤 역할이 있을지 찾아서 준비하는 것은 개인의 책임입니다.

질서가 잘 잡힌 인생을 살려면 준비가 필요합니다. 준비를 시작하기 전에 무엇을 위해 준비할 것인지 알아야 합니다. 그것이 바로 노력을 집중하는 일입니다. 인생에서 명확한 핵심 목표가 없는 사람, 무언가 한 가지 일을 잘할 수 없는 사람은 그저 바람에 나부끼는 마른 잎사귀와 같습니다. 바람이 부는 대로 여기저기 옮겨 다니지만 구르는 돌과 같아서 아무엇도 얻지 못합니다. 안타깝게도 대부분이 여기저기 구르는 돌처럼 인생을 허비합니다.

✦ '한 가지 방향'에 집중하는 마음의 힘

힐: 교육을 받기 전에 명확한 핵심 목표를 선택하고, 그 목표와 관련된 전문성을 키울 준비를 해야 한다는 뜻입니까?

카네기: 항상 그런 것은 아닙니다. 기초 교육을 아직 끝내지 못한 아주 어린 사람이 명확한 핵심 목표를 선택할 수 있는 경우는 드뭅니다. 필수 교육과정인 초·중·고등학교 과정을 완수해야 합니다. 이 과정을 다 마쳤는데도 여전히 인생의 명확한 핵심 목표를 정할 수 없다면 경험을 통해 다양한 직업의 가능성을 파악하거나 대학교에서 인문교양 관련 교육과정을 거쳐야 합니다. 그러고 나면 자신이 어떤 직업을 선택하고 싶은지 결정할 수 있을 것입니다.

힐: 명확한 핵심 목표를 택한 뒤 한동안 그것을 좇다가 좋아하지 않는다는 사실을 깨닫거나 더 좋아하는 것을 발견한다면 어떻게 해야 합니까? 진로를 변경해야 합니까?

카네기: 그렇습니다. 반드시 그렇게 해야 합니다. 다른 모든 조건이 같다면 사람은 자신이 가장 좋아하는 일을 할 때 크게 성공합니다. 자신이 택한 일이 어려워질 때마다 혹은 일시적인 패배에 맞닥뜨릴 때마다 진로를 바꾸는 버릇이 생기지 않는 한 변경하는 것이 좋습니다. 한 가지 일에서 다른 일로 변경하려면 아주 큰 손실이 따릅니다. 경영진이 한 가지 제품에서 다른 제품으로 생산을 변경하는 것과 같습니다. 성공하려면 반드시 전문성을 키우는 단계에 도달해야 합니다. 빠를수록 좋습니다.

힐: 사업가가 정계에 진출하는 것은 바람직합니까?

카네기: 사업에서 성공하고 싶다면 그러지 말아야 합니다. 정치는 그 자체로 하나의 직업이며, 게다가 아주 신뢰할 만한 분야도 못 됩니다. 정치에서 크게 성공한 사람들은 다른 일은 아무것도 하지 않습니다.

힐: 청년들에게 어떤 커리어를 추천하시겠습니까? 전문직입니까, 아니면 사업입니까?

카네기: 그것은 그에게 달렸습니다. 무엇을 좋아하고 싫어하는지, 타고난 능력과 신체 조건은 어떠한지 등에 따라 달라집니다. 일반적으로 저는 사업과 산업이 전문직보다 훨씬 더 폭넓은 기회를 제공한다고 말합니다. 전문직은 이미 너무 많은 사람이 진출해 있기 때문입니다.

미국은 본질적으로 산업 국가입니다. 산업은 경제 구조의 근간입니다. 믿음직하고 충직하며 유능한 사람이 자기 자리를 찾지 못하는 것을 본 적이 없습니다. 산업은 대부분 거대한 부가 만들어지는 곳입니다. 이 사실이 당신의 질문에 일부 답이 될 듯합니다. 대부분 생계비를 벌고 최대한 많은 부를 축적하려고 커리어를 택하지만, 산업의 최전선에는 유능한 인재가 늘 부족합니다. 하지만 전문직에는 인재가 차고 넘칩니다.

힐: 커리어로서 육군이나 해군, 공무원은 어떻습니까? 이 세 가지 분야에는 바람직한 기회가 있다고 보십니까?

카네기: 다시 한번 말하지만 전적으로 커리어를 택하는 사람에 따라 달라집니다. 창의적인 일에 종사하고 싶다면 공무원을 직업으로 택하지 말아야 합니다. 공직에서 그가 가질 기회는 정치인들의 변덕에 좌지우지될 것입니다. 그보다는 오히려 육군이나 해군이 더 나을 수 있습니다. 정치적 영향에서 좀 더 벗어난 분야이기 때문입니다. 이 두 분야 모두 칭송할 만한 기록을 남긴 사람들이 존재하는데, 대체로 그런 삶을 좋아한 사람들이었습니다.

육군과 해군에서 진급은 다소 오래 걸리고 쉽지 않습니다. 군 복무를 하려면 노력을 집중해야 하고, 진급 가능성을 미리 알 수 있기에 자신의 야심도 명확하게 통제해야 합니다. 어떤 사람들은 스스로를 제약하는 일이 천성적으로 맞지 않습니다. 그런 사람들은 위험 부담이 더 크고 일도 더 어렵지만 성취 가능성에 한계가 없는 재계나 산업계에 종사하는 것을 더 선호합니다.

힐: 그렇다면 모든 직업에서 전문화를 위해 노력하는 것을 권하십니까? 한 가지 방향에 집중하는 마음의 힘을 확실히 믿으십니까?

카네기: 노력의 집중으로 완성된 전문화는 큰 힘을 줍니다. 생각과 행동에서 모두 시간 낭비를 하지 않을 수 있습니다. 이것은 모든 성취의 출발점인 명확한 핵심 목표와 조화를 이룹니다. 명확한 핵심 목표를 기반으로 한 다양한 지식이 체계적인 계획으로 표현된 것이 '한 가지 방향' 밖에 모르는 마음이라고 한다면 저는 그러한 마음의 힘을 믿습니다. 더 쉽게 말해 지식을 축적할 때는 여러 방향의 마음이어도 그 지식을 표현할 때는 한 가지 방향의 마음이어야 합니다. 일반 지식과 전문 지식을 모두 갖추되, 명확한 핵심 목표를 달성하는 데 집중해서 사용해야 한다는 말입니다.

지식은 행동으로 표현되기 전까지는 우리에게 힘을 주지 않습니다. 그러기 위해서 노력을 집중해야 합니다. 전반적인 지식을 많이 알면 '걸어 다니는 백과사전'은 될 수 있지만, 제가 아는 한 그런 지식은 명확한 핵심 목표를 통해 어떤 형태로 표현되기 전까지 사실상 무용지물에 불과합니다.

통제된 주의력의 힘을 잘 보여주는 훌륭한 예가 있습니다. 당신이 아직 앞날이 창창한 청년이라고 칩시다. 조만간 분명 결혼도 생각하게 될 것입니다. 선택하기 전 주변을 신중하게 둘러보며 많은 대상을 분석해서 마침내 괜찮은 '배우자감'을 찾게 될 것입니다. 배우자감을 찾으면 얼마나 빠르고 명확하게 당신의 관심이 이 한 사람에게 집중되는지 관찰해 보십시오. 노력을 집중하면 행동이 과감해지니 부적절한 행동을 하지 않도록 주의해야 합니다. 이것은 배우자감을 선택할 때뿐만 아니라 모든 인간관계에도 적용됩니다. 주의를 집중하면 우정과 사업상의 동맹 그리고 다른 관계들도 지속할 수 있습니다. 시간이 흐르면서 '성공을 의식하는' 습관도 생깁니다.

원하는 것을 달성하기 위해 온 마음을 계속 쏟아부을 정도로
열렬히 원하고 바란다면, 원하는 모든 것을 가질 수 있다.

*You may have everything you desire if you desire it
badly enough to inspire you to keep your mind fixed on its attainment.*

☙ 삶에서 기댈 수 있는
   단 하나의 운

힐: '성공을 의식하는' 습관이 생긴다고 하셨는데, 저는 오히려 많은 사람에게서 '실패를 의식하는' 습관을 보았습니다. 이 습관은 어떻게 생깁니까?

카네기: '성공을 의식하는 마음'과 동일한 방법으로 실패에 대한 집중과 실패를 부르는 습관이 생겨납니다. 예를 들어 미루기, 두려움, 우유

부단함, 기회에 대한 무관심 같은 습관들입니다. 생각과 신체적 습관은 자기 암시를 통해 한 사람의 고정된 성격 일부가 됩니다. 어떤 주제에 대해 생각을 집중하면 그 생각의 물리적 등가물이 발생하는 상황을 끌어당깁니다.

힐: 그런 식으로 생각이 물질적인 실체로 전환됩니까?

카네기: 조금 다르게 표현하면 생각은 물리적 등가물을 손에 넣는 방향으로 개인을 유인합니다. 생각이 실제로 물질로 바뀌는 것은 아닙니다. 적어도 우리에게는 그렇게 된다는 확실한 증거가 없습니다. 하지만 생각은 그에 상응하는 물질이 개인에게 모이거나 끌리게 하는 '상황'을 끌어옵니다. 사용 가능한 모든 자연스러운 수단을 동원하면서 말입니다. 예를 들어 명확한 핵심 목표는 개인이 그 목표를 달성하는 과정에서 물리적인 행동을 유발합니다. 생각이 실제로 목표에 상응하는 물질을 끌어오지는 않는다 해도 개인이 동원할 수 있는 가장 논리적인 수단을 사용해 그것을 확보하도록 이끕니다.

힐: 그렇다면 지배적인 생각이 물리적 등가물로 나타나는 경향이 있다는 말씀에는 어떠한 신비주의도 없는 것입니까?

카네기: 전혀 없습니다. 이런 현상이 벌어지는 방식은 구구단이나 문법만큼 이해하기 쉽습니다.

힐: 하지만 기도할 때처럼 지배적인 생각이 어떤 불가해한 신비나 초자연적인 법칙을 통해 그에 상응하는 '물질'을 끌어올 수 있다고 가르치는 학파들이 있습니다.

카네기: 그들이 옳을 수도 있지만 저는 자연법칙과 평범한 인간관계의 규칙으로 설명할 수 없는 어떤 수단으로 바람직한 결과를 얻은 적이 없습니다. 초자연적인 법칙에 의지한 적도 없습니다. 그런 법칙에 대해 알지도 못합니다.

하지만 이렇게 말하고 싶습니다. 명확한 핵심 목표를 실현하는 데 유리한 기회를 끌어오는 상황이 종종 전혀 예상하지 못한 뜻밖이어서 마치 불가해한 것처럼 보입니다. 하지만 정확히 분석해 보면 모든 결과에 완벽하게 논리적이고 순전히 자연스러운 원인만이 있었다는 사실이 드러날 것입니다. 더러 우리 삶에서는 어떤 경험이 낳은 결과가 실제 원인과는 너무 동떨어져서 그 결과의 원인이 무엇인지 전혀 알지 못하는 경우도 있습니다.

이 말의 뜻을 잘 설명할 수 있는 사례가 있습니다. 수년 전 우리 회사 임원의 비서로 일하는 청년을 앞뒤 설명도 없이 아주 막중한 책임이 따르는 임원으로 승진시켰습니다. 물론 급여도 많이 올렸습니다. 그는 너무 놀라 친구에게 자신의 승진이 '기적'이라고 말했습니다.

물론 기적처럼 보였을지 모르지만, 그 청년에게는 더 높은 직책에서 자신을 더 값지게 만들어줄 바람직한 습관이 있었습니다. 그는 늘 30분 먼저 출근했고, 같은 부서의 다른 사람이 모두 퇴근한 후에도 한 시간 이상 남아서 일했습니다. 마쳐야 할 일이 있으면 밤에 다시 돌아와 일할 때도 자주 있었습니다.

아무도 그에게 그렇게 하라고 지시하지 않았고, 그렇다고 급여를 추가로 더 받지도 않았습니다. 하지만 그는 자발적으로 그렇게 일해서 경영진에게 높은 수준의 진취성을 보여주었습니다. 진취성은 보기 드문 자질이며, 어떤 직업에서든 리더의 자리에 오른 사람들이 가진 필수 요소 가운데 하나입니다. 특단의 노력을 기울이는 습관이 바로 우리가 이 청년에게 관심을 보인 첫 번째 특성이었습니다.

이후에 우리는 그가 비슷한 업무를 하는 다른 직원보다 일을 더 깔끔하고 철저하게 하는 습관이 있다는 것도 알았습니다. 아울러 열정이 풍부해서 주변 동료들이 올바른 마음가짐으로 일하게끔 이끈다는 사실과 야간 공학 수업까지 수강한다는 사실도 알게 되었습니다. 이것은 그에게 명확한 핵심 목표가 있다는 증거였습니다. 더불어 이 청년의 가정이 화목하고, 이웃 사이에서 인기가 많다는 것도 알아냈습니다. 호감 가는 성품도 가지고 있다는 증거였습니다.

이러한 발견에 비추어 볼 때 그의 승진에 초자연적이거나 기적 같은 면이 있었겠습니까? 그러나 이런 발견을 통해 그는 앞서 나간 반면 그와 동일한 교육 수준이나 업무 지식을 가진 주변 동료들은 그러지 못했으니 '기적'이라고 말할 수 있을지도 모르겠습니다.

우리는 이 청년이 습관과 마음가짐, 자제력으로 승진할 자격을 스스로 만들었기에 그를 승진시켰습니다. 그는 보통의 자연스러운 이유에 따라 승진한 것입니다.

아마도 예상 밖의 승진이었기 때문에 그에게는 '기적'처럼 보였을 것입니다. 그리고 그것이 바로 삶에서 더 나은 것을 얻기 위해 준비하는 사람들에게서 나타나는 또 다른 기묘한 특성입니다. '더 나은 것'들은 흔히 예상하기 전에 나타나는 경향이 있습니다.

힐: 성공한 사람들이 그와 비슷한 방식으로 성공을 이루었다고 생각하십니까?

카네기: 분명 그렇다고 확신합니다. 저는 미국의 다른 사업가들처럼 많은 사람을 승진시킬 기회가 있었습니다. 제가 승진시킨 모든 사람의 사유를 면밀히 분석한 결과, 승진한 사람은 미리 준비가 잘되어 있었습니다.

여기서 제 유일한 역할은 승진할 자격을 갖춘 사람을 발굴하는 것이었지만, 보통 여기에 많은 시간을 쓸 필요는 없습니다. 승진을 위해 준비된 사람들은 너무도 뚜렷한 습관을 갖고 있어서 똑똑한 고용주라면 이들을 놓칠 수 없습니다. 고용주는 성공하려면 책임을 맡을 능력이 되는 인재를 항상 발굴해야 합니다.

승진한 사람에게 승진이 큰 호의라고 여길지 모르지만, 승진할 만한 자격이 되는 사람을 골랐다면 승진시킨 사람에게도 큰 호의입니다. 하지만 모든 것을 고려할 때 정당한 승진은 모두 자제력과 훈련, 준비를 통해 스스로 만든 것입니다.

힐: 그렇다면 그런 상황에서는 기회나 행운의 덕을 보았다고 생각하지는 않으십니까?

카네기: 시점 정도만 그렇습니다. 한 사람의 승진 시점이 행운이나 우연의 결과일 때가 더러 있습니다. 이를테면 전임자가 사망했거나 승진한 사람에게 특별한 재능이 요구되는 비상사태 같은 경우입니다. 하지만 그런 '행운'은 오직 시점하고만 관련이 있습니다.

승진할 자격이 되는 사람은 운이 있든 없든 상관없이 조만간 승진하게 됩니다. 물이 언덕을 타고 흘러내리듯이 모든 사람은 자연스럽게 준비와 습관에 따라 그가 가야 할 자리로 가게 마련이기 때문입니다. 그 무엇도 이 진리를 바꿀 수 없습니다. 그것을 운이나 행운이라고 부를 수도 있겠지만, 제가 말하고 싶은 바는 어떤 사람이 의지할 수 있는 '유일한' 운은 그가 자신의 삶에서 원하는 것을 위해 철저히 준비함으로써 스스로 만들어낸 운밖에 없다는 것입니다.

힐: 카네기 씨가 지금까지 말씀하신 분석에 따르면 통제된 주의력이 승진이나 명확한 핵심 목표를 달성하기 위한 준비에서 중요한 특성인 것 같습니다.

카네기: 그렇습니다. 필수불가결한 특성이라고 할 수 있습니다. 명확한 핵심 목표를 달성하기 위한 준비 수단으로 자제력 습관을 기르는 것은 주의 집중 없이는 불가능합니다.

먼저 주의력을 집중하는 습관을 길러야 합니다. 일상 업무에서 주의력을 집중해야 할 명확한 동기가 있는 소소한 부분에서 시작하면 됩니다. 소소한 업무를 무시하면 더 중요한 부분도 소홀히 할 수밖에 없습니다. 주의력을 집중시켜 만든 철저함은 헤아릴 수 없을 정도로 중요한 자질입니다.

힐: 하지만 바쁜 임원들은 그들의 책무와 관련된 소소한 일을 관리하는 데 시간을 쓰기 어렵지 않습니까?

카네기: 그렇습니다. 하지만 당신이 한 가지 중요한 사실을 놓친 듯합니다. 성공한 임원은 디테일을 완성하는 기술을 습득했기에 그 자리에 올랐습니다. 계속해서 성공한 임원이 되기를 원한다면 끊임없이 디테일의 귀재가 되어야 합니다. 하지만 보통은 소소한 디테일을 부하직원에게 맡기곤 합니다. 그래서 마스터 마인드 원칙을 활용하여 필요한 모든 세부 사항에 계속 관여할 수 있습니다.

사람은 그가 직접 한 일이나 타인에게 영향력을 행사해서 하게 만든 일에 대해 보수를 받습니다. 유능한 임원은 타인의 능률을 높이도록 관계를 잘 맺고, 그를 통해 자신의 능률까지 높이는 사람입니다. 타인이 업무 처리를 잘하게끔 하는 영리한 사람은 직접 그 일을 하는 사람보다 훨씬 더 가치 있는 일을 하는 것입니다. 하지만 그래도 세부 사항은 알아야 합니다. 그러지 않으면 그는 부하직원에게 세부 사항을 어떻게 맡겨야 할지 모를 테니 말입니다.

⚓ 더 많은 기회의 문을 열어줄 마스터키

힐: 통제된 주의력이 인간관계에 적용될 때 얻는 이점 말고 다른 이점이 또 있을까요?

카네기: 당연히 있습니다. 심지어 많습니다. 우선 통제된 주의력은 개인이 자제력을 통해 마음의 능력들을 통제하기 위한 수단입니다. 집중하는 습관을 기르는 데 들어가는 모든 시간을 정당화할 만큼 중요합니다. 통제된 주의력의 몇 가지 주요 이점을 꼽아보겠습니다.

통제된 주의력의 이점

1. 모든 자발적인 습관을 키우는 주요 수단입니다.
2. 바람직하지 못한 습관을 제거할 때 사용할 수 있는 수단입니다.
3. 마음에서 두려움과 의심을 지워 믿음을 행할 수 있는 준비를 하는 데 사용될 수 있습니다.
4. 믿음의 정신으로 명확한 열망에 집중하는 것이 기도이므로, 기도를 위해 마음을 깨끗이 할 수 있는 수단입니다.

이 모든 것이 누구와도 접촉하지 않고 주의력을 집중하기만 했을 때 누릴 수 있는 이점입니다.

힐: 듣고 보니 통제된 주의력은 심신의 모든 기능과 어떤 식으로든 연결된 것처럼 보이네요.

카네기: 몸과 마음의 기능과 더불어 모든 중요한 인간관계와도 연관이 있습니다. 통제된 주의력은 살면서 마주해야 하는 현실에 대해 마음을 준비시키는 일종의 자기최면이기도 합니다. 생각을 철저하게 집중하면 '최면' 상태로 알려진 기묘한 마음의 힘을 이용할 수 있습니다. 일각에선 이 힘을 특정 질병을 치료하는 데도 사용합니다. 이 힘을 의지력과 함께 적용하면 슬픔, 비탄, 실망을 다스리는 데 사용할 수 있습니다.

힐: 통제된 주의력은 항상 의지력을 사용한 결과가 아닙니까?

카네기: 아닙니다. 감정을 통해서도 사용할 수 있습니다. 아울러 감정과 의지력을 결합해서 사용할 수도 있습니다. 의지력으로 통제된 주의력을 사용해 감정을 다스릴 수도 있습니다.

힐: 그것이 모든 감정을 의지력의 통제에 둘 수 있는 방법입니까?

카네기: 맞습니다. 의지의 도움으로 철저하게 주의를 집중하면 감정을 표현할 수단이 사라집니다. 순서가 바뀔 수도 있는데, 감정의 도움을 받아 마음을 철저하게 집중시키면 의지력은 작용할 힘을 잃습니다. 감정을 택할 것인가, 의지를 택할 것인가는 개인의 몫입니다.

나폴레온 힐 더 마인드

힐: 감정과 의지 중 어느 쪽이 더 안전합니까?

카네기: 의지는 이성과 양심이 함께 적용될 때 더 안전합니다. 감정과 이성은 자주 반목합니다. 그래서 그토록 많은 사람이 어려움을 겪는 것입니다. 대부분 감정을 조절하는 이성은 배제한 채 감정이 좌지우지하도록 방치합니다. 자제력이 큰 사람은 의지와 감정 중 그가 택한 하나를 표현하고 다른 하나는 잦아들게 할 수 있습니다. 이것이 바로 자기 통제가 달성된 이상적인 모습입니다.

힐: 말씀을 듣고 보니 개인이 두려움과 슬픔, 좌절이라는 일상의 한계를 딛고 일어서게 하는 생각의 힘은 명확한 핵심 목표가 뒷받침된 통제된 주의력으로만 달성할 수 있다는 결론에 도달했습니다. 아마도 평범함을 뛰어넘어 자신이 선택한 분야에서 높은 위치에 오른 지도자들은 이렇게 집중된 노력을 습관화한 사람들일 것입니다.

카네기: 그렇습니다. 성공한 사람들은 항상 하나밖에 모르는 외골수였다는 인간의 성취에 관한 최초의 기록이 그 증거입니다. 즉 그들은 어떤 하나의 목표 달성에 집착하며, 시간과 생각을 대부분 그것에 쏟아부었습니다. '외골수'라는 표현을 종종 비난으로 생각하는데, 오해입니다. 오히려 이 표현은 탁월한 명예를 의미할 수도 있습니다.

한 친구가 인간이 가진 가장 큰 문제가 무엇이라고 생각하느냐고 물었을 때, 훌륭한 철학자가 이렇게 답했습니다.

"가장 큰 문제? 누구나 맞닥뜨린 가장 큰 문제는 바로 생각의 힘을 문제에 집중시켜 그 문제를 뚫고 나가는 방법을 배우는 것일세."

저는 이 말에 전적으로 동의합니다.

명확한 핵심 목표에 에너지를 집중하기만 하면 해법을 찾을 수 있는데, 왜 그토록 많은 사람이 문제를 걱정하느라 에너지를 낭비하는지 도무지 이해할 수 없습니다.

힐: 명확한 핵심 목표를 가지고 그것을 달성하는 데 시간을 쏟아붓는 사람들도 그런 목표가 없는 사람들처럼 문제를 걱정합니까?

카네기: 그들은 걱정하지 않습니다. 오히려 목표 달성이라는 유일한 목표를 위해 에너지를 보전하는 경향이 있습니다. 걱정은 핵심 목표가 명확하지 않은 사람만이 합니다. 어떤 문제와 관련해 행동을 결정하고, 그 결정을 실행하는 순간 더는 걱정하느라 에너지를 소모하지 않습니다.

힐: 하지만 결정하면 행동이 뒤따르지 않습니까? 물리적 행동이 수반되지 않은 결정은 여전히 걱정할 여지가 있지 않습니까?

카네기: 집중하는 모든 행동 가운데 가장 훌륭한 것은 명확한 핵심 목표를 뒷받침하는, 흔히 '일'이라고 알려진 치열한 노력입니다. 이것은 때로는 신체 질병을 고치고, 정신적 문제에 가장 훌륭한 처방이 되기도

합니다. 소위 '나쁜 기질'은 대부분 충분히 땀을 낼 정도로 몸을 많이 움직이는 극심한 운동을 통해 치유될 수 있습니다.

어떤 직업에서든 가장 바쁜 사람을 분석해 보십시오. 그가 걱정으로 시간을 낭비하는 일이 거의 없음을 알게 될 것입니다. 생각과 신체의 조율을 통해 노력을 집중했을 때 발생하는 힘을 단 1초도 걱정에 쓰지 않기 때문입니다.

대신 그가 명확하고 신속하게 결정을 내리고, 타인의 감독이나 종용 없이 자발적으로 움직이고, 풍부한 열정이 있으며, 명확한 핵심 목표를 추구하는 과정에서 앞으로 나아갈 만큼 충분한 자신감과 믿음이 있음을 발견할 것입니다.

힐: 그렇군요. 통제된 주의력이 한편으로는 많은 문제의 해법을 찾아주고, 다른 한편으로는 더 많은 기회를 열어주는 '마스터키'라고 말씀하신 이유를 이제야 알겠습니다.

카네기: 이 문제를 아주 명확하게 표현한 말입니다. 이렇게도 표현할 수 있습니다. **'통제된 주의력은 원치 않는 곳으로 가는 문을 닫고, 원하는 곳으로 가는 문을 연다. 그러니 이론뿐만 아니라 실제로도 마스터키다.'**

힐: 통제된 주의력은 믿음을 가지도록 마음을 길들이기 위해 필요하지 않은 것을 향한 문을 닫고, 필요한 것을 얻는 기회의 문을 연다고 말하면 좀 더 정확합니까?

카네기: 그야말로 정확합니다. 단, 통제된 주의력은 믿음을 위한 길을 준비하는 그 이상입니다. 믿음을 뒷받침하는 물리적 행동을 추진하게 합니다. 또한 열정, 진취성, 자제력, 명확한 핵심 목표, 창조적 비전, 조직적 사고와 같은 성공을 부르는 자질들도 불어넣습니다.

통제된 주의력은 우리의 뇌가 지배적인 생각, 목표, 목적이 가진 본질에 집중하게 만들어 항상 그 생각에 필요한 모든 것을 찾게 합니다.

예를 들어 좀 더 많은 책임을 맡고 급여도 더 많이 받는 일자리를 찾기로 결심한 사람이 있다고 칩시다. 그런 자리를 찾겠다고 결심한 순간부터 그는 신문의 구인란을 찾아보고 친구들에게도 물어볼 것입니다. 더 예리해진 상상력으로 원하는 자리를 찾기 위한 방법과 수단을 궁리할 것입니다. 원하는 일자리를 찾을 때까지 그가 이 문제에 마음을 집중하는 정도에 비례해서 일자리를 알아보는 범위도 확장될 것입니다. 찾고자 한 일을 가장 예상치 못한 곳에서 발견할 수도 있습니다. 하지만 신중히 분석해 보면 그가 행한 어떤 물리적 행동이나 말 때문에 그 일을 발견할 수 있었음이 입증될 것입니다.

열정을 가지고 명확한 핵심 목표에 집중하면 그 목표를 달성하는 방법과 수단을 만들기 위해 잠재의식이 저절로 작동합니다.

노련한 형사들이 주의력을 집중하면 해결하지 못할 범죄가 거의 없다고 말하는 것을 들었습니다. 종종 범인이 누구인지 알려주는 증거가 하나도 없을 때가 있습니다. 하지만 노련한 형사들은 범죄에 연관된 사람들을 탐문하는 간단한 과정만으로 사건을 파악할 수 있으며, 머지않아 사건 해결로 이어질 단서도 발견합니다. 형사에게 가장 큰 도움을 주는 것은 통제된 주의력입니다.

사실 예리한 관찰력과 지독한 집중력을 빼면 그들에게 딱히 두드러진 다른 특별한 자질은 없습니다. 이 두 특성이 범죄 해결에 도움이 된다면(분명 그래 보이지만) 다른 문제를 해결하는 데도 똑같이 도움이 될 것입니다.

✦ 해야 할 이유는 이미 마음속에 존재한다

힐: 범죄를 해결하는 데 예리한 관찰력이 도움이 되었듯이 스스로 발전할 숨은 기회를 찾는 데도 도움이 될 것 같습니다. 어떻게 하면 예리한 관찰력을 키울 수 있습니까?

카네기: 예리한 관찰력은 동기에 기반한 습관이 낳은 결과입니다. 명확한 핵심 목표를 달성하겠다는 강력한 동기가 있으면 조금이라도 연관 있는 모든 것을 예리하게 관찰하게 됩니다. 알다시피 동기는 마음에 영향을 주는 것을 끌어오는 힘을 부여합니다.

정해진 순찰 구역을 매일 도는 경찰관은 그곳을 어쩌다 지나가는 일반 시민보다 그곳에서 무슨 일이 벌어지는지 훨씬 더 많이 봅니다.

훈련되지 않은 사람의 눈에는 길이 전혀 보이지 않아도 인디언 전사나 사냥꾼은 숲을 꿰뚫어 보며 사람이나 동물을 추적할 수 있다고 합니다. 그들은 자기 보존 동기로 촉발된 통제된 주의력으로 결코 알아챌 수 없는 작은 것까지 알아보도록 스스로 훈련해 왔기 때문입니다. 즉 인디언은 자신의 목숨이 달려 있기 때문에 주변 환경의 세세한 부분까지 관찰하는 예리함을 지니게 되었습니다.

이런 예를 들었으니 당신은 이제 자수성가한 사람들이 대체로 예리한 상상력, 진취성, 자립정신, 인내심을 갖추고 있다는 점을 보게 될 것입니다. 그들이 주로 스스로 책임져야 하는 처지이기에 이러한 특성을 키울 수밖에 없었기 때문입니다.

그들은 성공으로 이어지는 행동을 취할 명확한 동기가 있었습니다. 강박적인 동기가 없는 사람은 힘이 없는 사람입니다. 설령 우연히 힘을 얻게 되어도 그것을 계속 유지할 수 없습니다.

힐: 들어주신 예를 보면 교육에서 동기는 중요한 요인일 것 같습니다. 학생에게 배움에 대한 가장 강력한 동기를 심어줄 수 있는 교사는, 시험에서 실패하지 않으려면 공부해야 한다고 강조하는 교사보다 훨씬 더 많은 것을 가르칠 수 있을 듯합니다.

카네기: 당신은 방금 교육학에서 가장 중요한 요소 하나를 짚었습니다. 고용주와 종업원 또는 부모와 자식 간의 관계에서도 같은 이론이 적용될 수 있습니다. 누군가가 무엇을 하도록 유도하는 최선의 방법은 그의 주의를 끌어 하고 싶은 마음이 생기도록 충분한 동기를 제공하는 것입니다.

가령 당신이 맡은 미션을 살펴봅시다. 당신의 명확한 핵심 목표는 성공철학을 정립해서 세상에 알리는 것입니다. 일의 규모로 보나 걸리는 시간으로 보나 대단히 어려운 일이지만, 사실상 이 철학이 보급되면 사람들은 거의 모든 주요 동기에 매력을 느낄 것입니다. 이 철학은 보통 사람이 가장 원하는 것을 얻는 아주 실용적인 접근법을 제시하기 때문에 당신은 그들에게 이 철학을 받아들이라고 따로 강요할 필요가 없습니다. 사람들은 대개 다음을 가장 많이 원합니다.

- 물질적인 부
- 사랑
- 심신의 자유
- 명예로 이어지는 자기표현 욕구
- 자기 보존

이러한 다섯 가지 동기에 호소하는 무언가를 제시할 때마다 상대방은 바로 기꺼이 받아들일 것임을 확신할 수 있습니다. 당신은 인생에서 중요한 상황에 처했을 때 사람들을 움직이는 가장 강력한 다섯 가지 동기를 가지고 있습니다. 이 철학을 가르치는 사람은 이를 배우는 사람이 공부하도록 채근할 필요가 전혀 없습니다. 공부할 동기는 이미 모든 보통 사람의 마음속에 존재하기 때문입니다.

이 같은 이유로 이 철학을 공부하는 학생들은 공부에 주의를 집중하는 일이 어렵지 않을 것입니다. 모든 습관은 유사한 성격의 습관과 관런이 있습니다. 이 사실이 학생에게 얼마나 큰 이득이 되는지 당신은 이해할 것입니다. 이 철학을 공부하고 적용하는 일과 관련해서 통제된 주의력이라는 습관은 또 다른 집중하는 습관을 발생시킵니다. 그리고 이런 습관은 다시 풍요나 성취와 관련된 다른 동기들을 낳을 것입니다.

이것이 이 철학을 완전히 익히고 적용하도록 유도하는 여러 동기가 함께 작용할 때 발생하는 특별한 효과입니다. 이 효과에 비추어서 미래를 내다보았을 때 이 철학이 추진력을 얻어 결국 미국 전역에 영향력을 미치리라 예견할 수 있었습니다.

이 사실에서 당신은 20여 년에 걸쳐 이 철학을 정립하는 데 헌신하는 주요 동기를 찾을 수 있을 것입니다. 대중이 이 철학을 받아들이고 증명할 때까지 당신은 이 일을 해야 합니다. 당신 역시 제가 언급한 다섯 가지 동기에 반응하여 움직일 것입니다. 왜냐하면 당신의 작업은 각각의 동기를 통해 보상을 제공하기 때문입니다.

이 이론을 기반으로 말씀드리면, 당신의 남은 삶은 이 철학의 정립과 보급을 위해 헌신할 준비가 되어 있다고 말할 수 있습니다. 당신은 이미 주어진 일에 충분히 몰입해 있기에 이 일을 완수하기 전에 그만두는 일은 파리가 끈끈이에서 탈출하는 일보다 더 어려울 것입니다. 당신은 스스로 원했기에 이 일을 끝까지 해낼 것입니다. 당신의 열망은 이 다섯 가지 강력한 동기에 기초하고 있기 때문에 이 일에 주의력을 집중하는 데 어려움이 없을 것입니다. 그러나 그렇게 하지 않으려고 하면 무척 힘들 것입니다.

◈ 가장 확실하고 빠르게
성장하는 길

힐: 대중에게 도움을 주고자 성공철학을 정립하고 있으니 이제 경제 시스템에서 성공하기 위해 노력을 집중해야 하는 이유도 설명해 주셨으면 합니다. 스스로 발전할 기회에 대해 분석해 주시겠습니까?

카네기: 좋습니다. 하지만 왜 노력을 집중해야 하는지를 분명히 하려면 몇 가지 주제로 나누어 분석해야 합니다.

우리는 이미 생각의 힘을 한 번에 하나에 집중시켜야 하는 이유를 이야기했습니다. 그것이 퍼스널 파워를 토대로 자기 완성에 이르는 길이기 때문이었습니다. 이제 자신의 명확한 핵심 목표를 달성하거나 그의 야망이 그를 더 나은 곳으로 이끌지 않을 때, 즉 단지 생계 수단을 얻기 위해 노력해야 하는 외부 상황을 살펴봅시다.

우선 미국의 정부 시스템은 모든 국민에게 궁극적인 자유와 함께 개인의 자유 그리고 자신의 노력으로 타인에게 제공하는 서비스의 가치에 비례해 자신의 재능을 마케팅할 수 있는 특권을 부여합니다. 이런 방식으로 모든 국민의 힘을 통합했습니다. 왕과 통치자가 사적 재산을 축적할 권리와 기회를 소유했던 시절보다 더 많은 특권을 가장 낮은 지위에 있는 국민에게 부여하는 시스템을 통해 유례없는 규모로 힘을 집중시켜 왔습니다.

힐: 미국에 개인이 발전하고 개선될 기회가 다양하고 많은 이유는 미국의 정부 시스템이 국민의 힘을 집중시킨 직접적인 결과라고 하셨습니다. 이렇게 대규모로 노력이 집중된 덕분에 모든 개인에게 그가 택한 일에 집중할 수 있는 특권이 부여된 것은 아닐까요?

카네기: 많은 사람이 힘을 집중하면 그 안에서 개개인이 자기 일에 집중할 수 있는 특권이 생깁니다. 집중된 힘은 인간관계라는 시스템에서 개인의 권리와 재산권 침해를 막는 일종의 보험입니다.

이제 이 시스템에서 누리는 특권으로 사람들이 무엇을 했는지 살펴봅시다. 여기에 바로 개인에게 주어진 다양한 기회가 존재합니다. 먼저 미국이 본질적으로 유용한 물자를 생산하고 유통시키는 산업 국가라는 사실을 명심합시다. 생산과 유통은 이윤이라는 동기를 따라 운영되는 자유 기업 시스템에서 수행됩니다. 모든 직업에 그 행동을 불러일으킬 만한 동기가 반드시 존재하는 것처럼 자유 기업 또한 오직 이윤 추구라는 동기로만 작동합니다.

우리의 산업 시스템 뒤에는 필요한 영감을 제공하기에 충분히 유연한 동기가 있습니다. 시스템은 개인의 재능, 교육, 경험, 원래의 능력 및 창의력에 따라 보상을 제공하기에, 개인의 행동은 최선의 노력에 근거하여 이루어집니다. 여기에 개별 인재를 다루는 일시적인 방편은 없습니다. 하지만 기발하게 설계된 덕분에 모두 자신이 제공하는 서비스에 비례해서 보수를 받는다는 사실을 상기하며, 최고의 서비스를 제공하려고 합니다. 또한 명확한 핵심 목표, 진취성, 자립정신, 열의, 상상력, 창조적 비전, 조직적 사고와 이 철학에 포함된 다른 성공 원칙도 장려합니다.

미국의 산업은 누가 소유한다고 생각합니까? 가장 낮은 지위에 있는 사람도 그가 가진 금융 자산에 따라 지분을 소유할 수 있습니다. 철도 회사, 철강업, 통신 회사 같은 대기업의 경우 직업과 상관없이 모든 사람이 저축으로 주식에 투자합니다.

우리는 대중에게 주식을 제공할 권리를 가진 거의 모든 상장회사의 주식을, 주주들이 편리하게 원하는 대로 사고팔 수 있는 증권거래소를 운영합니다. 그러므로 여러 산업의 소유주가 계속 바뀌어서 소유주가 완벽하게 일치하는 날이 하루도 없습니다.

여기서 다시 우리는 대규모로 집중된 힘을 목격할 수 있습니다. 바로 산업을 움직이는 기업들의 주식을 소유한 수많은 사람의 '저축'입니다. 경영이 잘되는 기업의 주식은 거래가 아주 활발해서 주식 보유자들은 그 기업에 대한 지분을 잃지 않고서도 비상시 언제든 은행 대출을 받기 위해 담보로 사용할 수 있습니다. 즉 개인은 산업에 돈을 투자하면서도 동시에 다른 목적으로 돈을 사용할 수도 있습니다.

산업을 움직이는 인력은 '경영진'과 '노동자'로 구성됩니다. 두 집단 모두 해당 기업의 소유주가 될 수 있으나 선택에 따라 소유주가 아닐 수도 있습니다. 하지만 일반적으로 이 두 집단 모두 그에 속한 대부분이 그들이 일하는 기업의 주식을 어떤 형태로든 소유하고 있습니다. 따라서 넓은 의미에서 보면 그들은 자신을 위해 일하고 있습니다. 이것은 사람들에게 그들의 역량, 교육, 경험을 최대한 활용해서 유용한 서비스를 제공할 적절한 동기를 부여하는 또 다른 방법입니다.

경영이 잘되는 기업에는 모든 직원이 승진할 기회의 문을 활짝 열어 두는 관행이 있습니다. 따라서 더 나은 직책으로 승진하고픈 야심이 있거나 경험을 통해 그런 능력을 키울 수 있다면 계속해서 낮은 직급에만 머물 이유가 없습니다.

승진 시스템은 아주 효율적입니다. 많은 대기업에는 리더십을 갖춘 인재를 끊임없이 찾기 위한 '인재 스카우터(헤드헌터)'가 있습니다. 최상부 경영진에는 항상 인재가 부족하고 앞으로도 그럴 것입니다. 이런 상황은 노동자들이 진취성, 상상력, 기민함을 발휘할 가장 큰 동기를 제공합니다. 인류 역사상 경제학 분야에서 이보다 더 효율적인 인간관계 시스템은 고안된 적이 없습니다. 이 시스템은 확실히 모두에게 재능을 표출할 통로를 제공하고, 한발 더 나아가 연구 혹은 교육과정을 통해 자신의 재능을 향상시킬 동기를 제공합니다.

힐: 그렇다면 이 철학의 원칙을 완전히 익히고 적용하는 사람들은 확실히 빠르게 발전할 수 있다고 할 수 있습니까?

카네기: 물론입니다. 그것이 바로 이 철학을 정립하려는 목적입니다. 즉 야심이 있는 사람들이 모든 에너지를 쏟아 인생에서 그들이 원하는 지위를 달성하는 방법을 배우게 하는 것입니다.

이제 제가 언급한 모든 요인을 요약해 보십시오. 그리고 모든 미국인은 미국이 가진 엄청난 힘을 이용하고 거기서 자신의 몫을 찾아 혜택을 얻을 수 있다고 말했다는 사실에 주목하십시오. 여기서 미국의 힘은 국민의 모든 재산, 특별한 능력, 교육적 재능을 집중시키고 동원해서 일구어낸 것입니다.

힐: 그렇다면 개인에게 추가 혜택을 제공하기 위해 어떤 개선이 필요하다고 생각하십니까?

카네기: 설령 소소한 개선이 필요하다고 해도 미국의 시스템은 개인에게 최고의 자유와 보상, 진취성을 제공하고, 유용한 서비스를 통해 성장할 수 있는 충분한 동기를 제공해서 야심을 고취시킨다고 생각하기 때문에 기본적으로 건전합니다.

개선이 필요하다면 시스템 자체가 아니라 시스템을 운영하는 방법일 것입니다.

힐: 시스템이 아니라 개인을 개선해야 한다는 말씀입니까?

카네기: 제 생각을 정확히 읽었습니다. 이 철학의 주요 목적은 개인을 개선해서 그들이 더 좋은 서비스를 제공하게 함으로써 미국의 시스템이 주는 특권을 더 많이 누릴 수 있게 지원하는 것입니다.

힐: 그렇다면 개인이 이룰 수 있는 주요한 개선 가운데 하나가 미국의 시스템과 관련된 명확한 핵심 목표에 그가 가진 모든 에너지를 집중시키는 것이라고 생각하십니까?

카네기: 그렇습니다. 그것이 바로 제가 말하는 성공철학의 목적입니다. 이 철학은 모든 개인에게 가장 성공한 인물들의 경험에서 얻은 최고의 교훈과 그 혜택을 최대한 많이 제공하기 위해 정립되었습니다.

또한 미국의 시스템과 조화를 이루는 건전한 기초에 관한 이론과 실제가 결합된 철학입니다. 개인이 성공하려면 무엇을 해야 하는지 설명할 뿐만 아니라 방법까지 제시했습니다. 이 철학은 직접 시도하며 효율적이라 판명된 인간관계의 규칙을 고도로 집약했습니다.

힐: 인간관계를 파괴할 수 있는 가장 큰 위험은 무엇이라고 생각하십니까?

카네기: 가장 큰 위험은 사회주의적 성향을 가진 소수의 철학에 있습니다. 이들은 미국의 생활 방식을 통해 국민의 이익을 증진하려는 방향으로 집중된 힘을 분해하고자 합니다. 사람들의 돈과 재능의 통합을 통해 축적된 힘을 분산시키는 것이 도움이 된다고 주장합니다.

사회주의자들은 '저축'을 기업 경영을 위한 운영 자본으로 사용하는 것을 허용하지 않습니다. 그들은 어떤 개인도 자동차를 생산하거나 철도와 같은 운송 시스템을 제공하거나 주택을 건설할 만큼 충분한 자본을 가지고 있지 않다는 사실을 인식하지 못합니다. 더불어 어떤 개인도 현재 생활수준에서 누리는 호사와 생활필수품을 공급할 만한 자금력이 없다는 생각을 인정하지 않습니다. 그러면서 힘을 분산시켜 집중된 힘을 파괴하려고만 듭니다.

미국의 부를 분산하는 것은 각 병사에게 다른 병사와 상관없이 독자적으로 행동할 권리를 줌으로써 집중된 노력에서 비롯된 힘을 파괴하고 군사력을 분산시키는 일과 같습니다.

힐: 그렇다면 선택된 지도자가 운영하는 시스템 아래 힘이 집중되어야 한다고 생각하십니까?

카네기: 그렇습니다. 선택된 지도자여야 합니다. 사람들의 동의 없이 지도자 자리를 차지한 사람은 안 됩니다. 미국의 산업 시스템에서 선택된 지도자를 통해 관리되는 집중된 힘의 좋은 예가 있습니다. 바로 민주주의입니다.

산업을 운영하는 사람들이 부와 개인적인 서비스를 집중하면 힘이 발생합니다. 그 힘은 운영 자본의 소유자들(모든 직업에 속한 사람들로 구성)이 선택한 '경영진'으로 알려진 지도자들이 관리합니다.

여기서 지도자는 그들이 받은 교육, 경험, 타고난 능력으로 구성된 '리더로서의 자질'을 토대로 판단해 선출됩니다. 지도자를 잘못 선정하면 그런 실수가 일어난 바로 그 경로를 통해 정정할 수 있습니다.

미국의 산업이 운영되는 시스템은 정부가 운영되는 시스템과 비슷합니다. 미국의 힘은 이 시스템들 간의 조화로 구성됩니다.

♦ 공동생산과 공동분배가 실패하는 이유

힐: 카네기 씨 생각에 미국과 같은 생활양식에서 가장 큰 실질적인 장점은 무엇이라고 보십니까?

카네기: 가장 큰 장점은 모든 국민에게 최대의 자유를 부여하고, 스스로 결정할 수 있는 권리와 개인의 부를 축적할 기회 그리고 자기 방식대로 살 수 있는 특권을 제공한다는 사실에 있습니다.

힐: 그렇다면 미국과 같은 생활양식이 인간의 집중된 노력에서 생긴 힘을 세계에서 가장 인상적으로 보여주는 증거입니까?

카네기: 정확히 그렇게 말할 수 있습니다. 미국인들은 세계에서 가장 자유로우며, 개인으로서도 부유합니다. 미국의 경제 및 사회 시스템은 여느 나라보다 국민에게 더 많은 것을 제공합니다. 더불어 미국의 생활양식과 조화를 이루도록 마음가짐을 조절하는 미국인이라면 여느 나라 국민보다 마음의 평화를 더 많이 누릴 수 있을 것입니다.

힐: 추정해 보자면 카네기 씨의 조언은 미국의 생활양식을 백분 활용해 현 상태에 충분히 만족하라는 말씀입니까?

카네기: 그렇습니다. 지금의 생활양식을 그대로 두라고 조언하는 것입니다. 미국의 경제 및 사회 시스템에서 개선이 필요하다고 느끼는 사람들은 자신의 삶을 먼저 개선해야 합니다. 만일 누군가 이 시스템을 개선할 수 있다고 생각한다면 그는 그 방법을 자기 삶에 적용해서 그가 가진 계획이 건전함을 먼저 증명해야 합니다.

힐: 바꾸어 말하자면 부를 똑같이 분배하기를 원하는 사람들에게 그들끼리 한데 모여 그들만의 거주지를 만들고, 그곳에서 재산을 나누어 가지라고 권하겠다는 의미군요. 만일 그들이 미국의 생활양식으로 사는 우리보다 더 잘산다는 것을 증명하면 현재의 시스템을 폐기하고 그들의 시스템을 채택하면 됩니까?

카네기: 바로 그렇습니다. 하지만 이미 그런 시스템을 가진 거주지 형태가 많이 시도되었으나 지금껏 성공하지 못했습니다.

힐: 그러한 집단의 노력에서 빠진 요소는 무엇이라고 생각하십니까? 무엇이 그들의 성공을 막은 것입니까? 제 눈에는 그러한 거주지도 관련된 사람 모두가 상호 동의한 가운데 집중된 노력을 토대로 만들어진 것처럼 보이는데요.

카네기: 필수적인 요소가 많이 빠졌습니다. 첫째, 개인이 최선을 다하고 자유의지에 따라 행동하도록 만드는 이윤 동기가 없습니다. 둘째,

자기 결정 의지가 빠졌습니다. 인간에게서 독립적 존재로서의 욕구를 앗아가면 그는 진취성, 열의, 상상력, 자제력을 상실하고 맙니다. 인간이 자립할 특권을 포기하면 그만큼의 열정과 야심도 포기하는 것입니다.

우리가 미국의 생활양식 아래에서 누릴 수 있는 방대한 부와 같이 광범위한 인력의 결합을 통해 얻는 힘이 노력의 가장 중요한 요소입니다만 그것 또한 누락되었습니다.

힐: 무슨 뜻인지 알겠습니다. 사회주의에 동조하는 개인은, 자발적으로 생계를 유지하며 자신의 삶을 살고 스스로 선택한 직업에 종사하는 사람이 가진 자기 결정 의지를 잃게 하므로 이 사회주의자들의 실험이 성공하지 못한 것이로군요.

카네기: 그것은 그들이 실패한 이유의 일부입니다. 저는 미국의 시스템이 성공했다는 사실을 무엇보다 강조하고 싶습니다. 그 이유에 대해서는 의견이 분분할 수 있지만 결과에 대한 이견은 있을 수 없습니다. 그저 '사실'이기 때문입니다.

한동안 사회주의가 존재했던 곳조차 구성원들에게 보통 사람이 향유하는 정도 그 이상의 호사를 제공할 방법을 찾지 못했습니다. 진취성이라는 특권을 박탈하는 조건으로 기껏해야 겨우 먹고살 수 있는 생계 수단만을 제공했을 뿐입니다. 따라서 구성원들은 자신이 택한 삶을 사는 사람이 누리는 마음의 평화도 누리지 못했음이 틀림없습니다.

힐: 하지만 아주 잘 돌아가는 것처럼 보이는 다양한 협동 사회 시스템이 있습니다.

카네기: 협동주의는 사회주의와 완전히 다른 분야입니다. 협동의 원칙은 성공철학의 원칙 가운데 하나입니다. 사회주의와 무관합니다. 협동은 개인의 진취성과 자유 기업의 권리를 손상시키지 않고 오히려 이롭게 합니다.

협동은 개인이 상상력, 열의, 창조적 비전을 사용하게 이끄는 동기를 박탈하지 않습니다. 또한 협동은 미국의 시스템을 구성하는 일부입니다. 협동을 통해 물질적 자원과 인력이 잘 조율되어 국민이 사용할 수 있는 더 거대한 힘을 발생시킵니다. 사회주의 거주지에도 협동의 원칙은 있습니다만 지속적인 힘을 발생시킬 올바른 동기가 없습니다.

통제된 주의력은 자유민주주의 기업 시스템에 반드시 필요한 요소입니다. 사회주의 시스템에서는 통제된 주의력이 꺾이고 축소되다가 마침내 사라져 버린다는 것을 명심하십시오.

자기 마음의
진정한 주인이 되는 법

이 책의 내용을 자세히 살펴보면 당신은 앤드루 카네기가 내게 무엇을 가르쳐주었는지 알 수 있다. 우리는 창조적 비전으로 기회를 인식하고, 조직적 사고로 그 기회를 이용하는 방법을 강구하고, 통제된 주의력으로 마음의 활동을 다스려 주어진 목표를 향해 나아가야 한다. 그렇게 하면 누구나 자기 마음의 주인이 되어 목표를 달성하는 데 필요한 행동을 취할 준비를 할 수 있다.

장애물이나 핸디캡을 이용할 만큼 충분한 기개가 있다면,
그것을 극복할 수 있다.

The human will can overcome any obstacle or any handicap,
if a man has enough backbone to use it.

모든 문제의 답을 제공하는 내면의 비밀스러운 힘은
명확한 핵심 목표를 바탕으로 생각을 집중하면 만날 수 있다.

hat secret power from within, which has the answer to all problems,
can be contacted through concentration
of thought based on definiteness of purpose.

토머스 제퍼슨이 행동하기로 결심하자
어떤 뜻밖의 장애물도 그를 경로에서 이탈시킬 수 없었다.
그가 미리 신중히 검토했기 때문이다.

When Thomas Jefferson decided to act, no unexpected obstacle could swerve him
from his course; for he had considered carefully and well.

당신의 커리어를 만드는 설계자는 바로 당신이다.
— 프랭크 채닝 해덕

You are the architect of your own career.
— Frank Channing Haddock

옮긴이 이현

한국외국어대학교 통번역대학원 한영과를 졸업하고 금융, 법률 등 다양한 분야에서 산업 번역사로 활동하다 오랜 세월 목표로 했던 출판번역가가 되었다. 현재 출판번역 에이전시 '글로하나'에서 인문, 경제경영, 자기계발 등 다양한 분야의 영미서를 번역하고 리뷰에 힘쓰면서 출판번역가로 활발하게 활동하고 있다. 옮긴 책으로는『업타임』『잃어버린 집중력 구하기』『프리즘』『정원의 철학자』『AI 2041』『게으르다는 착각』『최고의 체력』『우리는 모두 돌보는 사람입니다』등이 있다.

나폴레온 힐 더 마인드
창조적 비전으로 마음의 주인이 되는 법

초판 1쇄 인쇄 2024년 12월 18일
초판 1쇄 발행 2024년 12월 19일

지은이 나폴레온 힐
옮긴이 이현
펴낸이 김선식

부사장 김은영
콘텐츠사업본부장 박현미
책임편집 최유진 **책임마케터** 박태준
콘텐츠사업9팀장 차혜린 **콘텐츠사업9팀** 강지유, 최유진, 노현지
마케팅본부장 권장규 **마케팅1팀** 박태준, 오서영, 문서희 **채널팀** 권오권, 지석배
미디어홍보본부장 정명찬 **브랜드관리팀** 오수미, 김은지, 이소영, 박장미, 박주현, 서가을
뉴미디어팀 김민정, 고나연, 홍수경, 변승주
지식교양팀 이수인, 염아라, 석찬미, 김혜원, 이지연
편집관리팀 조세현, 김호주, 백설희 **저작권팀** 성민경, 이슬, 윤제희
재무관리팀 하미선, 임혜정, 이슬기, 김주영, 오지수
인사총무팀 강미숙, 이정환, 김혜진, 황종원
제작관리팀 이소현, 김소영, 김진경, 최완규, 이지우, 박예찬
물류관리팀 김형기, 김선민, 주정훈, 김선진, 한유현, 전태연, 양문현, 이민운
외부스태프 디자인 데일리루틴

펴낸곳 다산북스 **출판등록** 2005년 12월 23일 제313-2005-00277호
주소 경기도 파주시 회동길 490 다산북스 파주사옥
전화 02-704-1724 **팩스** 02-703-2219 **이메일** dasanbooks@dasanbooks.com
홈페이지 www.dasan.group **블로그** blog.naver.com/dasan_books
종이 스마일몬스터피앤엠 **인쇄** 상지사피앤비 **코팅·후가공** 제이오엘앤피 **제본** 상지사피앤비

ISBN 979-11-306-6078-3 (04190)
ISBN 979-11-306-5948-0 (세트)

다산북스(DASANBOOKS)는 책에 관한 독자 여러분의 아이디어와 원고를 기쁜 마음으로 기다리고 있습니다.
출간을 원하는 분은 다산북스 홈페이지 '원고 투고' 항목에 출간 기획서와 원고 샘플 등을 보내주세요.
머뭇거리지 말고 문을 두드리세요.

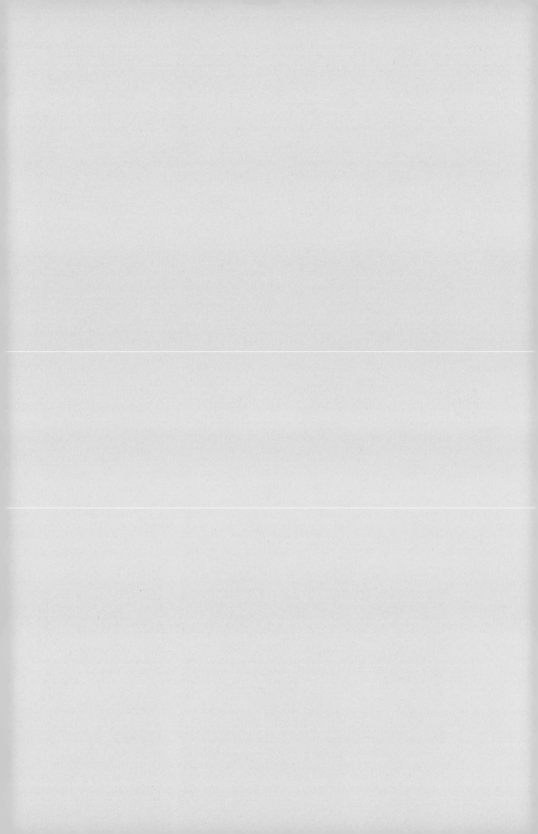